中南财经政法大学中央高校基本科研业务费专项资金资

U0514396

审计法律研究 与案例

王嘉鑫 ◎ 著

中国财经出版传媒集团

经济科学出版社

Economic Science Press

图书在版编目（CIP）数据

审计法律研究与案例/王嘉鑫著 . －－北京：经济
科学出版社，2022.11
ISBN 978 - 7 - 5218 - 4290 - 6

Ⅰ.①审…　Ⅱ.①王…　Ⅲ.①审计法 - 研究 - 中国
Ⅳ.①D922.274

中国版本图书馆 CIP 数据核字（2022）第 217547 号

责任编辑：纪小小
责任校对：易　超
责任印制：范　艳

审计法律研究与案例
王嘉鑫　著
经济科学出版社出版、发行　新华书店经销
社址：北京市海淀区阜成路甲 28 号　邮编：100142
总编部电话：010 - 88191217　发行部电话：010 - 88191522
网址：www. esp. com. cn
电子邮箱：esp@ esp. com. cn
天猫网店：经济科学出版社旗舰店
网址：http://jjkxcbs. tmall. com
北京鑫海金澳胶印有限公司印装
787×1092　16 开　16.5 印张　380000 字
2023 年 3 月第 1 版　2023 年 3 月第 1 次印刷
ISBN 978 - 7 - 5218 - 4290 - 6　定价：68.00 元
（图书出现印装问题，本社负责调换。电话：010 - 88191545）
（版权所有　侵权必究　打击盗版　举报热线：010 - 88191661
QQ：2242791300　营销中心电话：010 - 88191537
电子邮箱：dbts@ esp. com. cn）

目　　录

第一章

审计法律的基本框架

第一节　审计法概述

一、审计的基本概念

"审计"的词义是审核、稽查和计算。在管理学领域中，审计的原始含义是指由会计人员以外的第三方对会计账目进行审查，以确定其真实性和合法性。在我国，"审计"一词最早正式出现于宋朝，根据《宋会要》职官二十七之六十一记载，"高宗建炎元年五月十一日诏：诸司专司、诸军专司等凡专字下犯御名同音者，改作诸军诸司审计司"。皇帝诏令将专勾司从事的以审查账簿为基本特征的行为，概括为"审计"。有趣的是，自宋朝以后，"审计"一词却销声匿迹了近千年，直到中华民国时期，在引进西方国家审计制度时，人们才重新想到"审计"一词，把英文的"audit"翻译成"审计"。从词义上解释，"审"为审查，"计"为会计账目，审计为审查会计账目。在西方，"审计"的英文含义为"查账"并兼有"听审与裁断之意"。如英国《大英百科全书》对审计的定义是："审计是对企业、单位或个人由财务人员所掌管的账目进行审查，并指明是否正确的一种行为。"日本《会计大辞典》对审计的定义是："与任何一方无关的第三者检查一个企业（或其他单位）的会计记录和会计报表以及会计组织和会计行为是否正确或恰当，并将查账结果报告要求检查者的一系列行为。"由此可见，早期的审计与会计账目的审查密切相关。

审计发展至今，早已超出了查账的范畴。在西方，以《蒙哥马利审计学》为代表的西方审计著作大多采纳了 1972 年美国审计学会在《基础审计概念的说明》中对审计的定义："审计是为了查明经济活动和经济现象的表现与所定标准之间的一致程序而客观地收集和评价有关证据，并将其结果传达给有利害关系使用者的有组织的过程。"该定义从技术层面对审计进行界定，其体现的是各类审计所具有的共性，并为研究不同类型审计的本质奠定了基础。在我国，会计与审计学界普遍认为，审计是由独立第三方根据法律授权或委托，对国家行政、事企单位及其他经济组织的财务资料的真实性、公允性和准确性进行审查并发表意见的行为。[①] 该定义接近审计概念的原始含义，体现了不同类型审计中最基础的要素。

近二十年来，审计环境发生了巨大变化，审计的内涵也在不断丰富。审计作为技术工具的价值，在不同的制度背景下体现着不同的制度功能和作用。尤其是国家审计逐渐脱离传统审计查账的局限，逐步发展成包含财政审计、政府绩效审计、经济责任审计等在内的新型国家治理手段。随着《审计法》（2021）的实施，我国将坚持中国共产党对审计工作的领导，努力构建集中统一、全面覆盖、权威高效的审计监督体系，更好发挥审计在党和国家监督体系中的重要作用。同时，加快形成审计工作全国一盘棋，加强审计机关对内部审计工作的指导和监督，充分调动内部审计和社会审计的力量。

二、 审计的分类

从不同的角度对审计进行界定，可以将审计分为不同类别。对审计进行合理分类，有利于加深对审计的认识，从而有效地组织各类审计活动，充分发挥审计的积极作用。根据审计主体分类，可以分为国家审计、注册会计师审计和内部审计。根据审计对象分类，可以分为资产审计、资源审计、资金审计和个人经济责任审计。根据审计的内容分类，可分为财政收支审计、财务收支审计和经济效益审计。本书主要介绍从主体角度对审计进行的分类，即国家审计、注册会计师审计和内部审计。国家审计、注册会计师审计和内部审计虽然在运用的方法上类似，但其在法律层面的制度逻辑却显著不同，由此产生不同的法律关系，对应不同的法律调整体系。[②]

（一） 国家审计

国家审计是指国家审计机关根据有关法律法规所实施的审计。传统的观点认为，国家审计是对公共受托经济责任的履行情况进行的审查和评价，无论是政府部门还是事企单位，只要存在受托经营管理的资产，就必须承担公共受托经济责任以及接受经济责任履行情况的审计，来确保公共受托经济责任履行的真实性和合法性。在我国，人民是国家的主人，是一切财富的所有者，人民将各类公共财产委托给政府进行管理，并由此产生了受托经济责任关系。因此，国家审计与受托经济责任的履行密不可分。我国《宪法》第九十一

---

① 刘燕：《会计法》，北京大学出版社 2009 年版，第 472 页。
② 刘旺洪：《审计法学》，高等教育出版社 2019 年版，第 21 页。

条规定："国务院设立审计机关，对国务院各部门和地方各级政府的财政收支，对国家的财政金融机构和企业事业组织的财务收支，进行审计监督。国家审计是由审计机关依法对公共资金、国有资产、国有资源管理、分配、使用的真实合法效益，以及领导干部履行经济责任和自然资源资产及生态保护责任情况所进行的独立监督活动。"

党的十八届三中全会《中共中央关于全面深化改革若干重大问题的决定》明确指出"促进国家治理体系和治理能力现代化"的概念；四中全会首次提出"运用法治思维和法治方式推进改革"① 的要求。随着国家治理的不断深入，国家审计在维护国家经济安全、监督和制约权力的运行、建设廉洁政府和促进社会主义和谐社会等多方面发挥着极其重要的作用。同时，国家审计还必须动态把握国家治理的新方向和新形势，以便更好地提升国家治理能力。

国家审计是国家治理系统的有机组成部分，服务于国家治理，在国家治理的相关决策中发挥着监督和制约的作用。国家审计的本质是具有防御、揭露和抵御功能的免疫系统，这就是常说的"免疫系统论"。国家审计是国家治理的基石和重要保障。作为国家治理体系的"免疫系统"，国家审计具有以下作用：第一，监督和制约权力的运行；第二，推进民主法治进程；第三，促进相关政策的落实；第四，是反腐倡廉的有效工具；第五，有利于推进全面深化改革；第六，维护国家政治经济安全。

（二）注册会计师审计

注册会计师审计，也称社会审计，是指注册会计师依法接受委托、独立执业、有偿为社会提供专业服务的活动。注册会计师审计的产生源于所有权和经营权的分离以及在此基础上产生的受托经济责任。所有权和经营权分离的性质决定了在履行受托责任的过程中必然会存在道德风险和外部性风险，为了降低此类风险，注册会计师审计应运而生。

习近平总书记在中央审计委员会第一次会议上强调，要加强对内部审计工作的指导和监督，调动内部审计和社会审计的力量，增强审计监督合力。党的十九届五中全会提出，"十四五"时期我国将进入新发展阶段，要把新发展理念贯穿发展全过程和各领域。为推动审计事业实现更高质量发展，构建国家审计、内部审计、社会审计形成合力的审计监督体系，社会审计可以从以下三个方面着力：

第一，着力发挥专业优势，为推动实现审计全覆盖提供重要支持。近年来，注册会计师审计广泛参与国有企业与非营利机构和组织的财务报表审计、固定资产投资审计、财政预算资金审计等专项审计和其他鉴证业务，成为国家审计、内部审计的重要支持力量。2020年9月，审计署办公厅印发《政府财务报告审计办法（试行）》，提出审计机关可以根据工作需要，聘请具有政府财务报告审计相关专业知识的人员参加政府财务报告审计。建议具有相关专业能力的社会审计人员积极参与此项工作，将社会审计执业准则及审计指引中较为成熟的审计程序和方法，如内部控制、风险评估、审计抽样等方面，用于政府财

---

① 《习近平：运用法治思维和法治方式推进改革》，共产党员网，https：//www.12371.cn/2014/10/28/ARTI1414469529855451.shtml，2014年10月28日。

务报告审计实践，配合国家审计共同推进此项重大改革任务落实。

第二，着力提升审计质量，进一步增强审计结果的可信性和可用性。注册会计师审计开展的鉴证服务，是市场监督体系重要的制度安排，对于提高会计信息质量和资源配置效率、规范市场经济秩序和促进资本市场发展、保障投资者和社会公众利益起到了重要作用。

第三，着力加强队伍建设，培养高素质专业化社会审计人才。习近平总书记强调，无论是干事创业还是攻坚克难，不仅需要宽肩膀，也需要铁肩膀；不仅需要政治过硬，也需要本领高强。高素质、专业化的人才队伍是实现社会审计高质量发展的根本所在，是社会审计事业行稳致远的关键之举。

（三）内部审计

内部审计经历了由简单到复杂，由初级到高级的发展过程。内部审计的职能也经历了财务审计、经营审计、管理审计到如今的治理导向审计。国际内部审计师协会（IIA）自1941年成立以来对内部审计的定义进行了多次修订。其最新发布的内部审计的定义为，"内部审计是一种独立、客观的确认和咨询活动，旨在增加价值和改善组织的运营。它通过应用系统的、规范的方法，评价并改善风险管理、控制和治理过程的效果，帮助组织实现其目标。"在我国，根据《内部审计准则》的定义，"内部审计是一种独立、客观的确认和咨询活动，它通过运用系统规范的方法，审查和评价组织的业务活动、内部控制和风险管理的适当性和有效性，以促进组织完善治理、增加价值和实现目标"。

内部审计特点是指与外部审计相对而言的特征。内部审计具有相对的独立性和较强的管理功能。内部审计组织虽然也是单位内部的一个职能部门，对单位领导负责，但它不直接参与经济活动，只进行日常监督。对发现的问题提出改进的建议，为领导决策提供意见，为其他职能部门提供咨询服务。内部审计处于单位内部，较之外部审计有很多优势：它熟悉单位生产、经营管理情况，可以全面掌握情况，迅速地发现问题；能经常地、及时地、系统地进行监督；有利于深入了解存在的问题并及时与各职能部门协商解决，针对性强，见效快；可以及时向领导反映情况、提供建议，有利于防患于未然。

长期以来，国家审计、注册会计师审计和内部审计三方力量没有得到有效的整合，尤其是内部审计没有得到充分的重视。2021年10月23日，全国人大常委会第三十一次会议通过了修改《中华人民共和国审计法》（简称《审计法》）的决定，并于2022年1月1日正式实施。《审计法》新增关于内部审计的若干规定。此次修改的一个亮点是明确设置国有企业总审计师制度，使内部审计在组织框架上有了抓手，进一步强化了内部审计机构的独立性。国有企业应抓住制度契机，加快完成内部审计管理体制的转型，构建集中统一、权威高效、全面覆盖的内部审计监督体系，凸显总审计师在内部控制、风险管理以及公司治理等方面的作用，更好地发挥内部审计价值增值功能，以实现高质量发展。

（四）国家审计、注册会计师审计和内部审计的区别

国家审计、注册会计师审计和内部审计虽然在运用的方法上类似，但其在法律层面的

制度逻辑却有显著不同，由此产生不同的法律关系，对应不同的法律调整体系。三者之间的区别主要体现在审计目标、审计依据和审计权限方面。

第一，审计主体的不同。国家审计主体为国家行政机关。内部审计主体为内部审计机构，是企业内部的组织部门。注册会计师审计主体是第三方审计机构。

第二，审计对象的不同。国家审计对象是国家各级党政机关、各级国企法人等；内部审计是建立于组织内部、服务于管理部门的一种独立的检查、监督和评价活动，其审计对象是企业遵守国家法律法规、贯彻执行党和国家重大政策措施情况、企业法人治理及内部控制或所属单位领导人员履行经济责任情况；注册会计师审计是指以经政府有关部门审核批准的注册会计师为主体，接受委托，依法独立开展业务，有偿为社会提供审计服务的职业活动，其审计对象为除国家保密单位以外的任何单位或机构。

第三，审计目标的不同。国家审计的目标是服务国家和社会，维护经济安全，推动全面深化改革，促进依法治国，推进廉政建设，保障经济社会健康发展。内部审计的目标是服务组织自身发展，促进组织完善治理、实现组织发展目标。注册会计师审计的目标是对财务报表是否在所有重大方面按照适用的财务报告编制基础发表审计意见，得出审计结论。

第四，审计依据的不同。国家审计的审计依据是《中华人民共和国宪法》（简称《宪法》）、《审计法》、《中华人民共和国审计法实施条例》（简称《审计法实施条例》）、《中华人民共和国国家审计准则》（简称《国家审计准则》）和地方性审计法规、规章等。内部审计机构开展内部审计工作的依据是《内部审计工作规定》《内部审计准则》等。注册会计师审计的审计依据主要是《中华人民共和国注册会计师法》（简称《注册会计师法》）、《注册会计师执业准则》等。

第五，审计权限的不同。国家审计的权限由法律法规赋予，并以国家强制力保证实施，被审计单位和其他有关单位应当予以支持和配合。内部审计的权限主要由组织内部规章制度确定，审计权限在一定程度上受本组织管理层制约。注册会计师审计的权限是委托人在协议中承诺或授予的，其权限不具有法定性和强制性。

第六，审计结果的处理方式不同。国家审计结果在一定范围内经过公示以后，由负责的相关国家机关提出处理意见；内部审计的结果呈现为企业审计报告，递交管理层后，再公布处理意见；注册会计师审计结果向委托方、被审计单位或公众告知，只能提出审计意见，不负责提出处理意见。

（五）国家审计、注册会计师审计和内部审计的联系

第一，国家审计与内部审计、注册会计师审计之间存在着法定监督与被监督关系。根据《审计法》及其实施条例的规定，依法属于审计机关审计监督对象的单位，其内部审计工作应当接受审计机关的业务指导和监督；注册会计师审计组织审计的单位依法属于审计机关审计监督对象的，审计机关有权对该注册会计师审计组织出具的相关审计报告进行核查。

第二，国家审计应当有效运用内部审计成果，实现国家审计与内部审计优势互补，有

效提升审计全覆盖的质量。内部审计和注册会计师审计是实现审计全覆盖的重要力量。内部审计作为单位经济决策科学化、内部管理规范化、风险防控常态化的重要制度设计和自我约束机制，其工作越有效，单位出现违法违规问题和绩效低下问题的可能性就越小，国家审计监督的综合效能也就越高。

第三，审计机关可以按规定向注册会计师审计组织购买审计服务。根据《国务院关于加强审计工作的意见》《国务院办公厅关于政府向社会力量购买服务的指导意见》等规定，审计机关可以有效利用社会审计力量，除涉密项目外，根据审计项目实施需要，向社会购买审计服务。

国家审计、注册会计师审计与内部审计的区别与联系总结详见表 1 - 1。

表 1 - 1　　　　国家审计、注册会计师审计与内部审计的区别与联系

审计分类	国家审计	注册会计师审计	内部审计
区别			
审计主体	国家行政机关	第三方审计机构	内部组织部门
审计对象	国家各级党政机关、各级国企法人等	社会机构等	企业内部部门
审计目标	服务国家和社会，维护经济安全，推动全面深化改革，促进依法治国，推进廉政建设，保障经济社会健康发展	对财务报表是否在所有重大方面按照适用的财务报告编制基础发表审计意见，得出审计结论	服务组织自身发展，促进组织完善治理、实现组织发展目标
审计依据	《宪法》《审计法》《审计法实施条例》《国家审计准则》和地方性审计法规、规章	《注册会计师法》《注册会计师执业准则》等	《内部审计工作规定》《内部审计准则》等
审计权限	法律法规赋予	委托人在协议中承诺或授予	内部规章制度决定
联系			
审计成果	审计成果可共享		
审计方法	部分审计方法通用		
审计关系	法定监督与被监督关系		

三、 审计的特征

审计监督的内容虽然从表面看是经济监督，但它与会计监督、财政监督、金融监督等监督相比具有三个基本特征：独立性、权威性和广泛性。其中独立性是审计的本质特征，权威性是保证有效行使审计权的必要条件，公正性是审计工作的基本要求。

（一）独立性

独立性是指审计机构和审计人员独立行使审计监督权，不受其他行政、社会团体和个人的干涉。审计的独立性是审计的灵魂和本质特征。审计的独立性有两个方面的含义：精神上的独立和实质上的独立。所谓精神上独立，指审计人员在执行审计工作中，保持独立的姿态，从客观公正的立场出发，自由地、客观地收集审计的证据，依照一定的标准和原则，谨慎地、合理地对审计证据进行评价，严格遵守职业道德，不屈从于来自任何方面的压力。所谓实质上的独立性，是指审计人员具有独立的身份，与被审计单位之间不存在经济联系和有损于独立性的其他联系，如直系亲属。最高审计机关国际组织通过的《审计规划指南》《利马宣言》中将审计独立性定义为："组织机构的独立、审计人员的独立和审计经费的独立。"审计监督具有"中立第三者"的身份特点。会计监督、财政监督、金融监督等业务部门的监督作为职能部门而具有一定的附属性，其独立性渊源不及不具有任何管理职能而纯粹以监督为角色定位的审计监督。

（二）权威性

权威性是指审计机关在工作中的各种强制力和影响力。各国国家法律对实行审计制度、建立审计机关以及审计机构的地位和权力都做了明确规定，这样使审计组织具有法律的权威性。我国实行审计监督制度在《宪法》中做了明文规定，《审计法》中又进一步规定国家实行审计监督制度。国务院和县级以上地方人民政府设立审计机关。审计机关依照法律规定的职权和程序进行审计监督。审计的权威性要得以实现，首先要保证审计的独立性。审计机关如不能独立行使审计监督权，其各种职责就难以真正履行。其次，国家应以各种法规形式明确审计机关的各种权力，做到有章可循、有法可依。我国分别通过了《审计法》《注册会计师法》《公司法》《证券法》等法律法规赋予审计监督的权力，以保障审计的权威性。另外，审计人员在工作中必须要秉公执法，客观公正地调查问题，收集审计证据和得出审计结论。这样才能真正树立起审计监督的威信。

（三）公正性

公正性是指审计人员理应站在第三者的立场上，进行实事求是的检查，做出不带任何偏见的、符合客观实际的判断，以正确地确定或解除被审计人的经济责任。客观公正是审计工作的基本要求。审计机关的基本职能是维护国家财政经济秩序，提高财政资金使用效益，促进廉政建设，保障国民经济和社会健康发展。审计监督要想在审计实践中的客观影响及产生的实际效果最大化，客观公正是其最首要的准则。其次，客观公正是审计人员的职业道德要求。审计人员的职业道德是社会道德体系的重要组成部分，是保质保量完成审计工作的前提保障。《审计法》（2021）对审计机关提出了建设信念坚定、为民服务、业务精通、作风务实、敢于担当、清正廉洁的高素质专业化审计队伍的要求。一系列的规定和要求就是要让审计人员在恪守职业道德的前提下，做到客观公正、公平正义。最后，客观公正是保持审计独立性和权威性的根本保证。审计独立性在审计工作中发挥着至关重要的作用，被视为审计的灵魂。失去独立性，外部利益会趁机流入审计过程，审计结果就会失去原有的公平公正，审计的权威性也就不复存在。

四、 审计法的概念

审计是指由专设机关依照法律对国家各级政府及金融机构、企业事业组织的重大项目和财务收支进行事前和事后的审查的独立性经济监督活动。国家决策层通过国家审计来监督执行层，预防和抵御国家治理风险，提高国家治理能力。企业产权所有者通过注册会计师审计和内部审计对管理层受托责任的履行情况进行监督，预防和抵御企业经营活动及财务活动面临的风险，实现企业价值最大化的目标。而审计监督本身作为一种权力而言，会出现滥用的可能，因此审计本身也需要受到外部制度的制约，即法律法规的约束。无论是国家审计、注册会计师审计还是内部审计都需要法律法规进行约束。审计法分为广义的审计法和狭义的审计法。

（一）狭义的审计法概念

狭义的审计法仅仅指以国家审计为调整对象的所有法律法规的总称，而不包括以注册会计师审计和内部审计为调整对象的法律法规，即指由全国人民代表大会制定的《审计法》。我国现行的《审计法》是 1994 年 8 月 31 日由第八届全国人大常委会第九次会议审议通过，并于 2006 年和 2021 年进行修订。此外，国务院颁布的《审计法实施条例》进一步指导了审计工作，是《审计法》的重要法律渊源。另外，审计署和各级审计机关依照《国家审计准则》配套实施了《审计机关审计处理处罚的规定》《审计机关审计听证的规定》《审计机关审计复议的规定》等一系列规章和制度来配合审计工作的实施。

（二）广义的审计法概念

广义的审计法是指所有审计立法的总称，既包括以国家审计为调整对象的法律法规，也包括以注册会计师审计和内部审计为调整对象的法律法规。各个层次的审计立法形成了审计规范体系。审计规范体系按照不同的法律表现形式，可以分为宪法性审计规范、审计法律、审计行政法规、审计地方性法规、自治条例、单行条例、审计规章以及各种审计规范文件。

从法律法规所属的部门法来看，国家审计作为政府行为属于宪法与行政法的范畴，注册会计师审计更多属于商法范畴。从形成的法律关系来看，国家审计的法律关系本质上是宪法行政法律关系，而注册会计师审计和内部审计则是民事法律关系。由于约束三者的法律法规所属部门和形成法律关系的不同，鲜有国家将国家审计、注册会计师审计和内部审计纳入同一种法律框架体系中，而本书采用的是广义的审计法概念，将三者纳入统一的审计法制的基本框架中，以便更好地理解审计法律法规及其背后的制度逻辑。

五、 审计法的基本原则

法律原则是指可以作为法律规则的基础或本源的综合性、稳定性原理和准则。[①] 审计法的基本原则具有价值性和原理性的双重特征。价值性代表审计立法的基本目的和价值取向，原理性代表审计法规范的核心立场与逻辑。审计法的基本原则贯穿于审计立法的始末，对于审计立法的实施具有保障作用，对于理解审计法律法规具有重要意义。

（一） 法治性原则

法治性原则本质是依法审计。《审计法》第三条规定："审计机关依照法律规定的职权和程序，进行审计监督。审计机关依据有关财政收支、财务收支的法律、法规和国家其他有关规定进行审计评价，在法定职权范围内做出审计决定。"无论是国家审计、注册会计师审计还是内部审计，都需要遵循审计法治性原则。

审计法治性原则主要体现在以下几个方面：第一，审计机关开展审计活动依据的法律法规主要有三类：第一类是《宪法》、法律、法规和规章。其中，《宪法》的法律效力高于法律，法律的效力高于法规，法规的效力高于规章。第二类是与经济收支、财政收支和经济管理有关的法律法规。第三类是解决审计争议，确定审计争议当事人权利与义务的法律法规。第二，依法审计不仅要求审计人员按照明文规定的法律法规进行审计，还需在日益变化的环境中，根据审计法的价值性和原理性进行恰当的审计。第三，依法审计不仅仅是指审计机关依法对审计对象进行审计，还要求审计机关自身受到法律约束。第四，审计应当具有强制力，由法律保证实施，从而形成法律权威，最终实现真正的法治社会。

（二） 独立性原则

审计本质是带有政治属性的监督活动。审计的独立性有两个方面的含义：精神上的独立和实质上的独立。所谓精神上独立，指审计人员在执行审计工作中，保持独立的姿态，从客观公正的立场出发，自由地、客观地收集审计的证据，依照一定的标准和原则，谨慎地、合理地对审计证据进行评价，严格遵守职业道德，不屈从于来自任何方面的压力。所谓实质上的独立性，是指审计人员具有独立的身份，与被审计单位之间不存在经济联系和有损于独立性的其他联系，如直系亲属。如果审计单位、被审计对象和审计工作人员之间具有某种特殊利益关系，即使审计方法再科学、审计力度再大，审计效果也会大打折扣。审计的独立性具有一定的历史相对性，其独立程度取决于特定的社会历史条件和审计类型。绝对意义上的独立不存在，同时也不可取。例如，在注册会计师审计中，上市公司依法聘请会计师事务所对公司的财务报表进行审计，这种委托本身就使审计单位和被审计对象之间具有某种利害关系，从而影响审计的独立性。若不是由上市公司聘请，而是由股东或其他利益相关者聘请往往是不现实的。股东是分散的，又存在股东和公司之间的复杂的关联关

---

① 张文显：《二十上世纪哲学思潮研究》，法律出版社 1996 年版，第 391 页。

系，由股东聘请审计单位，成本可能更高，效果可能更差。在内部审计中，审计工作人员和审计对象同处一个公司，尽管制度上具有一定的隔阂，但其审计独立性更加难以保证。

因此，如何在制度上阻断各方的不当利益关系来保证审计的独立性以及如何保障相关的制度落实，就可以归结为审计法律制度如何保证审计的独立性。审计独立性的原则体现在审计法律法规的各个方面。我国《审计法》第九条规定："审计机关依照法律规定独立行使审计监督权，不受其他行政机关、社会团体和个人的干涉。"独立性是审计工作的灵魂，独立性主要体现在以下几个方面：第一，组织独立。以国家审计为例，独立性主要体现在处理国家审计权和其他国家公权力之间的关系。国家审计机构应当单独设置，与被审计单位没有行政上的隶属关系。在我国，审计署直接受国务院总理领导，地方审计机关受各级地方人民政府领导。第二，工作独立。审计机关和审计人员应当按照法律要求开展审计工作，客观公正做出审计判断，出具审计报告及审计意见，不受其他行政机关、团体和个人的干涉。第三，经费独立。审计机构和审计人员的工资应当单独列入财政预算。

（三）专业性原则

审计专业性原则是审计法的重要原则。审计对于审计事实的判断需要专业知识和特殊技术方法的支撑。审计法应当保证审计专业性得以实现以防止滥用。审计专业原则在审计法律法规中主要体现在审计主体方面。我国《国家审计准则》第十三条规定："审计机关执行审计任务应当具有职业胜任能力的审计人员。"针对审计人员的专业资格，各国审计法律法规都提出了相应的要求，并通过一定的职业准入制度对审计人员的专业性进行监督。具体包括：从业资格制度、职业教育制度、职业道德、监管制度。

《国家审计准则》第十二、十三、十四条规定，"审计机关和审计人员执行审计业务，应当具备本准则规定的资格条件和职业要求。审计机关执行审计业务，应当具备下列资格条件：（一）符合法定的审计职责和权限；（二）有职业胜任能力的审计人员；（三）建立适当的审计质量控制制度；（四）必需的经费和其他工作条件。审计人员执行审计业务，应当具备下列职业要求：（一）遵守法律法规和本准则；（二）恪守审计职业道德；（三）保持应有的审计独立性；（四）具备必需的职业胜任能力；（五）其他职业要求"。《中华人民共和国审计法实施条例》第十一条规定："审计人员实行审计专业技术资格制度，具体按照国家有关规定执行。审计机关根据工作需要，可以聘请具有与审计事项相关专业知识的人员参加审计工作。"《审计署关于审计专业资格管理的暂行规定》对专业技术资格制度以及后续职业教育做出了详细的说明。针对内部审计人员的专业胜任能力，《中国内部审计准则》做出规定："内部审计人员应具备必要的学识和业务能力，熟悉本组织的经营活动和内部控制，并不断通过后续教育来保持和提高专业胜任能力。"

第二节　审计体制

由于政治制度、经济发展和历史文化等多方面的影响，世界各个国家和地区的审计制度模式也不相同。其中，政治制度和政治体制的影响最大。目前，审计制度模式主要分为四种：立法型审计体制、司法型审计体制、行政型审计体制和独立型审计体制。四种审计模式各有优劣，但在适应国家政治、经济的发展，促进审计法律制度完善方面发挥着相同的作用。

一、 立法型审计体制

立法型审计体制是建立在立法、司法、行政三权分立，具有较为完善的立法机构体系和立法程序基础上的国家审计体制。在立法型审计体制下，国家的最高审计机关隶属于立法机关，直接对立法机构负责并报告工作，不受司法、行政机关的干涉和控制。立法型审计体制起源于英国，在美国得到进一步发展和完善。目前，立法型审计体制在西欧、北美等发达国家和发展中国家普遍存在，如英国、美国、加拿大、澳大利亚、奥地利等国家。立法型审计体制主要有以下几个特征：第一，国家审计机构直接隶属于立法机关。尽管各国审计机构的设置呈现出不同的形态，如在有些国家，审计机关为议会的组织机构之一；有的国家除在议会中设立一个专门的审计委员会外还设立了一个隶属于议会的独立审计机构，但本质上都是审计机构隶属于立法机关。第二，国家审计监督的性质是立法监督。在这种体制下，审计权和立法权紧密相连，国家审计权就是立法权，国家审计行为就是立法行为。立法型审计机关的主要职责是对政府的财政经济活动和公共机构、国有企业、公共工程项目以及政府援助项目的财政财务收支活动及其经济性、效率性、效果性进行有效的监督。第三，审计机关对审计工作具有调查权和建议权，但没有处理权。第四，审计机关的权威性较高和独立性较强。第五，审计结果的公开性。为了保证审计工作的透明性，一般采用该体制的国家会制定强制性的审计公告制度，以保障社会公众的知情权，保障审计的权威性和独立性。

立法型审计体制虽起源于英国。但1866年6月28日，英国议会通过了《国库和审计部法案》，该法案规定：第一，由国库审计部统一实施国库监管和经费账目的审查；第二，国库审计部的最高负责人是主计审计长；第三，该法案明确规定，国家审计机构隶属于立法机关而独立于行政部门。《国库和审计部法案》的颁布和实施，标志着立法型审计体制的建立。1983年，英国议会通过了《国家审计法》。1921年，英国议会对《国库和审计部法案》进行修订，颁布了《国库与审计法修正案》。1983年，在《国库和审计部法案》和《国库与审计法修正案》的基础上，英国议会颁布了《国家审计法》，该法案规定：第一，国家审计部更名为审计署，并对主计审计长的地位和任免进行了重新规定；第二，进一步明确议会的职责，议会必须对公共资金的支出进行严格的控制，提高公共资金使用的效率和效果。此外，美国国会还颁布了专项法律法规，如《政府审计准则》，该准则主要强调审计在政府工作中的重要作用。立法型审计体制虽起源于英国，但在美国得到进一步发展和完善。20世纪以前，美国的审计模式属于行政型审计体制。但进入20世纪以后，美国民主政体和审计监督制度的矛盾日益凸显。美国借鉴英国的立法型审计体制，颁布了一系列相关的审计法律制度。1921年，美国国会通过《预算和会计法案》，该法案规定，美国最高审计机构——国家会计总署隶属于国会，并负责监督公款收支，对公共资金使用的经济性和效率性提出立法建议。此后，该法案经过多次修改，但确立的立法型审计体制一直得以保留，审计总署的职能和范围不断得到扩大。美国国会1945年颁布的《国会改革法》、1980年颁布的《美国审计总署人事法》和2004年颁布的《人力资源改革答案修正案》都强调了审计机关的独立性，审计机关不受司法、行政机关的干涉和控制。

二、 司法型审计体制

司法型审计体制是指国家最高审计机关隶属于国家司法机关，除拥有审计监督权外，还拥有一定的司法权，能够直接对违反财经法规、制度的事项和个人进行处罚的一种审计体制。在司法型审计体制下，审计机关独立于国家立法和行政系统，隶属于国家司法部门，审计人员具有审计和经济审判双重职能。司法型审计体制起源于法国，西班牙、意大利等西欧大陆、南美和非洲的一些国家的审计模式隶属于该审计体制。司法型审计体制具有以下特征：第一，国家审计机关隶属于司法机关，其法律名称为审计法院。在实施司法型审计体制的国家，西班牙较为特殊，其审计法院隶属于议会但拥有独立的司法权。第二，审计机关对审计工作不仅具有调查权和建议权，还能够对审计出的问题具有审判权和处罚权。第三，审计机关具有较强的独立性。国家审计权和司法权相结合，具有较高的权威性和独立性。另外，审计法院的审计经费由议会决定，不受行政部门的干预，为审计法院独立行使审计职权提供了经费保障。第四，审计法院既需要对被审计单位的责任承担作出最终判决，还需要对年度财政预算的执行情况出具审计报告。

司法型审计体制起源于法国。早在1320年，法国设置审计厅兼行政法院，负责对财政收支情况进行监督。法国大革命之后，在追求民主政治的道路中，法国国民议会建立国家会计署，对财政收支情况进行审计监督。但由于国家会计署缺乏一定的权威性，常会发生相关行政部门拒绝与国家会计署进行合作的情况。1807年，拿破仑建立了世界上第一个审计法院，明确了审计法院属司法性质。审计法院的主要职责是对国家财政收支情况、会计账目进行审查，协助议会进行财政监督。1958年《审计法院法》进一步明确了审计法院独立于政府和议会，具有较强的独立性和权威性。意大利的审计体制也为司法型审计体制，但两者的审计法院存在一定的不同。意大利的审计法院具有双重属性。一方面，意大利的审计法院既是政府的组成机构，是政府的辅助机关。其主要职责是为政府法案合规性审计、绩效审计和财政收支审计出具特别审计报告。另一方面，审计法院又是法院体系的组成部分。其主要职责是对公共账目的合规性进行裁决，对损害性行为进行账目问责，裁决相关责任人员赔偿造成的损失。

三、 行政型审计体制

行政型审计体制是指最高国家审计机关隶属于行政部门，依法对政府各部门、各单位的财政预算和收支活动进行审计，并对政府部门负责，以保证政府财经政策、法令、计划和预算等正常实施。苏联是最早采用行政型审计体制的国家，采用该体制的国家主要有中国、瑞典、韩国、巴基斯坦等。行政型审计体制主要有以下特征：第一，国家审计机构隶属于行政部门，审计监督属于行政监督，是政府经济管理的自然延伸和必要补充。审计机关既是政府的职能部门，执行政府指令；又是政府的监督部门，代表社会公众利益对政府行政权力进行制约和规范。第二，中央审计机关和地方国家审计机关之间存在着领导和被领导的关系。第三，国家审计权隶属于国家行政权，具有行政处罚权。第四，审计机关的独立性和权威性较弱，受制于国家行政权。

韩国是典型的实行行政型审计体制的国家。1948年《韩国宪法》规定设立韩国国家审计院，《韩国政府组织法》设立韩国监察委员会，并于1963年将韩国国家审计院和韩国监察委员会合并为监察院，独立于政府和议会，由总统直接领导。韩国现行的审计体制是审计与监察合一的审计体制。

（一）我国国家审计体制

1. 领导体制

审计机关领导体制，是指审计机关的隶属关系和审计机关内部上下级之间的领导与被领导关系。我国审计机关的领导体制有别于其他行政机关的领导体制，它具有三个显著的特征：一是审计机关直接受本级政府行政首长领导；二是地方审计机关实行双重领导体制，同时受本级政府行政首长和上一级审计机关领导；三是地方审计机关的审计业务以上级审计机关领导为主。

2. 机构设置

我国审计机关有两种，即中央审计机关和地方审计机关。中央审计机关是在国务院总理直接领导下的审计机关，即审计署。审计署是国务院的组成部门，是我国的最高审计机关，它具有双重法律地位：一方面，作为中央政府的组成部门，要接受国务院的领导，执行法律、行政法规和国务院的决定、命令，以独立的行政主体从事活动，直接审计管辖范围内的审计事项；另一方面，审计署作为我国的最高审计机关，在国务院总理的领导下，主管全国的审计工作。地方审计机关，是指省、自治区、直辖市、设区的市、自治州、县、自治县、不设区的市、市辖区人民政府设立的审计机关。

3. 审计机关的派出机构

《审计法》第十条规定："审计机关根据工作需要，可以在其审计管辖范围内派出审计特派员。审计特派员根据审计机关的授权，依法进行审计工作。"按照该条规定，我国审计机关设立的派出机构有两类，即审计机关驻地方派出机构和驻部门派出机构。目前，审计署在地方18个城市设立了驻地方派出机构，称审计署驻×××特派员办事处。一些地方审计机关为便于工作也在其审计管辖范围内设立了派出机构。驻部门派出机构，是审计机关派驻本级政府其他部门的审计机构。现在审计署在国务院25个部门设立了派出机构，一些地方审计机关也根据实际情况设立了驻部门派出机构。审计机关派出机构是审计机关派出的工作机构，其审计职权依靠派出的审计机关授予。因此，它不是一级审计机关，而是审计机关的内部机构，只能在审计机关授权范围内以自己的名义开展活动，做出具体行政行为。

4. 审计机关负责人的任免和人员配置

为保证审计机关及其审计人员依法独立行使审计监督权，我国遵循国际惯例对审计机关负责人的任免程序、撤换以及审计人员的任职条件等，都作了严格规定。审计署审计长的任免程序是：由国务院总理提名，全国人民代表大会决定人选，全国代表大会闭会期间由全国人民代表大会常务委员会决定任免；审计署副审计长由国务院任免。全国人民代表大会有权罢免审计长。地方审计机关负责人的任免程序是：正职领导人由本级政府行政首长提名，本级人民代表大会常务委员会决定任免，报上一级人民政府备案；副职领导人由本级人民政府任免。另外，地方各级审计机关正职和副职领导人的任免，应当事先征求上一级审计机关的意见。

在任期内撤换审计机关负责人，必须符合下列条件之一：一是审计机关负责人因犯罪被追究刑事责任；二是因严重违法失职受到行政处分；三是因身体健康原因不宜继续担任审计机关负责人的；四是有不符合国家规定的其他任职条件的。否则，不得随意撤换审计机关负责人。审计监督是一项原则性强、业务要求高的工作，要求审计人员要有较高的政治、业务素质，具备与其所从事的审计工作相适应的专业知识和业务能力。具体来说，审计机关配备的审计人员既应当熟悉有关的法律、法规和政策，掌握审计及相关专业知识，有一定的审计或者其他相关专业工作经验，具有调查研究、综合分析、专业判断和文字表达能力，又要遵守依法审计、客观公正、职业谨慎、实行回避、保守秘密等职业道德。

5. 经费来源

审计机关履行职责所必需的经费保证，是审计机关依法独立行使审计监督权的条件。在我国立法中，行政机关的经费问题一般不在法律、行政法规中作出规定。但考虑到审计机关的主要职责是对政府的财政收支进行审计监督，与政府财政部门存在着直接的监督与被监督关系，这与其他行政机关是不同的。因此，《审计法》规定，审计机关履行职责所必需的经费列入财政预算，由本级人民政府予以保证。

（二）韩国国家审计体制

1. 机构设置

韩国审计机关采用集中统一制。韩国在中央政府一级设监察院，负责对全国公共财政、财务收支进行审计监督，并对中央和地方行政机关及行政人员进行监察，地方不设置监察院。地方政府机构、地方自治机构及地方政府投资企业设立内部审计检查机构，监察院与地方内部审计监察机关不存在上下级关系，但监察院负责对地方内部审计监察机构进行监督。

监察院是韩国最高审计机关，对总统负责并报告工作。监察院由监察委员会、事务处和审计和监察培训机构构成。监察委员会为决策机构，负责决策事宜，由包括监察院院长在内的7名监察委员组成。事务处为执行机构，负责审计、监察、调查和日常管理工作。

事务处下设局、课、室等部门，分别负责金融财政、环保、建设、社会福利等具体事务。审计和检查培训机构负责监察院内外监察人员与财务工作者的教育和培训事宜，负责对审计体制和审计方法进行研究。

2. 职责权限

韩国宪法规定，监察院负责审查国家收支，审计国家、地方自治区、政府投资机构及法律授权其监督的其他实体，监察政府机构及其官员履行职责、每年度需审计、复核国家决算并向总统和国会报告结果。监察院的审计对象主要包括：中央与地方政府、自治团体、韩国银行、政府或自治团体投资的企业、行政机关及行政人员。

韩国监察院行使行政性审计职权。具体有：第一，审计检查权。监察院有权检查记录公共财政财务收支的会计账目；第二，审计调查权。监察院认为有必要时，可以对仓库、保险柜、文件、物品等进行调查；第三，审计报告权。监察院要向总统和国会提交审计报告；第四，审计建议权。监察院有权对审计监察中发现的问题提出改正和劝告性意见；第五，审计裁决权。监察院有权对经济赔偿责任进行核查和裁定；第六，审计处理权。监察院有权监督经济赔偿责任的履行，监察委员会有权对违反法令行为的行政机关及人员采取惩处措施。

3. 人员安排及组织经费

韩国监察院院长由总统提名，经国会批准由总统任命，任期4年，任期不得超过两届。监察院院长为监察院最高领导人，负责指导和监督监察院人员的各项工作。监察委员为掌握决议权的监察院委员会的组成人员，由监察院院长任命，任期4年，任期不得超过两届。监察委员不得从事营利性活动，不得兼任国会或地方的议员、行政部门工作人员、被监督机构的职员以及其他获取薪酬的职务，不得参加政党或从事政治活动。监察委员在履行职务过程中，出现影响审计监察公正性的情况时，监察委员应回避。

韩国监察院在经费预算方面享有很大的独立性。监察院为独立预算部门，监察院向企划预算院提出经费预算，企划预算院将其列入国家财政预算，经政府国务会议，总统批准后报国会批准。

四、 独立型审计法律体制

独立型审计体制是指审计机关独立于立法、司法和行政部门，单独形成一个国家政权的分支，履行监督权，对法律负责或作为顾问为立法部门和政府部门提供帮助的审计体制。独立型审计体制形成的时间较晚，在"二战"以后最早由德国和日本创立。采用该体制的国家主要有日本、德国、孟加拉国、阿尔及利亚等。独立型审计体制的特征主要有：第一，审计机关独立于立法、司法和行政部门。审计机关以会计检察院或审计院为组织形式，以民间或半民间半官方的身份从事独立的审计监督活动。第二，审计机关只对法律负责，不受议会各政党或政治因素的干扰，但对审计出来的问题无处理权，需要移交司法部门进行处理。第三，审计机关具有较强的独立性，审计权与其他国家权力处于同等地位，共同发挥作用并相互制约。

德国最早采取的是司法型审计体制。1950 年《德意志联邦共和国基本法》规定成立联邦审计院，1985 年对《联邦审计院法》进行修改，对联邦审计院的地位、组织结构、成员、审计工作等作出了具体的规定，也标志着德国的审计体制由司法型审计体制向独立型审计体制的转变。1889 年，日本吸取德国审计体制的经验，颁布《会计院检查法》，规定会计检查院直属于天皇，独立于国务大臣。1947 年，对《会计院检查法》进行修订，规定会计检查院独立于国会、内阁和司法部门，标志着日本独立型审计体制的确立。不同类型的审计体制比较详见表 1 - 2。

表 1 - 2 各国审计体制比较一览

审计体制	隶属关系	审计职权	审计经费	代表国家
立法型审计体制	国会或议会	检查、报告、建议	议会支付、独立核算	英国、美国
司法型审计体制	司法序列	调查、检查、报告、处理、裁决、建议	议会拨付、独立核算	法国、意大利
行政型审计体制	国务院或总统	调查、检查、处理、建议、报告、裁决	财政部拨付、独立核算	中国、韩国
独立型审计体制	独立	调查、检查、处理、建议、报告、审计立法权	独立核算	日本、德国

第三节 我国审计法的渊源与发展

审计法在我国具有悠久的历史，随着社会的不断发展而发展。我国审计法的发展主要分为三个阶段：中国古代的审计法律（公元前 1100～1840 年）、中国近代的审计法律（1840～1949 年）和中国现代的审计法律（1949 年至今）。我国古代没有专门的审计法，但具有较为丰富的审计法律。近代，包括中华民国和革命根据地时期，有专门的审计法律。在中华民国时期，民国政府学习西方法律制度颁布了一系列审计法律法规，逐步建立起审计法律体系；根据地时期，根据地政权颁布相应的审计法律法规，为战时经济和政治服务，极大促进了审计的发展。在近代，审计历经了终止到重生并迅速发展的过程，我国逐渐形成了包含国家审计、注册会计师审计和内部审计在内的基本审计法制框架。我们应当以发展的眼光去看待审计法的渊源与发展，了解审计法发展的主要时期和规律，进而在此基础上把握我国审计法发展的现状和未来发展趋势。

一、 中国古代的审计法

方宝璋（2006）将中国古代审计的发展划分为五个阶段：第一阶段为夏商周时期。这一时期，审计具有了萌芽，开始了最早具有审计性质的监督活动。第二阶段为秦汉时期，中国古代的审计得到了初步的发展，建立了基本的审计法律制度，具有了一定的审计方法，出现了最早的审计立法。第三阶段为魏晋南北朝时期。这一时期是古代审计制度的演变期，审计机构有新的变革、发展，审计立法进一步调整充实。第四阶段为隋唐时期、五代宋辽西夏金时期，在这一时期，古代审计走向成熟。第五阶段为元明清时期，这一时期，在中国封建社会走向穷途末日的趋势下，中国古代审计也逐渐走向没落。本书根据上述五个阶段，分别对中国古代审计法律进行介绍。

（一）夏商周时期的审计法起源

我国审计法制5000年的文明史是人类文明史和法制文明史的重要组成部分。审计法的起源和审计、法律的起源密切相关。《越绝书·越绝外传记地传》载："禹始也，忧民救水，到大越，上茅山，大会计，爵有德，封有功，更名茅山曰会稽。"《吴越春秋·越王无余外传》载："三载考功，五年政定，周行天下，归还大越。登茅山以朝四方群臣，观示中州诸侯，防风后至，斩以示众，示天下悉属禹也。乃大会计治国之道。内美釜山州慎之功，外演圣德以应天心，遂更名茅山曰会稽之山。"以上讲的都是禹在茅山会盟诸侯，通过考核贡赋的方式，实现对诸侯的统治。西周时期，极其重视儒家思想，并强调"明德慎罚"，强调法治和德治相结合的治国之道。其中，秦国的《效律》具有很强的审计色彩，其中涉及很多关于审计方面的规定，如对于财产和账目的审核。另外，西周时期的小宰、宰夫、司会等官职，拥有部分的审计权。在这一背景下，西周的审计法律制度逐渐成形，并成为我国审计法的重要历史渊源。

（二）秦汉时期审计法的初步形成

秦汉时期是我国封建社会建立和初步发展时期，封建社会的审计法律制度也逐步建立，具体表现在：第一，从中央到地方建立了一个比较完整的审计检查系统——御史组织系统。秦汉时期，皇帝之下设置御史大夫，执掌监察、弹劾和纠察之权，主管财务审计工作。第二，审计监督制度和审计方法进一步完善。在审计范围方面，凡国家财计，无不加以审计；在审计内容方面，既包括仓库、实物，也包括月度、季度、年度的会计报告、簿籍账册、经济凭证等。第三，秦朝继承秦国的法律，如《仓律》："县上食者籍及它费太仓，与计偕。都官以计时雠食者籍。"这些都是关于仓库、俸禄的具体审计法条。又如《金布律》："受衣者在已禀之后，有余褐十以上，输大内，与计协。"汉朝的审计法律在秦朝的基础上专门性增强，内容更加丰富。汉代统治者在《秦律》的基础上制定了《汉律》，并单列一篇《上计律》，其中许多是审计性质的法条，规定了审计主体、对象、时间、地点、程序，较先秦和秦朝的上计制度更加具体和准确。至此，秦汉时期的审计法律已初步形成并初具规模。

（三）魏晋南北朝时期审计法的构建

魏晋南北朝时期，审计法律的变化多与政治体制、财政制度和监察制度的变化相关，与秦汉时期的审计法律有所差别。在这一时期，或三国鼎立，或南北对峙，秦汉时期的中央集权制度削弱，区域政权不得不借助新制度、新法律和新机构的创建去维系统治。因此，在秦汉时期的基础上，创建了比部审计和进一步完善了审计监察制度，为隋唐时期审计法律的发展奠定了基础。

（四）隋唐宋时期审计法的成熟与发展

隋唐时期结束了魏晋南北朝时期分裂的状态，再次形成统一的政权，加强与调整集权专制制度，发展和完善了监察法制，在较为严密的法律体系的基础上，《开皇律》《唐律疏义》对审计进行了一系列具体的规定，尤其是关于勾检的规定，并出现比部式、勾账式等专门的法律，较以往的《上计律》和审计监察法律，进一步发展了审计的独立性和专门性，是古代审计法发展较为成熟的时期。隋唐时期审计法主要有以下几个方面的发展：第一，设置了专门的审计监察机构。隋唐时期，随着三省六部制的建立和完善，比部逐渐隶属于刑部，独立于其他财计部门，专司审计监督工作，加强了审计职能，财政收支的审计更为有力。第二，审计监督内容和审计处理方法更趋科学。比部审计监督的内容主要是财政收入、财政支出、其他收入以及公库系统出纳等财计事项，比部不再享受行政监察之权。在对审计结果的处理上，比部主要采用赔款、罚款等经济制裁手段。需要给予行政处分的，要求吏部予以降职革新。需要追究刑事责任的，奏请刑部或御史依法惩处。第三，审计监督制度进一步完善。规定了对各种对象的审计程序、各类账籍呈送审计的时间以及审计处理方面的具体要求。其中，唐代审计在体系严密的法典上做出了规定，《唐律疏义》共 12 篇，其中《名例律》《职制》《户婚律》《擅兴律》等都有关于审计的具体法条。唐朝主要以《唐律疏义》为基础，辅以格、式以及考课、监察法制等，并有专门的勾检法如《比部格》《比部式》《专勾式》等，唐朝的审计法律具有一定的体系，是审计法较为成熟的时期。

宋朝在法律形式、内容、制度等方面多有建树，《天圣令》《吏部条法》《庆元条法事类》等法律中规制审计的令、格、式十分丰富，形成多种关联的审计法律，并有一定的系统性。宋朝出现了第一个以"审计"命名的机构。根据《宋会要》职官二十七之六十一记载，"高宗建炎元年五月十一日诏：诸司专司、诸军专司等凡专字下犯御名同音者，改作诸军诸司审计司"。皇帝诏令将专勾司从事的以审查账簿为基本特征的行为，概括为"审计"。同时，加强三司、户部、司农等财政机构的内部审计工作。宋朝的基本法典《宋刑统》以及多部法律都有有关审计的法条。宋朝将人口、户数、垦田、工程、捕盗等纳入审计的范围，主要类型为赋税、户口、和籴、常平、禄廪、兵费、转运、库藏、账籍等审计，其中最为基本的内容是税课收入和"冗费"支出的审计，直指考课和财政，呈现出政府审计的特色。另外，宋朝还注重对会计录的修订，对实施审计法具有重要的意义。

（五）元明清时期审计法的没落

元朝建立行省制度，设立照磨所及照磨官，如《元史·百官志一》："照磨一员正八品，掌磨勘左右司钱穀出纳缮科例，凡数计文牍簿籍之事。"由此可见，元朝的照磨审计及其法律法规具有一定的特色。明朝时期的法律具有极端维护君主专制和极端严酷的特点，在此背景下，审计法也随之发生变化，成为加强中央集权统治的工具。明朝的基本法典《大明律》及大诰四编是惩罚贪官污吏的法律，也是明朝审计法的基础。明朝的审计基本沿袭以前朝代的基本内容，但值得注意的是，随着丞相制度的废除、六部地位的提高，户部设立十三清吏史，户部审计及其法律地位得到很大的提升。另外，明朝制定了专门的监察法律《宪纲事类》，明确了审计监察职责。在考课方面，明朝沿袭以往朝代的考课法，更加具体地规定了考核官员的规制。清朝基本承袭了明朝的相关法律制度，但审计法律方面略有变化。清朝的基本法典《大清律例》《钦定台规》《大清会典》《钦定大清会典事例》等法律都不断丰富审计法律的内容。但随着清朝政权的不断衰弱，清政府不得不变法图存，传统审计法走到尽头，早期审计院的设想应运而生，但由于缺乏成长的环境，审计院没能实现，这是传统审计法的终结，也是近代审计法的开端。

二、 中国近代的审计法

（一）中华民国的审计法

1911 年辛亥革命推翻了清王朝的封建统治，结束了延续两千多年的封建帝制，中国政治发生了翻天覆地的变化。1912 年 1 月 1 日中华民国临时政府成立，从此进入中华民国时期，主要包括北洋政府时期（1912 ~ 1928 年）和南京国民政府时期（1927 ~ 1949 年）。在这一时期，政权统治者主要移植西方的文化制度和法律制度，逐渐建立起近代审计法律体系。

1. 北洋政府的审计法

1911 年辛亥革命后，各省纷纷独立，许多省份在新的政府机构中设置审计组织，使清末变法对审计院的构想成为可能。1911 年底，《中华民国临时政府组织大纲》第二章第十一条参议院职权第四款规定："调查政府之出纳"。1912 年，孙中山任中华民国临时大总统，并颁布《临时约法》。其中，第三章第十九条参议院之职权也有类似规定："议决临时政府之决算预算。"上述法条为近代审计制度的建立和审计法法律地位的确立奠定了基础。另外，中华民国临时政府（南京临时政府）设立内务部承政厅会计处，核查本部门的经费收支，成为近代内部审计的开端。北洋政府政权建立于袁世凯窃取南京临时政府革命成果之后。这一时期，政权统治者封建保守，反对民主自由思想，法律具有较强的封建色彩，但在审计法审计组织和不同类型审计立法方面取得了显著的成就。1912 年 5 月，袁世凯发出大总统令设立审计处，直接隶属于国务总理。各省设置审计分处，直接隶属于审计处，不受地方官署的领导，在一定程度上加强了审计机构的独立性。1914 年，《中华民国临时约法》第五十七条规定："国家岁出岁入决算，每年经审计院审定后由大总统提出报告书于立法院请求承诺。"1914 年 6 月，在袁世凯强力主导下颁布了《审计院编制法》，确定了审计院在政府机构中的地位及职权。1914 年 10 月颁布了中国近代第一部《审计法》，这不仅是一部系统的关于国家审计的法律，也是中国近代第一部以立法形式确立的审计法律，确立了审计监督的法定地位。其后不久，北洋政府又颁布了《审计法实施规则》，对《审计法》某些条文进行补充。此外，北洋政府、审计院及审计处还颁布了许多具体的审计法规和工作规范，如《暂行审计国债用途规则》《支出单据证明规则》，初步形成了较为完整的审计法律体系。1915 年，北洋政府颁布《审计官惩戒法》，规范了各级审计人员的行为，初步建立了审计人员管理体系。1923 年中国第一部正式宪法《中华民国宪法》颁布，其中第一百二十条规定："审计院之组织及审计院之资格，以法律定之。"1925 年《中华民国宪法案》规定："审计院职员在任期中，非依法律不得减俸，停职或转职，审计院职员之惩戒处分，依法律定制。"上述法律使审计组织和审计管理的法律责任具有层次性，进一步增强了审计法律的体系性。综上所述，南京临时政府开启了中国近代审计法律的先河，北洋政府时期形成了较为系统的审计法律，是审计法发展史上的重要阶段。在内部审计方面，政府机构、军队机构等制定了内部的审计规章制度。如农林部 1912 年颁布的《农林部会计暂行规则》，对审计对象、程序、内容等做出了具体的规定。军队的内部审计法律较为规范详细，如《陆军会计审计处暂行条例章程》《陆军审计现行规则》等。虽然这些法律法规在形式上属于军队内部审计法律法规，但实际上属于国家审计法律法规的范畴。

辛亥革命推翻了清政府的腐朽统治和中国两千多年的封建帝制，建立中华民国，使得民主共和的思想日益深入人心，但辛亥革命胜利的果实被袁世凯窃取，在北京建立北洋政府。但孙中山等资产阶级革命党人组织了二次革命、护法运动和护国运动等斗争。1925 年，孙中山逝世后，在广州建立了中华民国政府。1925 年，中华民国政府颁布了《审计法》，对审计主体、审计程序、审计对象和审计内容等多方面进行规定，虽然与北洋政府颁布的《审计法》有诸多相似之处，但中华民国政府颁布的《审计法》更多体现了民主共和思想。另外，为了配合《审计法》的实施，还颁布了《审计法施行规则》《检察院单据证明》。

2. 南京国民政府的审计法

为了推翻北洋军阀的统治，国共两党发动了北伐战争。1927 年蒋介石发动了"四一二"反革命政变，在南京建立南京国民政府。南京国民政府继承重视政府审计机构及法律的传统，在审计组织方面出台了大量的法律法规，先后颁布了《监察院组织法》《国民政府组织法》《审计院组织法》等法律法规，在国民政府设立审计院，监督预算的执行情况，审计国家财政收支。1928 年《审计法》规定：各主管财政机关的支付命令都要经审计院核准，如果支付命令与预算支出不相符，审计院应当拒绝核签。未经审计院核准的支付命令，国库不得付款。各经管征税或其他项目收入的机关，应于每月结束后编制上月收入、支出计算书，送审计院审查。此后，在《中国国民党训政纲领》《中华民国政府组织法》《中华民国训政时期约法》《中华民国宪法草案》《中华民国宪法》的基础上，明确审计主体、审计范围和审计人员的具体规定，并将审计置于监督系统，确立了审监合一的体制。除了审计组织方面的法律外，国民政府还出台了一系列审计法律法规，如《审计法》《审计法实施细则》《审计会议规则》《审计院设计委员会会议规则》《公有营业企业及公有事业机关审计的条例》《审计成例》等。值得注意的是，《审计法》处于不断的发展中。其中，1928 年 4 月颁布的《审计法》是继北洋政府和中华民国政府之后颁布的第三部《审计法》，但受到特定历史背景的限制，审计既有加强，也有限制。1938 年南京国民政府修正颁布了《审计法》，这是第四部《审计法》，由通则、事前审计、事后审计、稽查和附则构成。相较于以往的《审计法》，明确了审计的分类、程序、方法和范围，加强了财政支出的合理性、合法性和经济性。

在内部审计方面，企业、部门、社团的内部审计法律法规均有所发展。其中，银行和铁路业的审计法律法规突出。中央银行前后确立了多项审计法律法规，规制了内部审计的职责和程序，如《中央银行稽核处组织规程》《稽核通则》等。铁道部于 1931 年颁布了《修正铁道部驻路总稽核职掌规程》，明确了稽核的目标、范围和规则。另外，部门和社团也涉及相应的审计规章，如实业部颁布的《交易所监理员暂行规程》、南京国民政府颁布的《国民政府军事委员会组织大纲》、赈灾委员会颁布的《赈灾委员会组织条例》。1937 年，日军全面侵华后，许多企业、部门和社团沦陷，内部审计法律法规的发展趋于缓慢。在社会审计方面，相关政府部门先后颁布《会计师章程》《会计师注册章程》等，对会计师的资格、职权、执业范围和法律责任进行规定。另外，上海出现四大会计师事务所，进一步推动社会审计的发展。但与内部审计处境相同，虽然会计师事务所试图建立统一的同业标准并不断加强自身建设，但随着外部环境的恶劣，发展逐渐趋于缓慢。

（二）革命根据地时期的审计法

1. 土地革命时期

1927 年毛泽东领导秋收起义，建立起第一个农村革命根据地——井冈山革命根据地。1931 年 11 月，中华苏维埃临时政府在瑞金成立。1932 年 8 月，根据中央人民委员会的决定，中央政府财政部设立审计处。1933 年 9 月，苏区中央政府成立审计委员会，由中央人民委员会直接领导，独立于财政委员会之外，负责监督监察各项财政收支的执行情况。土地革命时期审计法律法规的发展有一个过程，并不是一蹴而就的，直到晚期才形成较为完整的审计法。1934 年 2 月，中华苏维埃第二次全国代表大会通过《中华苏维埃共和国中央苏维埃组织法》，对苏区审计体制进行改革，规定中央审计委员会直接由中央执行委员会领导，与中央人民委员会、中央革命军事委员会、临时最高法庭并列，其成员由中央执行委员会主席团委任，提高了审计机构的地位与权威，形成了垂直管理的分级审计体系。另外，中央执行委员会公布的《中华苏维埃共和国中央政府执行委员会审计条例》，以法规的形式明确了中华苏维埃共和国审计机关的职能职权、审计程序、审计规则及规范审计的表格和簿记等，规定了中央审计委员会的审计范围、各省审计分会审查的范围等。这是中央苏区第一部完整的审计法规，标志着苏区的审计工作走上依法审计的轨道。另外，中华苏维埃共和国还颁布了许多经济法律法规，为中央审计委员会加强审计监督，实施政府预决算审计、国有企业审计、工商企业审计、金融审计、财税审计等提供了法律依据。

2. 抗日战争时期

在抗日战争时期并没有形成全面统一的审计法，但各个根据地都制定了富有特色的审计法律法规，其中陕甘宁根据地在全革命根据地占有重要地位。1939 年，中共中央书记处颁布的《中央关于严格建立财政经济制度的决定》明确提出"建立会计审计制""以便坚持抗战,坚持长期艰苦斗争";陕甘宁边区政府审计处为加强财政预决算管理,颁布了《陕甘宁边区审计处关于预决算编制及报销的通知》;《陕甘宁边区宪法草案》确立了在行政委员会下设审计处的体制,首次将审计体制写入宪法性文件;《山东省审计处暂行组织条例》规定了在各行政区设立审计处,实行财政上的司法监督,提高了审计监督的司法力度;《晋冀鲁豫边区政府审计工作的回忆》一书中也提到"审计科在财政厅领导下独立行使审计权,有一定的权威性"。值得注意的是,1940 年中央财政经济部制定的《审计制度规范》,对边区政府审计处的地位、职责、机构设置和审计的类型、程序、内容做出了详细的规定,但由于当时的外部环境,该法未能实施。

3. 解放战争时期

解放战争时期,在抗日革命根据地的基础上,建立和发展解放区政权。这一时期,在中国共产党的领导下,继承和发展了抗日战争时期的审计法律法规,颁布的审计法律法规内容丰富、针对性强,初步形成一定的审计法律体系。1946 年,陕甘宁自治宪法草案提出要厉行审计制度。1948 年 3 月,陕甘宁晋绥边区颁布《陕甘宁晋绥边区暂行审计规程(草案)》,10 月颁布《陕甘宁晋绥边区暂行审计条例》。1948 年 2 月,晋冀鲁豫边区颁布《边区级政党民学审计制度》,7 月颁布《审计制度(草案)》。1948 年华北人民政府成立,并相继颁布了《华北区暂行审计规程》《华北区暂行审计规程施行细则(草案)》《华北区审计规程》。各边区的审计法律大多针对各边区实际问题,因此,具有一定的差异性,但审计重点为审计预决算、收支,突出送达审计,并以审批为主。解放区审计法律法规既继承了抗日战争时期审计法律法规,也为我国现代审计法律法规的建立提供了历史经验。

三、 中国现代的审计法

(一) 新中国成立初期的审计法

1949 年,中国共产党领导全国人民取得了新民主主义革命的胜利,建立了新中国,并逐步完成了新民主主义向社会主义的过渡。这一时期,是审计法律法规的恢复与重建时期,这一时期的审计体现出继承传统和借鉴苏联的时代特征,并在政府审计方面较为突出。但 20 世纪 50 年代后期,"一化三改"①并没有达到理想中的效果,经济停滞不前,直到 1978 年,审计法律法规才重获新生。1950 年财政部颁布《中华人民共和国暂行审计条例(草案)》,详细规定了立法的依据以及审计的目的、机构、体制、内容、方法和程序,是新中国第一部审计法律法规。同年,政务院颁布了《中央人民政府财政部设置财政检查机构办法》,规定指出"中央财政部设财政检查司,主持全国财政检查事宜"。专门的审计机构被撤销,财政检查改成财政监察,审计的部分职能移交给财政监察司。原属于审计工

---

① 党在过渡时期的总路线和总任务是要在一个相当长的时期内逐步实现国家的社会主义工业化,并逐步实现国家对农业、对手工业和对资本主义工商业的社会主义改造。

作范围内的大量经济监督任务，转由财政、税务、银行等部门完成。在内部审计方面，并没有形成统一的内部审计制度，但许多地区的企业、部门和单位制定了许多关于内部审计的法律法规，如《中央人民政府纺织工业部所属经济及企业机构暂行审计规程》《铁道部财务稽核的组织》《中央人民政府卫生部暂行审计规则（草案）》等，但1953年确立过渡时期"一化三改"后，生产资料公有化程度不断提高，相比于国家审计，内部审计的环境较为不利。在社会审计方面，随着生产资料公有化程度不断提高，社会审计失去了审计对象，虽然相关财政部门和协会颁布了专门的文件，如《核定会计师管理原则》《上海会计师公会学习简则草案》等法律法规，但是社会审计面临着和内部审计一样的境遇。

（二）改革开放初期的审计法

1978年，党的十一届三中全会做出了把工作重心转移到经济建设上来的战略决策，以邓小平同志为主要代表的中国共产党人开始了对党和国家建设的新探索。

1981年，财政部向全国人大常委会和国务院递交关于重构审计制度的设想，并于1982年4月公布《宪法修正草案》，其中多个法律条文涉及审计制度，并第一次确立了审计的宪法地位，在审计法发展史上具有重要影响。随着改革开放不断深入，虽然经济搞活了，但法规制度一时跟不上，经济领域出现了一些不正之风和违反财经法纪的问题，党中央意识到制度建设的紧迫性和艰巨性。1982年，邓小平在《坚决打击经济犯罪活动》一文中提出："现在是什么形势呢？我们自从实行对外开放和对内搞活经济两个方面的改革，不过一两年时间，就有相当多的干部被腐蚀了……"之后，他还指出，"对各级干部的职权范围和政治生活待遇，要制定各种条例，最重要的是要有专门的机构进行铁面无私的监督和检查"。1983年，根据宪法规定，正式成立审计署，两年内全国县级以上地方审计机关相继建立，此后中央和地方的审计机构体系逐渐形成。从1983年开始审计试点至1985年底仅两年多时间里，各级审计机关共审计了8.13万个部门和单位，检查出违反财经法规金额约137亿元，应上缴财政金额约34亿元。[①] 审计机关在"边组建边工作"中不断探索发展。1986年审计署提出比较完善的审计法规，并不断思考如何重构专门系统的审计法律。1988年，为严肃财经法纪，加强宏观控制和管理，适应经济环境的变化和发展，国务院颁布了《中华人民共和国审计条例》，将宪法关于审计监督的原则规定进一步具体化，该条例重点突出、体例严谨，使得审计法律法规达到前所未有的水平。

（三）社会主义市场经济体制转型时期的审计法

在改革开放后期，我国社会主义市场经济体制处于体制转轨、社会转型的关键阶段。党的十四大确立了建立社会主义市场经济体制的目标，明确了市场在资源配置中的基础性作用，提出"强化审计和经济监督，健全科学的宏观管理体制与方法"[②]。为满足社会主义市场经济发展的需求，审计署适时提出《关于强化审计监督的意见》。此后，审计制度

---

① 刘家义：《中国特色社会主义审计制度研究》，中国时代经济出版社2016年版。
② 《继承发扬70年宝贵经验 更好履行新时代审计使命》，人民网，https：//baijiahao. baidu. com/s？id = 1645003269294506250&wfr = spider&for = pc，2019年9月18日。

逐步由单一的财政经济监督向高层次的综合性财政经济监督转变。党的十五大提出依法治国的基本方略，为审计法制化的发展提供了有利的环境。1994 年 8 月，第八届全国人大常委会第九次会议决议通过《中华人民共和国审计法》，其规定了审计法对我国审计监督的基本原则、审计机关和审计人员、审计机关职责、审计机关权限、审计程序、法律责任等审计基本制度，标志着我国审计工作正式迈入法制化轨道，并相继颁布了《中华人民共和国审计法实施条例》《中华人民共和国国家审计基本准则》等法律法规配合《审计法》的实施。此后，以宪法为依据、以审计法及其实施条例为主体、以审计准则为基础的比较完善的中国特色的社会主义审计监督的法律框架体系逐渐形成。这一时期，审计机关在促进反腐倡廉、打击经济犯罪和维护财经秩序方面发挥着重要作用。20 世纪 90 年代后期，在中央纪委的组织下，审计署同监察部、中央组织部协商研究起草制定党政和企业领导干部经济责任审计的专门法律法规。1999 年 5 月，国务院颁布《国有企业及国有控股企业领导人员任期经济责任审计暂行条例》及《县级以下领导党政干部任期经济责任审计暂行规定》。另外审计署根据国务院机构改革文件进行机构改革的同时，还制定了一系列规章制度，其中值得注意的是 2000 年颁布的《审计署关于加强审计纪律的规定》，该规定提出了审计组织和审计人员的"八不准"①，对审计队伍的建设和审计人员的发展具有重要作用。

（四）全面建成小康社会阶段的审计法

21 世纪以后，审计法律法规仍处于不断发展和完善的过程中。党的十六大以来，中国共产党人继往开来，从新世纪我国经济发展的阶段性特征着手，在全面建设小康社会进程中推进实践创新、制度创新和理论创新，为中国特色社会主义审计制度的建立做出新的贡献。这一时期，政府工作的重点在关注经济、社会发展的同时，开始强调加强自身建设，提出廉洁勤政、务实高效政府的愿景。审计的功能从财政财务收支的真实性、合法性向经济性、效率性和效果性拓展，从单纯对经济活动的审计扩大到对领导干部的经济责任审计。《胡锦涛在中国共产党第十七次全国代表大会上的报告》中提出"重点加强对领导干部特别是主要领导干部、人财物管理使用、关键岗位的监督，健全质询、问责、经济责任审计、引咎辞职、罢免等制度"。为此有关部门制定了相应的法律法规。2003 年，中央五部委经济责任审计工作联席会议办公室印发《关于进一步加强经济责任审计工作中有关部门协调与配合的意见》《关于党政领导干部任期经济责任的若干问题的指导意见》等。2006 年，领导干部经济责任审计被写入修订后的《审计法》中。2008 年，《关于进一步加

---

① 审计人员的"八不准"为：

一、不准由被审计单位和个人报销或补贴住宿、餐饮、交通、通讯、医疗等费用。

二、不准接受被审计单位和个人赠送的礼品礼金，或未经批准通过授课等方式获取报酬。

三、不准参加被审计单位和个人安排的宴请、娱乐、旅游等活动。

四、不准利用审计工作知悉的国家秘密、商业秘密和内部信息谋取利益。

五、不准利用审计职权干预被审计单位依法管理的资金、资产、资源的审批或分配使用。

六、不准向被审计单位推销商品或介绍业务。

七、不准接受被审计单位和个人的请托干预审计工作。

八、不准向被审计单位和个人提出任何与审计工作无关的要求。

强军队领导干部经济责任审计工作的意见》颁布，进一步将领导干部经济责任审计范围拓展至军队审计中。2010 年颁布了《党政主要领导干部和国有企业领导人员经济责任的规定》，进一步扩大了审计工作的范围。另外，中央预算执行和其他财政收支报告，直面工作中所存在的问题，实事求是，开展"审计风暴"①。此外，2006 年还对 1994 年制定的《审计法》进行了修订，明确了审计监督的机制、手段和责任，规范审计行为，调整审计关系。为了审计法进一步具体的实施，2010 年，国务院修订颁布了《中华人民共和国审计法实施条例》，更好地促进依法审计，提高审计质量。

（五）中国特色社会主义下的审计法

党的十八大以来，以习近平同志为核心的党中央引领中国特色社会主义进入新时代，审计也进入了深化改革的新阶段。这一阶段的审计主要具有以下几个方面的特征：第一，加强了党对审计的领导。2018 年 3 月 21 日，中共中央印发《深化党和国家机构改革方案》，提出："加强党中央对审计工作的领导，构建集中统一、全面覆盖、权威高效的审计监督体系，更好地发挥审计监督作用，组建中央审计委员会，作为党中央决策议事协调机构。"2018 年 5 月 23 日，习近平总书记在中央审计委员会第一次会议上指出："要努力构建集中统一、全面覆盖、权威高效的审计监督体系，更好地发挥审计在党和国家监督体系中的重要作用。"② 2021 年，新修订的《审计法》在总则中增加规定：坚持中国共产党对审计工作的领导。进一步深化改革审计制度，完善各项审计法律法规。在这一时期颁布了许多关于审计的法律法规，如《中共中央关于全面推进依法治国若干重大问题的决定》《关于加强审计工作的意见》《关于完善审计制度若干重大问题的框架意见》等。

第四节　审计法的作用

法律作为一种社会规范，对社会主体和社会关系进行调整，具有指引和保障性的作用。法的价值就是指引法律功能的实现。审计法作为国家法律体系的重要组成部门，是法律在审计领域的具体体现。审计法的功能是指审计法以具体、明确的法律规范对审计主体和审计活动进行引导，促进审计法治化秩序的建立和审计法制化进程的推进。审计法的作用主要可以分为规范作用和社会作用，详见图 1 - 1。

---

① "审计风暴"是指国家审计署 2003 年以来公开向公众曝光审计案件，从而引发的震动。
② 《习近平主持召开中央审计委员会第一次会议》，中华人民共和国中央人民政府网站，http://www.gov.cn/xinwen/2018 - 05/23/content_5293054. htm? cid = 303，2018 年 5 月 23 日。

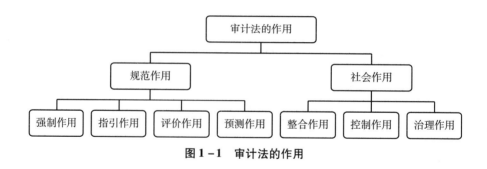

图 1-1 审计法的作用

一、 规范作用

（一）强制作用

法律是由国家制定或认可，并由国家强制力保证实施的行为规范。审计法作为国家法律体系的重要组成部分，也具有强制作用。审计法的强制作用是指运用国家强制力制裁、惩罚违反审计法律法规的行为，保障审计法律法规得以充分实现，从而实现维护审计秩序、促进审计法治化的目的。审计法的强制作用有利于审计法律法规强制力落实和强化审计的抵御功能。审计的抵御功能是指对审计查出的问题深入分析产生的原因，研究解决问题的对策及提出建设性意见和建议，以防止国家、集体和人民群众的利益受到损害。只有采取国家强制力对审计过程中的违法行为进行约束和规范，才能使得审计的抵御功能发挥长久的作用。审计法的强制作用是审计秩序得以维护和审计活动正常进行的强有力保证。

（二）指引作用

法律的指引功能是指法律通过规定人们在法律上的权利和义务以及违反这种规定所承担的法律责任，来指引人们的行为。审计法的指引功能是指通过审计法律法规对参与审计活动的各类主体的行为进行指路和导向的功能。需要注意的是，审计法在发挥其指引作用时，针对不同的审计主体有不同的规定。对于审计机关和审计人员的指引应当是确定性指引，强调法无规定即禁止的原则，以防范审计机关和审计人员滥用职权的行为。对于被审计对象应当是不确定性指引，强调法无禁止即自由的原则，从而推进审计法治化进程，促进审计法律法规的完善与发展。

（三）评价作用

法律的评价作用是指法律作为一种社会规范具有判断、衡量他人行为是否合法或有效的作用。审计法的评价作用是指揭露经济社会发展过程中审计活动涉及审计领域的问题，依据审计法律法规对审计主体的行为进行合法性评价，从而达到规范审计主体行为的功能。揭露是审计的主要功能之一，审计揭露功能是对审计监督功能的直接体现，审计不仅要揭露经济社会运行中存在的问题和漏洞，而且要揭露造成违规违法、经济犯罪、损失浪费等现象的治理层面的深层原因。但揭露并不能解决相关问题，还需审计机关及审计人员在评价的基础上依法对相关问题进行处理。审计法律法规提供了一整套客观、完备、明确的评价标准，使得这些标准区别于一般的社会标准，并由国家强制力保证其普遍约束力。审计法的评价作用，在规范参与审计活动的各类审计主体的行为，维护审计秩序和提升国家治理能力等方面发挥重要作用。

（四）预测作用

法律的预测作用是指根据法律规范的规定，事先估计当事人双方将如何行为及行为的法律后果，从而对自己的行为做出合理的安排。审计法的预测作用是指参与审计活动的各类审计主体根据审计法律法规的规定，可以预先估计自己的行为及行为的法律后果，从而对自己的行为做出合理的安排。审计法的预测作用包含两个方面：第一，就审计机关的角度而言，审计法的预测功能和审计的预防功能相对应。审计的预防作用是审计"免疫系统"的重要功能之一，是指审计凭借其内生性的威慑作用及独立性的优势，对危害国家、集体和人民群众利益的行为进行震慑，防止违法违规意念转化为违法违规行为；对发现的普遍性、倾向性和苗头性问题提前发出预警，防止苗头性问题转化为趋势性问题、局部性问题演变为全局性问题等。但审计内生的震慑作用具有一定的偶然性，而审计法则通过自身的确定性和规范性，使审计预测功能在一定期间保持连续性，从而达到审计监督应有的效果。第二，从审计对象的角度而言，审计法的作用体现在审计对象可以根据审计法律法规的明确规定，预测自身行为所达到的效果及行为的法律后果，避免违法行为的产生，从而对自身的行为做出合理的安排，提高审计活动的效率。

二、 社会作用

（一）整合作用

社会整合是调整或协调社会各部分之间的矛盾和冲突，使整个社会成为一个统一的运行良好的体系的过程。法律整合是指运用法律法规来实现社会整合的一种方式。审计法的整合作用是指在审计法律法规的运行过程中，通过正确的价值观念和利益诉求，充分调动社会资源，在价值、规则、权威等核心要素的推动下形成一种综合力量，进而促进审计和社会多方面的协同发展。审计法既体现出审计活动参与主体的需求，也体现社会整体的利益需求，如国家安全、权力制约和监督的需求。审计法律法规的整合对象是指各类与审计活动相关的社会资源和社会力量。审计法律法规的整合更加强调全体公民的参与。审计法律法规的整合作用在发挥作用的过程中主要受以下几个因素的制约：第一，审计法律法规的外部环境。审计法律法规发挥功能的过程中，应该重点关注审计能否既保持内在的独立性又实现与外部环境的良性互动。第二，审计法律体系的认可程度。审计法律法规是由各种客观的审计法律制度转换而来，是审计主体在参与审计活动的过程中需要遵循的参照标准，是审计活动参与主体对客观制度的评价，体现了制度客观性和评价主观性相统一的结果。在某一时期，审计主体并不能完全认同相应的审计法律法规，在一定程度上制约了审计法律法规整合作用的发挥。第三，审计法价值内核的复杂性。审计法的价值内核是指在审计法律法规的运行过程中对各类审计主体分散的价值倾向进行统一整合并形成主导性的价值内核。但由于各类审计主体在审计价值、意识和认可程度上的不同，使得审计法的价值内核具有一定的复杂性。

（二）控制作用

审计法的控制作用是指在审计法律法规运行的过程中，调整各类审计活动参与主体之间的关系，达到制约审计主体行为、维护审计秩序和社会秩序的目的。审计法的权威性决定了审计法对各类审计活动的参与主体的控制作用具有客观性，任何审计主体都不得超越审计法赋予的权限，审计法与审计活动的参与主体之间具有控制和被控制的关系。审计法控制作用的发挥主要有以下途径：第一，价值内核。价值内核为审计法控制功能的发挥提供了价值标准，通过主导价值观的传播，维护审计秩序，及时纠正审计主体违反审计法律法规的行为。第二，法律法规体系。审计法律法规包含一系列有关审计的法律、法规、制度等强制性规范。当审计法发挥其控制作用时，审计活动参与主体认同遵守相应的审计法律法规；当审计法无法有效发挥其作用时，审计活动参与主体可能会偏离或违背相应的法律法规。第三，审计法的权威性。塞缪尔·亨廷顿指出："国家现代化进程的基本问题不是自由，而是创立一个合法的公共秩序。而要确立合法的公共秩序必须得有权威力量的支撑。"[①] 审计法权威的控制体现在审计的不同层次和不同领域，既关乎审计的上层建筑，也关乎审计的具体实践活动。

（三）治理作用

党的十八届三中全会提出，全面深化改革的总目标是完善和发展中国特色社会主义制度，推进国家治理体系和治理能力现代化。党的十八届四中全会首次提出"运用法治思维和法治方式推进改革"的要求。审计法的治理作用主要体现在审计法赋予审计法治力量，实现审计功能和法律功能的有机结合，推动民主法治的发展，实现国家治理体系和治理能力现代化的目标。国家治理需要解决的问题是公共权力如何实现有效的配置与运行。公共权力的有效配置与运行需要各个机构分别履行决策、执行和监督的职责。《关于完善审计制度若干重大问题的框架意见》及《关于实行审计全覆盖的实施意见》提出："对公共资金、国有资产、国有资源和领导干部履行经济责任情况实行审计全覆盖。"并明确审计监督为独立的国家法治监督体系，其主要作用为监督决策执行机构决策的履行情况，并将决策履行情况反映给决策机构，以便决策机构及时调整决策，并对决策履行情况给予恰当的奖惩建议。审计法律法规将相关审计规定以法律的形式确立下来，有助于审计监督职能的有效发挥。

审计法的治理作用主要体现在以下两个方面：第一，实现审计的全面监督。2021 年新修订的《审计法》在总则中增加规定，坚持中国共产党对审计工作的领导，构建集中统

---

① 塞缪尔·亨廷顿：《变化社会中的政治秩序》，王冠华等译，上海人民出版社出版 2008 年版。

一、全面覆盖、权威高效的审计监督体系。同时，根据党中央的决策部署，扩大审计监督范围，推进审计全覆盖，从而为强化审计监督、完善审计制度提供法治保障。弗朗西斯·福山在《国家构建：21 世纪的国家治理和世界秩序中》指出："现代政治的使命就是对国家的权力加以制约，把国家的活动引向它所服务的人民认为是合法的这一终极目标上，并把权力的行使置于法治原则之下。"审计就是依法对公民赋予政府的权力的执行情况进行监督，而审计法为审计监督提供了法律依据，从而能够达到保护公民利益和保障公民权利的目的。第二，推动廉洁政府建设。2015 年国务院出台的《国务院关于加强审计工作的意见》指出："强化审计的监督作用，促进依法行政、依法办事、切实维护法律尊严；对审计发现的重大违法违纪问题，要查深查透查实，促进廉洁政府建设。"在现代国家治理体系中，政府的定位逐渐由以政府为中心转变为以人民为中心。审计通过其自身的专业性和强制性收集到高质量的信息，审计机关及审计人员的专业知识与工作经验使其对收集的信息进行高质量的分析。同时，审计法律法规规定专门的问责机制以及审计公告制度，向社会公众公开审计机关的审计结果与审计意见，提高审计的透明度，实现促进廉洁政府建设、社会公众参与国家治理的目标。

第五节　《审计法》（2021）的变化及现实意义

2021 年 10 月 23 日，十三届全国人大常委会第三十一次会议通过了修改《审计法》的决定。这是完善我国审计法律法规的重大举措，是审计法治建设的重要里程碑，将近年来审计工作中的新经验上升到法律层面，为未来审计工作的执行提供了良好的法律环境和制度保障。

一、《审计法》（2021）修订的背景

我国《审计法》于 1995 年实施，2006 年第十届全国人大常委会第二十次会议修正。《审计法》修订多年来，对于保障审计机关依法独立行使审计监督权，促进国家重大决策部署贯彻落实，维护国家经济安全，推动深化改革，促进依法治国，推进廉政建设发挥了重要作用。党的十八大以来，党中央、国务院对审计工作提出了更高要求，社会各界对审计工作有了更多期盼，审计理论和实践也不断创新发展。此外，在习近平法治思想引领下（见图 1 - 2），现行《审计法》已不能完全适应形势发展的需要，亟须修订完善。《审计法》修订的背景主要有以下几个方面：第一，贯彻落实党中央、国务院关于审计工作决策的需要。2018 年 3 月，中国共产党中央委员会根据《深化党和国家机构改革方案》组建中央审计委员会，加强党对审计工作的领导，努力构建集中统一、全面覆盖、权威高效的审计监督体系。习近平总书记在第一次中央审计委员会中指出，要深化审计制度改革，解放思想、与时俱进，创新审计理念，及时揭示和反映经济社会各领域的新情况、新问题、

新趋势。要坚持科技强审，加强审计信息化建设。要加强党对全国审计工作的领导，强化上级审计机关对下级审计机关的领导，加快形成审计工作全国一盘棋。要加强对内部审计工作的指导和监督，调动内部审计和社会审计的力量，增强审计监督合力。① 党中央、国务院在《中共中央关于全面推进依法治国若干重大问题的决定》《关于加强审计工作的意见》《关于完善审计制度若干重大问题的框架意见》等重要文件中，也多次强调要完善审计制度，保障审计机关依法独立行使审计监督权。《审计法》（2021）将中国共产党对审计的领导以法律的形式确立下来，有利于进一步完善中国特色社会主义审计法律法规，更好地引导和指明审计事业改革发展的方向。第二，应对环境变化的需求。随着我国社会主义市场经济体制改革的不断发展、社会主义民主政治的不断深化、国家治理体系和治理能力的不断完善和提高，审计在国家监督体系中的重要作用不断凸显。近些年，审计在促进经济高质量发展，促进全面深化改革，促进全面依法治国，促进反腐倡廉等方面发挥了积极作用。在此环境中，审计的职能不断拓展，审计范围不断扩大，旧《审计法》不再适应审计实践发展的需求。第三，审计机关依法履职的需求。依法审计是审计的基本原则之一，审计法的修订，一方面解决现有审计权限和手段难以保障全面履行审计监督职责的问题，以及制约审计监督作用充分发挥的问题；另一方面加强对审计机关和审计人员的监督制约，规范审计权力运行。另外，可以将审计机关在审计工作中的新经验以法律的形式确立下来，为审计机关更好发挥作用提供坚实的法律保障。

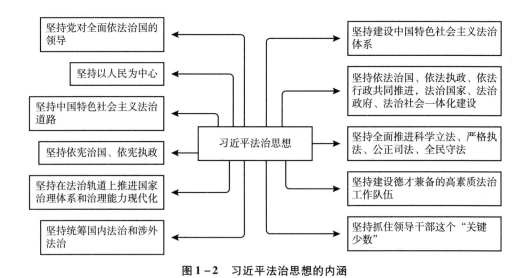

图 1-2　习近平法治思想的内涵

二、《审计法》（2021）的变化

《审计法》（2021）共 54 条，此次修改了 49 条，删除 1 条，新增 14 条，修订后共 67

---

① 《习近平主持召开中央审计委员会第一次会议》，中华人民共和国中央人民政府网站，http://www.gov.cn/xinwen/2018-05/23/content_5293054.htm? cid=303，2018 年 5 月 23 日。

条。主要有以下几个方面的变化：

第一，坚持党对审计工作的领导。党的十九大以来，党中央做出了改革审计管理体制的决策部署，组建了中央审计委员会。《审计法》（2021）在总则第二条中增加规定，坚持中国共产党对审计工作的领导，构建集中统一、全面覆盖、权威高效的审计监督体系，将中国共产党对审计工作的领导以法律形式确立下来。

第二，拓展审计监督的范围。根据党中央、国务院《关于加强审计工作的意见》《关于完善审计制度若干重大问题的框架意见》等文件的要求，进一步完善了审计机关职责，规定管理、分配和使用公共资金、国有资产、国有资源的单位及其主要负责人，属于审计机关的审计对象，应当依法接受审计监督；明确将重大经济政策措施和决策部署贯彻落实情况审计、领导干部自然资源资产离任审计等纳入审计监督范围。同时，为保障实现审计全覆盖，对加强全国审计工作统筹、坚持科技强审、建设高素质专业化审计干部队伍等方面作出规定。

第三，加强审计机关自身建设。《审计法》（2021）第十二条规定新增"审计机关应当建设信念坚定、为民服务、业务精通、作风务实、敢于担当、清正廉洁的高素质专业化审计队伍；应当加强对审计人员遵守法律和执行职务情况的监督，督促审计人员依法履职尽责"等内容。

第四，权责相统一。《审计法》（2021）一方面赋予审计机关履行职责所必须的权限。《审计法》（2021）第四章明确审计机关权限，如规定审计机关对取得的电子数据等资料进行综合分析，需要向被审计单位核实有关情况的，被审计单位应当予以配合；审计机关进行审计时，有权检查被审计单位信息系统的安全性、可靠性、经济性等。另一方面严格规范审计机关的审计行为，完善审计程序，如要求审计机关和审计人员不得参加可能影响其依法独立履行审计监督职责的活动，不得干预、插手被审计单位及其相关单位的正常生产经营和管理活动；审计人员向有关单位和个人进行调查时，应当不少于二人，并出示工作证件和审计通知书副本等。

第五，明确审计整改和监督责任。此次审计法修改明确了被审计单位对审计查出问题的整改责任以及各级人民政府、有关主管机关单位和审计机关对被审计单位整改情况的监督责任，同时强化审计结果运用，规定审计结果以及整改情况应当作为考核、任免、奖惩领导干部和制定政策、完善制度的重要参考。

第六，发挥内部审计和社会审计作用。为充分发挥各类审计的作用，切实加强审计对象内部风险防控，形成审计监督合力，《审计法》（2021）新增了关于内部审计和社会审计的表述，并规定了内部审计领导体制、内部审计工作职责、内部审计履职保障、审计机关对内部审计工作的业务指导和监督等。同时，明确审计机关要注重发挥社会审计的积极作用。加快形成审计工作全国一盘棋，加强审计机关对内部审计工作的指导和监督，充分调动内部审计和社会审计的力量。

三、《审计法》（2021）的现实意义

我国《审计法》自1995年实施、2006年修正以来，对于保障审计机关依法独立行使

审计监督权，促进国家重大决策部署贯彻落实，维护国家经济安全，推动深化改革，促进依法治国，推进廉政建设发挥了重要作用。党的十八大以来，党中央、国务院对审计工作提出了更高要求，社会各界对审计工作有了更多期盼，审计理论和实践也不断创新发展，《审计法》（2021）也将承担更多的时代使命，具有更多的现实价值。

（一）推进审计法治化

法治是现代国家治理的基本方式，也是国家治理现代化的内在要求。党的十八届四中全会，是党的历史上首次以全面推进依法治国为主题召开的中央全会，全会通过的《中共中央关于全面推进依法治国若干重大问题的决定》，清晰展现以习近平同志为核心的党中央全面依法治国顶层设计和战略部署。2021 年 11 月，党的十九届六中全会通过《中共中央关于党的百年奋斗重大成就和历史经验的决议》指出："党中央强调，法治兴则国家兴，法治衰则国家乱；全面依法治国是中国特色社会主义的本质要求和重要保障，是国家治理的一场深刻的革命。"审计法律法规作为国家法律法规的重要组成部分，其规定了审计作为国家以宪法和法律确立下来的制度安排，通过履行审计法定职责，促进规范权力的运行及配置。审计要体现民主法治的特点，通过审计监督严肃处理违规违纪的问题，使得法律落实有效；通过分析审计实践中存在的问题，提出健全与完善的建议。审计法律法规通过对审计制度的设计、安排与落实，有效促进社会法治秩序的形成。审计法治化主要有两个方面的含义：第一，依法审计。《审计法》第三条规定："审计机关依照法律规定的职权和程序，进行审计监督。审计机关依据有关财政收支、财务收支的法律、法规和国家其他有关规定进行审计评价，在法定职权范围内做出审计决定。"第二，依法治审。审计在运行时必须接受审计监督。将审计置于监督下，是对监督的再监督。2021 年新修订的《审计法》第二条规定，"坚持中国共产党对审计工作的领导，构建集中统一、全面覆盖、权威高效的审计监督体系"。同时，根据党中央的决策部署，扩大审计监督范围，推进审计全覆盖，从而为强化审计监督，完善审计制度提供法治保障。审计法治化的发展离不开审计全覆盖功能的实现。

（二）提高国家治理能力

党的十八届三中全会提出，全面深化改革的总目标是完善和发展中国特色社会主义制度，推进国家治理体系和治理能力现代化。2019 年 10 月，党的十九届四中全会审议通过《中共中央关于坚持和完善中国特色社会主义制度，推进国家治理体系和治理能力现代化若干重大问题的决定》，对推进国家治理体系和治理能力现代化作出顶层设计和全面部署。审计监督是国家监督体系的重要组成部分，在推动国家治理体系和治理能力现代化的进程中发挥着重要的作用。《审计法》（2021）在国家治理中主要有以下几个方面的作用：第一，维护国家经济安全。国家审计注重揭示经济、政治、社会等多个方面的薄弱环节和重大风险，及时发现被审计单位及被审计项目存在的问题，打击经济领域的违法犯罪行为，促进其他各个系统之间的平衡发展。《审计法》（2021）更加能够满足经济社会当前发展的需求，使得审计有法可依，最大程度地发挥审计功能。第二，监督审计权力的运行。权力腐败是一种自然属性，审计机关不仅仅需要依法审计，同样需要被置于监督之下，以增强审计的独立性与公信性。《审计法》（2021）新增了部分对审计机关权限的规定，将权力监督的对象拓展到审计权，是对监督的再监督。第三，为多领域工作指明方向。《审计法》的修订立足中国实践，顺势拓宽审计监督范围和业务类型，不仅包括财政、财务方面的监督，而且拓展到资源、环境、金融、民生、经济责任、政策落实等多个领域。《审计法》从审计实践中来又回到审计实践中去，为各领域、各业务类型的审计工作提供强有力的指导。

（三）实现审计全覆盖

2021年新修订的《审计法》第二条规定，"坚持中国共产党对审计工作的领导，构建集中统一、全面覆盖、权威高效的审计监督体系"。同时，根据党中央的决策部署，扩大审计监督范围，推进审计全覆盖，从而为强化审计监督、完善审计制度提供法治保障。审计法治化的发展离不开审计全覆盖功能的实现。审计全覆盖意味着审计监督是一个动态、连续的监督过程，包括事前监督、事中监督和事后监督。

1. 审计全覆盖的范围

根据《关于实行审计全覆盖的实施意见》的规定："对公共资金、国有资产、国有资源和领导干部履行经济责任情况实行审计全覆盖，是党中央、国务院对审计工作提出的明确要求。审计机关要建立健全与审计全覆盖相适应的工作机制，科学规划，统筹安排，分类实施，注重实效，坚持党政同责、同责同审，通过在一定周期内对依法属于审计监督范围的所有管理、分配、使用公共资金、国有资产、国有资源的部门和单位，以及党政主要领导干部和国有企事业领导人员履行经济责任情况进行全面审计，实现审计全覆盖，做到应审尽审、凡审必严、严肃问责。"

2. 审计全覆盖的实现方式

第一，从项目计划安排角度出发，要统筹安排，逐步形成计划一盘棋的思路，实现审计项目计划全覆盖。审计计划作为现阶段国家审计管理的龙头，在实际工作中还存在法定性不够强、调整较多、延续性不够、上下级之间不够协调及互补性不强等问题。

第二，从审计项目类型上看，要进一步强化经济责任审计的作用，将经济责任审计尤其是省级主要领导干部的任期和离任经济责任审计推向更广、更深的领域。

第三，从审计资源利用角度来，要更充分调动各级、各类审计资源，形成审计机关的整体合力。首先，要充分发挥中央和地方审计机关的合力，探索通过审计计划创新将地方审计机关的审计项目与审计署相关审计项目充分结合起来；其次是充分利用社会审计力量，弥补国家审计人员在专业和能力上的不足。同时，还要充分利用国家审计对注册会计师审计机构出具的报告进行核查的法定职责，来推进注册会计师审计机构重视鉴证审计，以提高注册会计师出具的审计报告对国家审计的参考价值。最后，还要发挥内部审计的作用。要强化审计机关对内部审计的指导作用，以合适的方式提高内部审计人员的技能，促进提高内部审计部门作为日常监督机构在内部监督中的作用。

第四，从技术手段上看，要充分利用信息系统高效、便捷的优势。各级审计数据中心要在法定的权限范围内强化集中、及时掌握被审计单位相关信息系统数据更新的意识和能力，发挥计算机审计的优势，做到全面分析、重点突出，这对于实现审计全覆盖、弥补审计资源的不足是不可或缺的重要手段。充分发挥计算机技术对金融、企业审计的作用尤为突出，现有大多数国有金融、企业资金量大、层级多、网点密，但其信息系统相对较为完善，这也为审计机关运用信息技术开展审计提供了便利的条件，而且近年来审计结果也表明了信息技术合理运用的积极意义。

第五，从审计重点上看，要继续充分发挥财政审计的龙头作用。多年来，财政审计因其开展多、与百姓生活密切而备受世人关注。一些地方也提出了"以财政审计大格局实现政府治理大服务"的观点，并且将财政审计全覆盖用文件形式加以固化和规范。

第六，从审计结果上看，要强化审计整改监督检查的力度，促进审计作用的真正落实，避免年年审年年犯现象。审计全覆盖的目的是更好地发挥审计的作用，使得审计真正发挥"无影灯"的效果，而不是简单的大而全。因此，要注重对审计整改的监督、检查及公告，对于没有及时整改、拒不整改、屡改屡犯的要进行公告，发挥社会舆论的监督在整改落实中的作用，做到审计一个项目就要起到应有的作用，而不是将审计当成走过场。在审计结果的运用上，要通过进一步强化经济责任审计联席会议的作用、与组织部门的沟通交流、与纪检监察机关的联系等方式，将审计结果全面运用到领导干部考核、官员晋升等方面，做到审计作用发挥的全覆盖。

第六节　审计法制的基本框架

习近平总书记在第一次中央审计委员会中指出："要落实党中央对审计工作的部署要求，加强全国审计工作统筹，优化审计资源配置，做到应审尽审、凡审必严、严肃问责，努力构建集中统一、全面覆盖、权威高效的审计监督体系，更好发挥审计在党和国家监督体系中的重要作用。"[①]《审计法》（2021）新增内部审计与注册会计师审计相关内容，明确审计机关对内部审计与注册会计师审计的监督与指导作用。同时，注重发挥内部审计与注册会计师审计对审计机关的积极作用。基于此，本书先介绍总体审计规范体系，再根据审计主体分类，分别介绍国家审计法律法规体系、注册会计师审计法律法规体系及内部审计法律法规体系。具体框架结构见图1-3。

---

① 《习近平主持召开中央审计委员会第一次会议》，中华人民共和国中央人民政府网站，http://www.gov.cn/xinwen/2018-05/23/content_5293054.htm? cid=303，2018年5月23日。

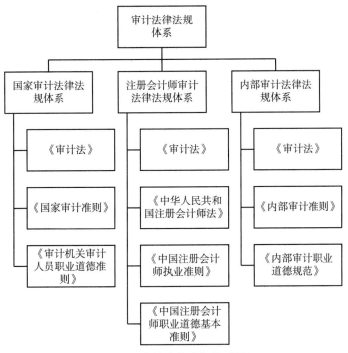

图 1-3 审计法律法规体系框架

一、 审计规范体系

审计规范体系是各种有关审计的法律法规、准则及规则的总称,指由审计法规体系、审计执业规范体系和审计标准体系等相互联系而构成的一个有机整体。[①] 审计规范体系主要包括审计法律法规、审计职业道德规范、审计准则、审计质量控制制度以及其他审计规范。

审计法律法规是指由国家权力机关及国家行政机关对审计做出的原则性规定。我国审计法律法规主要包括:《中华人民共和国审计法》《中华人民共和国注册会计师法》《关于审计工作的暂行规定》《审计法实施条例》《注册会计师条例》《中央预算执行情况审计监督暂行办法》《财政违法行为处罚处分条例》等。

审计职业道德规范是指为了规范审计活动参与主体的职业道德行为的规范。我国的审计职业道德规范主要有:《审计机关审计人员职业道德准则》《中国注册会计师职业道德守则》《中国注册会计师职业道德基本准则》《中国注册会计师职业道德规范指导意见》《内部审计人员职业道德规范》等。

审计准则是指审计活动参与主体在具体审计工作中需要遵循的技术操作规范。我国的审计准则主要包括:《国家审计基本准则》《中国注册会计师执业准则》《中国注册会计师执业准则指南》《内部审计基本准则》《内部审计具体准则》等。

---

① 审计规范体系是各种有关审计的法律法规、准则及规则的总称,指由审计法规体系、审计执业规范体系和审计标准体系等相互联系而构成的一个有机整体。详见中国审计体系研究课题组:《中国审计体系研究》,中国审计出版社 1999 年版。

审计质量控制制度是指规范审计组织的质量控制行为的制度，审计组织通常是指会计师事务所及审计机构。我国审计质量控制制度主要包括：《审计机关审计项目质量控制办法》《中国注册会计师质量控制基本准则》《历史财务信息审计的质量控制》《业务质量控制》等。

其他审计规范的内容比较多，包括一些"实施办法"和"暂行规定"，如《注册会计师注册审批暂行办法》《会计师事务所业务检查办法》等。

二、 国家审计法律法规体系

国家审计法律法规体系是由各种国家审计规范相互联系而构成的有机整体。对我国而言，是指我国审计署为全面贯彻执行《审计法》及其他有关法律法规而制定的审计机关和审计人员应遵循的准则、规定和办法等规范的总称。[①] 主要包括《审计法》《国家审计准则》和《审计机关审计人员职业道德准则》。

《审计法》由第八届全国人民代表大会常务委员会第九次会议通过，于 2006 年与 2021 年分别进行修订，其目的是加强国家的审计监督，维护国家财政经济秩序，提高财政资金使用效益，促进廉政建设，保障国民经济和社会健康发展。《审计法》对我国审计监督的基本原则、审计机关和审计人员的职责、权限、审计程序和法律责任等国家审计的基本制度进行了详细的规定。

《国家审计准则》由我国审计署于 1996 年颁布，2010 年进行修订。我国《国家审计准则》主要包括：政府审计基本准则、政府审计具体准则及政府审计规范指南。目前为止，主要有 17 个准则，分别为一个基本准则：《中华人民共和国国家审计基本原则》；16 个行为准则：《审计机关审计方案准则》《审计机关审计证据准则》《审计机关审计工作底稿准则》《审计机关审计事项评价准则》《审计机关审计报告编审准则》《审计机关审计复核准则》《审计机关专项审计调查准则》《审计机关公布审计结果准则》《审计机关审计档案工作准则》《审计机关国家建设项目审计准则》《审计机关审计抽样准则》《审计机关专项审计调查准则》《审计机关审计档案工作准则》《审计机关内部控制测评准则》《审计机关分析程序准则》和《审计机关审计重要性与审计风险评价准则》。

《审计机关审计人员职业道德准则》于 2001 年由中华人民共和国审计署第 3 号令公布，其颁布目的为提高审计人员素质，加强职业道德修养，严肃审计纪律，并进一步配合《审计法》与国家审计准则的实施。

三、 注册会计师审计法律法规体系

注册会计师审计法律法规体系是由各种社会审计规范相互联系而构成的有机整体。我国注册会计师审计法律法规体系主要包括：《审计法》《中华人民共和国注册会计师法》

---

① 宋夏云：《国家审计目标及实现机制研究》，上海财经大学出版社 2008 年版。

《中国注册会计师执业准则》《中国注册会计师执业准则指南》《中国注册会计师职业道德基本准则》等。

《中华人民共和国注册会计师法》是为了发挥注册会计师在社会经济活动中的鉴证和服务作用，加强对注册会计师的管理，维护社会公共利益和投资者的合法权益，促进社会主义市场经济的健康发展而制定的法规。由第八届全国人民代表大会常务委员会第四次会议于 1993 年 10 月 31 日通过，并于 2014 年进行修订，为注册会计师审计工作的开展提供了法律依据。

《中国注册会计师执业准则》于 2006 年由中国注册会计师协会颁布，其目的是规范注册会计师的执业行为，主要包括：《中国注册会计师鉴证业务基本准则》《中国注册会计师相关服务准则和质量控制准则》。《中国注册会计师执业准则指南》则是对《中国注册会计师执业准则》的具体说明。

《中国注册会计师职业道德基本准则》于 1997 年由中国注册会计师协会颁布，其目的为规范注册会计师的职业道德行为，提高注册会计师职业道德水准，维护注册会计师职业形象。

四、 内部审计法律法规体系

内部审计法律法规体系是内部审计工作人员在审计工作中应当遵循的业务标准和行为准则的总称。我国注册会计师审计法律法规体系主要包括：《审计法》、内部审计准则、《内部审计职业道德规范》及相应的法律法规。

内部审计准则是指各类企业、各级政府机关以及其他单位的内部审计人员在进行内部审计工作时所应遵循的原则，是衡量内部审计工作质量的尺度和准绳。我国内部审计准则主要分为内部审计基本准则、内部审计具体准则以及内部审计实务指南。内部审计准则体系中的三个不同层次，具有不同的约束力和权威性。内部审计准则体系的第一层次是内部审计基本准则，其是内部审计准则的总纲，具有最高的权威性和法定约束力。内部审计具体准则是内部审计准则的第二层次，具体准则是内部审计机构和人员进行内部审计的执业规范，内部审计机构和人员在进行内部审计时应当遵照执行。具体准则的权威性虽低于基本准则，但要高于实务指南，并有法定约束力；而内部实务指南是给内部审计机构和人员提供操作性的指导意见，不具有法定约束力和强制性。

《内部审计职业道德规范》由中国内部审计协会于 2013 年颁布，其目的为规范内部审计人员的职业行为，维护内部审计职业声誉。内部审计人员职业道德是内部审计人员在开展内部审计工作中应当具有的职业品德、应当遵守的职业纪律和应当承担的职业责任的总称。内部审计职业道德规范旨在规范内部审计人员的职业行为。

审计立法对于加强国家的审计监督，维护国家财政经济秩序，提高财政资金使用效益，促进廉政建设，保障国民经济和社会健康发展具有重要意义。立法机关应厘清国家审计的本质、功能、属性，进一步完善审计监督权独立运行的体制机制，并明确审计监督权的运行程序。

第二章

审计法律的制度安排

第一节　审计主体制度

审计主体是指审计关系中的审计人，即接受审计授权人（或委托人）的授权（委托）而成为实施审计的主体，是审计法律关系的重要内容。审计法律主体是审计法律关系的主体，即审计关系权利和义务的主体。审计法律主体包括但不限于审计主体。审计法律主体不仅包括审计主体还包括被审计单位和审计人员等。审计法律主体之间的法律关系为权利、义务和责任关系，主要有审计主体之间的法律关系、审计主体与被审计单位之间的法律关系以及审计主体与审计人员之间的法律关系。了解审计法律主体不仅有助于厘清不同审计法律主体之间的权限与责任，还有助于掌握审计法律法规的框架及运行情况。

一、　审计法律主体概述

审计法律主体是审计法律关系的主体，审计法律关系主要包括权利、义务和责任关系。根据审计主体的不同，我国的审计类型主要分为国家审计、注册会计师审计以及内部审计，三者之间具有不同的审计法律主体以及审计法律关系。《审计法》第二条提出，"国家实行审计监督制度。坚持中国共产党对审计工作的领导，构建集中统一、全面覆盖、权威高效的审计监督体系。国务院和县级以上地方人民政府设立审计机关。国务院各部门和地方各级人民政府及其各部门的财政收支，国有的金融机构和企业事业组织的财务收支，以及其他依照本法规定应当接受审计的财政收支、财务收支，依照本法规定接受审计监督"。在国家审计中，国家审计机关是重要的审计法律主体。2018年中央审计委员会第一次会议上，习近平总书记指出，要深化审计制度改革，解放思想、与时俱进，创新审计理念，及时揭示和反映经济社会各领域的新情况、新问题、新趋势。要坚持科技强审，加强审计信息化建设。要加强对全国审计工作的领导，强化上级审计机关对下级审计机关的领导，加快形成审计工作全国一盘棋。要加强对内部审计工作的指导和监督，调动内部审计和社会审计的力量，增强审计监督合力。除了国家审计机关以外，会计师事务所及内部审计机构也是注册会计师审计和内部审计重要的审计法律主体。会计师事务所及内部审计机构应根据自身特点协助配合审计机关履行审计监督职责。审计主体除了在审计工作中具有审计监督职责的审计机关、会计师事务所以及企业内部审计机构外，还包括在审计工作中接受审计监督的被审计单位。

二、 审计法律主体的分类

审计法律关系不仅包括审计主体，也包括被审计单位及审计人员。本部分将分别介绍审计主体、被审计单位及审计人员的相关内容。审计法律主体框架具体见图2-1。

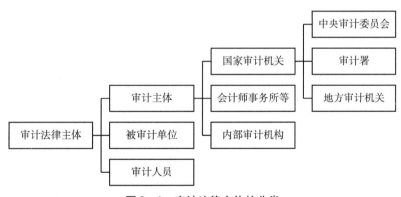

图 2-1 审计法律主体的分类

（一）审计主体

1. 国家审计机关

不同的审计模式具有不同的审计组织形式。世界上主要有四种审计体制，分别为立法型、行政型、司法型以及独立型。不同的审计模式，审计机关的结构和相互关系各不相同。立法型的审计模式下，审计机关隶属于立法机关，直接对立法机构负责并报告工作，其独立于政府，依法行使审计监督权。司法型的审计模式下，审计机关隶属于国家司法机关，除了拥有审计监督权外，还拥有一定的司法权，能够对违反法律法规的事项和个人进行处罚。行政型的司法模式下，审计机关隶属于政府部门，是国家行政机构的一部分，依法对政府各部门、各单位的财政预算和收支活动进行审计，并对政府负责，以保证政府的财政政策、法令、计划和预算的正常实施。独立型的审计模式下，审计机关独立于立法、司法和行政部门，单独形成一个国家政权的分支，履行审计监督权，对法律负责或者作为顾问为立法部门和政府部门提供帮助，对审计中发现的问题没有处理权，需交有关部门进行处理。我国采取的是行政型的审计立法模式，我国国家审计的组织体系主要由中国共产党中央审计委员会、中华人民共和国审计署（简称"审计署"）及各审计机构构成。其中，审计署及各审计机构是国家审计的执行主体，受中国共产党中央审计委员会及国务院的双重领导。

（1）中央审计委员会。

早在1934年，中华苏维埃第二次全国代表大会便通过《中华苏维埃共和国中央苏维埃组织法》，在临时中央政府中央执行委员会下设专门的审计机构——中央审计委员会，使审计职能从财政管理机关中独立出来，从最高行政机关中独立出来，与中央人民委员会、中央革命军事委员会、最高法院并列隶属于最高权力机关，具有很强的权威性和独立性。时隔80多年，2018年2月，党的十九届三中全会决定组建中央审计委员会，作为党中央决策议事协调机构。2018年3月，中共中央印发《深化党和国家机构改革方案》，明确中央审计委员会的主要职责。中央审计委员会的主要职责是：研究提出并组织实施在审计领域坚持党的领导、加强党的建设方针政策，审议审计监督重大政策和改革方案，审议年度中央预算执行和其他财政支出情况审计报告，审议决策审计监督其他重大事项等。中央审计委员会办公室设在审计署。审计署及各审计机构受中国共产党中央审计委员会及国务院的双重领导。通过中央审计委员会的统一领导和统筹协调，审计监督将更好地与党内监督、人大监督、社会监督、舆论监督等形成合力，形成审计监督全覆盖，高效推动国家治理体系和治理能力现代化的进程，开启国家审计新时代。

双重领导体制是指某一机关由两个上级领导机关同时进行领导的体制。我国《宪法》第一百零九条规定，"县级以上的地方各级人民政府设立审计机关。地方各级审计机关依照法律规定独立行使审计监督权，对本级人民政府和上一级审计机关负责。"我国审计机关的双重领导体制主要有三个特征：第一，审计机关直接受本级人民政府行政首长领导。第二，地方审计机关实行双重领导体制，同时受本级人民政府行政首长和上一级审计机关领导。第三，地方审计机关的审计业务以上级审计机关领导为主。

（2）审计署。

中华人民共和国审计署于1983年9月15日正式成立，是国务院总理直接领导下的最高审计机关。根据中华人民共和国审计署简介①，审计署的主要职责为：

第一，主管全国审计工作。负责对国家财政收支和法律法规规定属于审计监督范围的财务收支的真实、合法和效益进行审计监督，对公共资金、国有资产、国有资源和领导干部履行经济责任情况实行审计全覆盖，对领导干部实行自然资源资产离任审计，对国家有关重大政策措施贯彻落实情况进行跟踪审计。对审计、专项审计调查和核查社会审计机构相关审计报告的结果承担责任，并负有督促被审计单位整改的责任。

第二，起草审计法律法规草案，拟订审计政策，制定审计规章、国家审计准则和指南

---

① 《审计署简介》，中华人民共和国审计署网站，https：//www.audit.gov.cn/n10/n14/index.html。

并监督执行。制定并组织实施专业领域审计工作规划。参与起草财政经济及其相关法律法规草案。对直接审计、调查和核查的事项依法进行审计评价，作出审计决定或提出审计建议。

第三，向中央审计委员会提出年度中央预算执行和其他财政支出情况审计报告。向国务院总理提出年度中央预算执行和其他财政收支情况的审计结果报告。受国务院委托向全国人大常委会提出中央预算执行和其他财政收支情况的审计工作报告、审计查出问题整改情况报告。向党中央、国务院报告对其他事项的审计和专项审计调查情况及结果。依法向社会公布审计结果。向中央和国家机关有关部门、省级党委和政府通报审计情况和审计结果。

第四，直接审计下列事项，出具审计报告，在法定职权范围内作出审计决定，包括国家有关重大政策措施贯彻落实情况；中央预算执行情况和其他财政收支，中央和国家机关各部门（含直属单位）预算执行情况、决算草案和其他财政收支；省级政府预算执行情况、决算草案和其他财政收支，中央财政转移支付资金；使用中央财政资金的事业单位和社会团体的财务收支；中央投资和以中央投资为主的建设项目的预算执行情况和决算，国家重大公共工程项目的资金管理使用和建设运营情况；自然资源管理、污染防治和生态保护与修复情况；中国人民银行、国家外汇局的财务收支，中央国有企业和金融机构、国务院规定的中央国有资本占控股或主导地位的企业和金融机构境内外资产、负债和损益，国家驻外非经营性机构的财务收支；有关社会保障基金、社会捐赠资金和其他基金、资金的财务收支；国际组织和外国政府援助、贷款项目；法律法规规定的其他事项。

第五，按规定对省部级党政主要领导干部及其他单位主要负责人实施经济责任审计和自然资源资产离任审计。

第六，组织实施对国家财经法律法规、规章、政策和宏观调控措施执行情况、财政预算管理及国有资产管理使用等与国家财政收支有关的特定事项进行专项审计调查。

第七，依法检查审计决定执行情况，督促整改审计查出的问题，依法办理被审计单位对审计决定提请行政复议、行政诉讼或国务院裁决中的有关事项，协助配合有关部门查处相关重大案件。

第八，指导和监督内部审计工作，核查社会审计机构对依法属于审计监督对象的单位出具的相关审计报告。

第九，与省级党委和政府共同领导省级审计机关。依法领导和监督地方审计机关的业务，组织地方审计机关实施特定项目的专项审计或审计调查，纠正或责成纠正地方审计机关违反国家规定作出的审计决定。按照干部管理权限协管省级审计机关负责人。

第十，组织开展审计领域的国际交流与合作，指导和推广信息技术在审计领域的应用。

第十一，完成党中央、国务院交办的其他任务。

第十二，职能转变。进一步完善审计管理体制，加强全国审计工作统筹，明晰各级审计机关职能定位，理顺内部职责关系，优化审计资源配置，充实加强一线审计力量，构建集中统一、全面覆盖、权威高效的审计监督体系。优化审计工作机制，坚持科技强审，完善业务流程，改进工作方式，加强与相关部门的沟通协调，充分调动内部审计和社会审计力量，增强监督合力。

（3）地方审计机关。

《审计法》第八、第九条规定，"省、自治区、直辖市、设区的市、自治州、县、自治县、不设区的市、市辖区的人民政府的审计机关，分别在省长、自治区主席、市长、州长、县长、区长和上一级审计机关的领导下，负责本行政区域内的审计工作。地方各级审计机关对本级人民政府和上一级审计机关负责并报告工作，审计业务以上级审计机关领导为主"。各省、自治区的审计机关称为审计厅，其他各级审计机关称为审计局。参照《中华人民共和国审计法实施条例》，地方审计机关的基本职责为：

第一，制定审计规章制度，根据本级人民政府和上一级审计机关的要求，确定本行政区域内的审计工作重点，编制审计项目计划。

第二，办理本级管辖范围内的审计事项，组织对本级财政收支有关的特定事项的专项审计调查。

第三，领导、管理下级审计机关的审计业务以及其他审计工作。

第四，根据规定，具体指导、监督本行政区域内的注册会计师审计和内部审计工作。

第五，根据有关法律规章，关于本级人民政府和上级审计机关交办的其他事项。

2. 会计师事务所及注册会计师

根据《注册会计师法》第二、第三、第六条规定，"注册会计师是依法取得注册会计师证书并接受委托从事审计和会计咨询、会计服务业务的执业人员。会计师事务所是依法设立并承办注册会计师业务的机构。会计师事务所是依法设立并承办注册会计师业务的机构"。会计师事务所和注册会计师是注册会计师审计的重要法律主体，保持其独立性是保证审计工作公正性的前提。注册会计师审计的目标是对财务报表整体是否不存在由于舞弊或错误导致的重大错报获取合理保证，使得注册会计师能够对财务报表是否在所有重大方面按照适用的财务报告编制基础编制发表审计意见，根据审计结果对财务报表出具审计报告，并与管理层和治理层沟通。会计师事务所作为独立第三方，能够对企业的管理者形成一定的约束，使得企业的相关活动合法合规，增强社会公众对财务报表的信赖程度。注册会计师审计不仅能够保障公众利益的实现，也能有效保证利益相关者的权益。

《注册会计师法》第四条规定，"注册会计师协会是由注册会计师组成的社会团体。中国注册会计师协会是注册会计师的全国组织，省、自治区、直辖市注册会计师协会是注册会计师的地方组织"。注册会计师协会颁布了《中国注册会计师执业准则》《中国注册会计师职业道德基本准则》等法律法规对会计师事务所及注册会计师进行约束，提高了注册会计师审计的标准化与规范化，有利于提高审计质量。

3. 内部审计机构

我国《内部审计准则》将内部审计定义为，"内部审计是一种独立、客观的确认和咨询活动，它通过运用系统规范的方法，审查和评价组织的业务活动、内部控制和风险管理的适当性和有效性，以促进组织完善治理、增加价值和实现目标"。根据我国《内部审计准则》第四、第六条，"组织应当设置与其目的、性质、规模等相适应的内部审计机构，并配备具有相应资格的审计人员。内部审计机构和审计人员应当保持独立性和客观性，不得负责被审计单位的业务活动、内部控制和风险管理的决策和执行"。内部审计的目标是加强和完善组织经济管理与控制，提高组织的经济效益，实现组织目标。但相对于国家审计和注册会计师审计，内部审计机构的独立性较弱，主要体现在以下几个方面：第一，内部审计机构是组织的一部分，很难离开组织独立存在。第二，内部审计机构开展工作需要组织管理层授予一定的权限。第三，内部审计机构不参与生产经营活动，但其收益主要来源于生产经营活动。因此，内部审计机构并不能实现绝对意义上的独立。

内部审计与国家审计和注册会计师审计相比，具有以下特点：第一，管理性。内部审计是组织内部自我监督、自我管理的手段，通过内部审计机构的内部审计来发现并解决组织中的问题，最终实现组织目标。第二，及时性。内部审计机构作为组织的重要组成部分，能够及时地开展有针对性的审计工作，并没有严格的审计周期的限制，具有较强的灵活性，能够帮助组织发现内部管理中存在的问题并及时纠正，以此维护组织的利益。第三，内向性。内部审计机构是组织的重要组成部分，其最终目标与组织的目标保持一致。其主要立足于组织内部，为组织内部管理和治理提供建议。

4. 审计人员

审计人员是指在审计机关及其他审计机构从事审计工作的人员。审计人员不同于审计机关工作人员，其应当具备与从事的审计工作相适应的专门知识和业务能力。《审计法》第十三条规定，"审计人员应当具备与其从事的审计工作相适应的专业知识和业务能力"。《国家审计准则》第二十三条规定，"审计机关应建立和实施审计人员录用、继续教育、培训、业绩评价考核和奖惩激励制度，确保审计人员具有与其从事业务相适应的职业胜任能力"。根据《审计法》第十四至十七条规定，审计人员履行职务的原则主要有以下四点：第一，依法审计原则。审计人员进行审计应当按照法律法规的要求。第二，法律保护原则。任何组织和个人不得拒绝、阻碍审计人员依法执行职务，不得打击报复审计人员。第三，保密原则。审计机关和审计人员对在执行职务中知悉的国家秘密、工作秘密、商业秘密、个人隐私和个人信息，应当予以保密，不得泄露或者向他人非法提供。第四，回避原则。审计人员办理审计事项，与被审计单位或者审计事项有利害关系的，应当回避。

另外，我国对审计人员任职资格、准入制度、职业道德、执业制度及监管制度做出了详细的规定。在任职资格和准入制度方面，根据《审计署关于审计专业技术资格管理的暂行规定》第二、第三条规定，"审计人员实行专业技术资格制度。审计专业技术资格分为初级（审计员、助理审计师）资格、中级（审计师）资格、高级（高级审计师）资格。审计人员的初级、中级审计专业技术资格，通过参加全国统一考试，并达到合格标准后获得"。在职业要求和职业道德方面，根据《国家审计准则》第十四条规定，"审计人员执行审计工作应当具备下列职业要求：（1）遵守法律法规和本准则（2）恪守审计职业道德（3）保持应有的审计独立性（4）具备必须的职业胜任能力（5）其他职业要求"。根据《国家审计准则》第十六条规定，"审计人员应当恪守严格依法、正直坦诚、客观公正、勤勉尽责、保守秘密的基本审计职业道德"。上述规定有利于提高审计质量，保证审计机关的权威性。值得注意的是，审计人员不仅应当具备一定的专业胜任能力，还需要保持独立性。独立性是审计的灵魂，不仅审计机关需要保持独立性，审计人员同样需要保持独立性。《国家审计准则》第十六、第十七、第十八条规定，"审计人员执行审计业务时，应当保持应有的审计独立性，遇有下列可能损害审计独立性情形的，应当向审计机关报告：（一）与被审计单位负责人或者有关主管人员有夫妻关系、直系血亲关系、三代以内旁系血亲以及近姻亲关系；（二）与被审计单位或者审计事项有直接经济利益关系；（三）对曾经管理或者直接办理过的相关业务进行审计；（四）可能损害审计独立性的其他情形"。"审计人员不得参加影响审计独立性的活动，不得参与被审计单位的管理活动。""审计机关组成审计组时，应当了解审计组成员可能损害审计独立性的情形，并根据具体情况采取下列措施，避免损害审计独立性：（一）依法要求相关审计人员回避；（二）对相关审计人员执行具体审计业务的范围作出限制；（三）对相关审计人员的工作追加必要的复核程序；（四）其他措施。"

（二）被审计单位

被审计单位是审计法律关系中与审计主体相对应的另一方，也属于法律关系的主体。其余审计主体之间的法律关系将在本章第二节详细介绍。

第二节　审计法律关系

审计法律主体之间的法律关系主要有：审计主体之间的法律关系、审计主体与被审计单位之间的法律关系以及审计主体与审计人员之间的法律关系。了解审计法律主体不仅有助于不同审计法律主体之间的权限与责任，还能掌握审计法律法规的框架及运行情况。

一、审计主体之间的法律关系

国家审计、注册会计师审计及内部审计的目的存在一定的重合。国家审计的目的为通过审计财政、财务收支真实、合法和效益，最终达到维护国家财政经济秩序、促进廉政建设、保障国民经济的健康发展。注册会计师审计的目的为对财务报表整体是否不存在由于舞弊或错误导致的重大错报获取合理保证，使得注册会计师能够对财务报表是否在所有重大方面按照适用的财务报告编制基础编制发表审计意见；按照《国家审计准则》的规定，根据审计结果对财务报表出具审计报告，并与管理层和治理层沟通。内部审计的目的为评价和改善风险管理、控制和公司治理流程的有效性，帮助企业实现其目标。三种类型审计的目的的本质都是保证被审计单位的相关活动的真实性和合法性。国家审计作为审计主体，其资源利用并不充分有效，因此，应当借助注册会计师审计和内部审计的结果，以增强审计的客观性和公正性。当注册会计师审计受到限制时，也需要借助内部审计和国家审计的成果。2015 年 12 月 8 日，中国政府网公布中共中央办公厅、国务院办公厅印发的《关于实行审计全覆盖的实施意见》，提出"建立审计成果和信息共享机制，加强各级审计机关、不同审计项目之间的沟通交流，实现审计成果和信息及时共享，提高审计监督成效。加强内部审计工作，充分发挥内部审计作用。有效利用社会审计力量，除涉密项目外，根据审计项目实施需要，可以向社会购买审计服务"。三个类型的审计主体分别从不同层面为国家和社会服务，为提高国家治理能力做出贡献。

二、 审计主体与被审计单位之间的法律关系

（一） 国家审计机关与被审计单位之间的法律关系

《审计法》第一条规定，国家审计的目的是加强国家的审计监督，维护国家财政经济秩序，提高财政资金使用效益，促进廉政建设，保障国民经济和社会健康发展。实质上是通过国家审计提高国家治理能力。审计作为监督和制约权力的有效手段，将审计的技术和方法运用到国家治理中去，最终实现国家政治和经济的健康发展。根据《审计法》《国家审计准则》《中华人民共和国行政处罚法》，被审计单位享有以下权利：

第一，申请复议、诉讼或裁决权。对审计机关作出的有关财务收支的审计决定不服的，可以依法申请行政复议或者行政诉讼。

第二，知情权。被审计单位有权知悉审计的目的、对象、范围、期限、依据，审计组组长及其成员和审计报告内容。

第三，申请回避权。被审计单位有对符合法定回避条件的审计组组长、审计组成员提出申请回避的权利。

第四，申请听证权。被审计单位有对符合法定听证条件的审计处罚提出听证要求的权利。

被审计单位具有下列义务：

第一，按照相关财务报告的编制基础编制财务报告。

第二，保证财务会计资料的真实性和公允性。

第三，为审计组和审计人员提供必要的审计条件。向审计机关提供审计要求的财务会计资料，配合审计组和审计人员的审计工作。

第四，按照规定的时间向审计组或者审计机关交付对审计报告的书面意见。

第五，按照国家法律法规的规定，建立健全并实施相应的内部审计制度。

（二） 注册会计师审计主体与被审计单位之间的法律关系

注册会计师审计是商品经济发展到一定阶段的产物，其产生的直接原因是财产所有权与经营权的分离，注册会计师审计随着商品经济的发展而发展。注册会计师审计具有客观、独立、公正的特征，这种特征一方面保证了注册会计师审计具有鉴证职能，另一方面也使其在社会上享有较高的权威性。注册会计师审计和被审计单位之间是一种委托关系。

注册会计师本身不具有监督权，只有接受被审计单位的委托，才具有监督的性质。《注册会计师法》第一条指出，注册会计师审计能够"维护社会公共利益和投资者的合法权益，促进社会主义市场经济的健康发展"。

《注册会计师法》第十四、第十七条明确了注册会计师的具体权利，"注册会计师承办下列审计业务：（一）审查企业会计报表，出具审计报告；（二）验证企业资本，出具验资报告；（三）办理企业合并、分立、清算事宜中的审计业务，出具有关的报告。注册会计师执行业务，可以根据需要查阅委托人的有关会计资料和文件，查看委托人的业务现场和设施，要求委托人提供其他必要的协助"。根据《审计法》《注册会计师法》《中国注册会计师执业准则》以及其他法律法规的要求，被审计单位的主要权利有：

第一，《注册会计师法》第十八条规定，"注册会计师与委托人有利害关系的，应当回避；委托人有权要求其回避"。

第二，《注册会计师法》第十九条规定，"注册会计师对在执行业务中知悉的商业秘密，负有保密义务"。

被审计单位的主要义务有：

第一，根据《注册会计师法》第二十条规定，"注册会计师执行审计业务，遇有下列情形之一的，应当拒绝出具有关报告：（一）委托人示意其作不实或者不当证明的；（二）委托人故意不提供有关会计资料和文件的；（三）因委托人有其他不合理要求，致使注册会计师出具的报告不能对财务会计的重要事项作出正确表述的"。因此，被审计单位应当提供真实、公允的资料，协助注册会计师审计工作的开展。

第二，根据《注册会计师法》第四十二条规定，"会计师事务所违反本法规定，给委托人、其他利害关系人造成损失的，应当依法承担赔偿责任"。

（三）内部审计机构与被审计单位之间的法律关系

内部审计机构是组织机构的一部分，内部审计的目标是加强和完善组织经济管理和控制，提高组织的经济效益，实现组织目标。内部审计机构是组织的一部分，因此相对于国家审计机关和注册会计师审计，具有较强的内向性和管理性，内部审计机构不受制于管理该机构的管理人员。内部审计机构和被审计单位实质上是内部管理关系。

根据《审计署关于内部审计工作的规定》第十三条规定，内部审计机构主要有以下权利：

第一，要求被审计单位按时报送发展规划、战略决策、重大措施、内部控制、风险管理、财政财务收支等有关资料（含相关电子数据，下同），以及必要的计算机技术文档；

第二，参加单位有关会议，召开与审计事项有关的会议；

第三，参与研究制定有关的规章制度，提出制定内部审计规章制度的建议；

第四，检查有关财政财务收支、经济活动、内部控制、风险管理的资料、文件和现场勘察实物；

第五，检查有关计算机系统及其电子数据和资料；

第六，就审计事项中的有关问题，向有关单位和个人开展调查和询问，取得相关证明

材料;

第七，对正在进行的严重违法违规、严重损失浪费行为及时向单位主要负责人报告，经同意作出临时制止决定;

第八，对可能被转移、隐匿、篡改、毁弃的会计凭证、会计账簿、会计报表以及与经济活动有关的资料，经批准，有权予以暂时封存;

第九，提出纠正、处理违法违规行为的意见和改进管理、提高绩效的建议;

第十，对违法违规和造成损失浪费的被审计单位和人员，给予通报批评或者提出追究责任的建议;

第十一，对严格遵守财经法规、经济效益显著、贡献突出的被审计单位和个人，可以向单位党组织、董事会（或者主要负责人）提出表彰建议。

根据《审计署关于内部审计工作的规定》第十二条规定，内部审计机构主要有以下义务:

第一，对本单位及所属单位贯彻落实国家重大政策措施情况进行审计;

第二，对本单位及所属单位发展规划、战略决策、重大措施以及年度业务计划执行情况进行审计;

第三，对本单位及所属单位财政财务收支进行审计;

第四，对本单位及所属单位固定资产投资项目进行审计;

第五，对本单位及所属单位的自然资源资产管理和生态环境保护责任的履行情况进行审计;

第六，对本单位及所属单位的境外机构、境外资产和境外经济活动进行审计;

第七，对本单位及所属单位经济管理和效益情况进行审计;

第八，对本单位及所属单位内部控制及风险管理情况进行审计;

第九，对本单位内部管理的领导人员履行经济责任情况进行审计;

第十，协助本单位主要负责人督促落实审计发现问题的整改工作;

第十一，对本单位所属单位的内部审计工作进行指导、监督和管理;

第十二，国家有关规定和本单位要求办理的其他事项。

三、 审计主体与审计人员之间的法律关系

审计机关与审计人员之间是一种内部的行政关系。根据《审计法》规定，国家审计机关依法对被审计单位执行审计程序，进行审计评价，提出审计建议，行使审计监督权。审计人员依法开展具体的审计业务。在审计工作执行的过程中，审计机关的职责主要为确定审计工作的大方向，审计人员负责具体执行审计工作，审计报告和审计决定最终以审计机关的名义作出。当被审计单位提起行政复议或者行政诉讼时，由审计机关而不是审计人员承担相应的法律责任。

会计师事务所与注册会计师之间以及审计人员与被审计单位之间属于职工与用人单位的劳动雇佣关系。《注册会计师法》第三、第十六条规定，"会计师事务所是依法设立并承

办注册会计师业务的机构。注册会计师执行业务，应当加入会计师事务所。注册会计师承办业务，由其所在的会计师事务所统一受理并与委托人签订委托合同。会计师事务所对本所注册会计师依照前款规定承办的业务，承担民事责任"。

第三节　审　计　程　序

2015 年 12 月 8 日，中国政府网公布中共中央办公厅、国务院办公厅印发的《关于实行审计全覆盖的实施意见》，提到："明确各项审计应遵循的具体标准和程序，提高审计的规范性。"审计程序涉及在具体审计工作中的质量与效率问题，对于提高审计工作质量、提高审计工作效率具有积极意义。《审计法》（2021）《审计法实施条例》《国家审计准则》都对审计程序作出了具体、详细的规定。在我国，审计法律法规属于行政法的范畴，我国的审计机关隶属于行政机关，审计法律程序也应当符合行政法律程序的基本特征。

一、　审计程序的含义及作用

审计程序是指审计工作从开始到结束的全过程。审计法律程序是指审计人员实施审计工作环节、步骤和方法在时间和空间上合乎法律的全过程。审计法律程序有广义和狭义之分。广义的审计程序是指审计机构和审计人员对审计项目从开始到结束的整个过程实施的系统性的工作步骤，主要包括国家审计程序、注册会计师审计程序和内部审计程序。狭义的审计程序仅仅指审计工作人员在审计工作过程中采用的具体的审计方法。本书主要研究国家审计程序。国家审计程序是指国家审计机关和审计人员实施审计工作的环节、步骤和方法，主要包括审计计划阶段、审计实施阶段以及审计报告阶段。审计计划阶段主要包括制定总体审计策略和具体审计计划，确定审计对象、内容和范围，编制审计方案等工作。审计实施阶段主要包括进行深入调查研究，不断修正已有的审计方案以及获取审计证据，为提出审计意见、提交审计报告奠定基础。审计报告阶段主要包括对审计工作底稿进行归档和整理，向有关机构或社会公众提交审计报告，并就审计结果与被审计单位进行沟通，督促被审计单位根据审计的结果进行整改。

我国早在 1984 年 5 月就颁布了《审计工作试行程序》，《审计法》第五章又对审计程序进行了具体、详细的说明。随着社会主义市场经济体制的完善和发展，审计程序将会更加规范，国家审计程序、注册会计师审计程序以及内部审计程序将会在不同程度上进行完善。规范科学的审计程序不仅仅是分配审计工作的具体依据，也是加强审计监督的有效手段。审计程序的作用主要体现在以下几个方面：第一，有利于提高审计工作质量。审计程序规定了实施具体审计工作的各项具体的步骤，不仅能使审计项目的负责人随时掌握审计的工作进度，使审计工作得到有效的管理和控制，还可以保证审计人员注意必要的审计步骤和主要事项，掌握审计的工作规律，保证审计工作的质量。第二，有利于提高审计工作的效率。科学规范的审计程序能够使审计人员在合理时间以合理成本获得充分、适当的审计证据，从而发表恰当的审计意见，使审计工作顺利进行。第三，有利于审计人员提高对审计工作的熟练程度。科学规范的审计程序可以使缺乏经验的审计人员把握审计工作的基本环节，使经验丰富的审计人员腾出更多的时间应对审计工作中更加复杂的问题。第四，正当的审计程序能够维护各方利益，更好发挥审计监督职能。有利于监督权力、促进民生、维护经济安全。第五，有利于审计工作规范化。科学规范的审计程序能够促进审计工作的规范化、法治化和制度化，能够确保审计法律关系主体依法享有权利、履行义务，是贯彻依法审计原则的重要形式。

根据《审计法》《审计法实施条例》和《国家审计准则》中对审计程序的规定，审计程序主要分为审计准备阶段、审计实施阶段和提出审计报告阶段。本书主要介绍的是国家审计程序。审计工作的具体步骤见图 2-2。

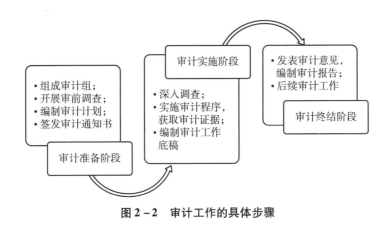

图 2-2 审计工作的具体步骤

二、 审计准备阶段

审计准备阶段是指审计机关从审计项目计划开始，到发出审计通知书为止的这一段时间。审计准备阶段是整个审计工作的起点，审计准备阶段工作的实施效果对整个审计工作的执行具有重要影响。审计准备阶段可以分为审计机关的准备工作和审计组的准备工作。

（一）审计机关的准备工作

第一，编制审计计划，确定审计事项。根据《审计法实施条例》第三十六条规定，"审计机关应当根据法律、法规和国家其他有关规定，按照本级人民政府和上级审计机关的要求，确定年度审计工作重点，编制年度审计项目计划"。

第二，委派审计人员组成审计组。审计机关确定审计事项后，应根据审计事项的特点和要求，组织一定数量和质量的审计人员组成审计组。审计组实行组长负责制，其他组员在组长领导和协调下开展工作，并对分担的工作各负其责。审计组组长对审计组工作全面负责，包括制定审计方案和具体实施审计检查、组织撰写审计报告等。

第三，签发审计通知书。审计机关签发的《审计通知书》是审计指令，不仅是对被审计单位进行的书面通知，而且也是审计组进驻被审计单位执行审计任务，行使国家审计监督的凭据和证件。根据《审计法》第四十二条规定，"审计机关应当在实施审计三日前，向被审计单位送达审计通知书；遇有特殊情况，经县级以上人民政府审计机关负责人批准，可以直接持审计通知书实施审计"。根据《审计实施条例》第三十七条规定，"审计机关发送审计通知书时，应附审计文书送达回证。被审计单位收到审计通知书后，填好审计文书送达回证送（寄）审计机关。直接送达的，以被审计单位在回执上注明的签收日期为送达日期；邮寄送达的，以回执上注明的收件日期为送达日期"。根据《审计法实施条例》第四十六条规定，"审计机关的审计文书的种类、内容和格式，由审计署规定"。《国家审计准则》第五十六条即明确，"审计通知书的内容主要包括被审计单位名称、审计依据、审计范围、审计起始时间、审计组组长及其他成员名单和被审计单位配合审计工作的要求。同时，还应当向被审计单位告知审计组的审计纪律要求"，"审计通知书应当列明跟踪审计的具体方式和要求""应当列明专项审计调查的要求"。审计通知书内容法定，审计机关应当规范。另外，《国家审计准则》第二十一条规定，"审计机关向被审计单位送达审计通知书时，应当书面要求被审计单位法定代表人和财务主要人员就与审计事项有关的会计资料的真实性、合法性作出承诺。在审计过程中，审计组还可以根据情况向被审计单位陆续提出书面承诺要求。审计组应将承诺书列入取证清单，作为证据编入工作底稿"。

（二）审计组的准备工作

第一，明确审计任务，学习审计必要的法律法规及标准。审计负责人接到任务后，应召集审计组人员，明确此次审计的主要任务、目的和要求，就本次审计工作交流意见，发表见解。审计组成员还要组织学习完成审计任务可能涉及的财经法纪、审计法规及审计工作纪律，准确掌握审计法规标准，以便恰如其分地评价被审计单位的经济活动。

第二，初步进行调查，了解被审计单位的基本情况。审计组主要需要从六个方面对被审计单位进行了解：了解被审计单位的行业状况、法律状况和监管情况；了解被审计单位的性质及其环境；了解被审计单位会计政策的选择和应用；了解被审计单位的战略、目标及面对的相关风险；了解被审计单位财务业绩的衡量和评价；了解被审计单位的内部控制。

第三，编制审计计划，制定审计方案。审计计划是依法开展审计工作的前提。编制审计计划是审计机关的法定义务。目前我国审计计划是"统一领导，分级负责"的管理模式，即审计署对署本级开展的审计项目以及统一组织和授权的审计项目主要按照《审计署审计项目计划管理办法》进行计划管理。省级及以下审计机关除上述统一组织及授权审计项目外的地方审计项目主要是根据当地的具体情况，按照《审计机关审计项目计划管理办法》来自行安排本地区审计项目计划。审计工作方案是对实施审计工作的总体安排，是保证审计工作取得预期效果的有效形式，也是审计机关检查、控制审计组审计工作执行状况的依据。审计工作方案的具体内容主要包括：审计项目名称、被审计单位名称；审计目标；审计方式；编制依据；审计的范围和内容；审计要点、步骤和方法；时间进度和人员分工等。编制审计方案应当根据重要性原则，围绕审计目标，确定审计的范围、重点。审计工作方案在制定时还应留有适当余地，以便实际情况发生变化时，做出相应的调整。审计工作方案经审计组所在部门领导或审计机关主要领导批准后，由审计组负责实施。审计工作计划是指审计机关每年对审计项目和专项审计调查项目做出的统一的安排。

三、 审计实施阶段

审计实施阶段是审计组入驻被审计单位，将审计方案付诸实践并采取有关程序，获得审计证据的阶段，也是审计程序的三个阶段中最重要的阶段。审计实施阶段主要有以下几个方面的工作。

第一，对被审计单位进行更加深入的调查，并根据具体情况调整审计方案。

深入了解被审计单位，调整修改审计方案的具体步骤为：（1）听取被审计单位情况介绍。审计组进驻被审计单位后，应与被审计单位管理层和治理层进行沟通，说明审计的范围、内容与目的要求，使管理层和治理层明确其责任，更好地配合审计工作；约请被审计单位管理层、治理层以及有关部门负责人共同确定工作部署，确定与审计组的联系人和提供必要的资料等问题，听取被审计单位负责人及有关职能部门对单位情况的介绍；采用适当方式，使单位职工了解审计目的、内容，以获得支持和协助。（2）索取、收集必要的资料。审计组应当根据情况向被审计单位有关人员介绍审计工作的具体需求，向被审计单位索取有关资料，要求其提供银行存款账户，进行必要的资料收集工作。常规审计一般需要索取、收集的资料主要有：被审计单位有关的规章、制度、文件、计划、合同文本；被查期间的各种审计资料、分析资料，上年度财务报表、分析资料以及以往接受各种检查、审计的资料；各种自制原始凭证的存根，未粘附在记账凭证上的各种支票、发票、收据等存根，以及银行账户、银行收账单、备查簿等相关的经济信息资料。（3）全面了解被审计单位内部控制状况。为了全面深入地了解被审计单位业务活动的一些具体规定、手续以及内控制度的执行情况，审计组在收集资料后，应当通过查阅资料、观察、咨询等方式了解被审计单位的有关情况。特别是了解被审计单位的各项业务处理手续，有关财务会计业务处理和现金、物资管理方面的内控制度建立完善情况和实际贯彻执行情况。（4）必要时，调整原审计方案。在深入调查确定、初步评价被审计单位内控制度的基础上，审计组应当重新审查原拟订的审计方案，当发现原方案确定的审计范围、重点具体实施步骤和方法等与实际情况有较大差距，必须修改审计方案时，应按规定的程序进行修改，经派出审计组的审计机关主管领导同意后组织实施。根据《国家审计准则》第七十八条规定，"遇有下列情形之一的，审计组应当及时调整审计实施方案：（一）年度审计项目计划、审计工作方案发生变化的；（二）审计目标发生重大变化的；（三）重要审计事项发生变化的；（四）被审计单位及其相关情况发生重大变化的；（五）审计组人员及其分工发生重大变化的；（六）需要调整的其他情形"。

第二，实施审计程序，获取审计证据。实施的审计程序主要有以下步骤。

首先在实施审计过程中，审计职业判断贯穿于审计工作的始末。在审计计划阶段，审计人员应当保持应有的职业怀疑和谨慎性，评估审计风险，制定相应的审计程序，初步判断重要性水平。在审计实施阶段，审计人员需要更多地运用职业判断，如判断审计抽样样本的选择，进一步审计程序的性质、时间安排和范围等。在审计终结阶段，审计人员应当运用职业判断进行质量控制，评价审计证据的适当性和充分性，发表审计意见并得出审计结论。

其次，进一步审计程序分为控制测试和实质性程序，现代审计是制度基础审计，是以评价内部控制制度为基础的抽样审计，因此在审计准备阶段应充分了解被审计单位的内部控制，并就其设计是否合理以及是否得到执行进行评价，为控制测试的实施奠定基础。评价内控制度，一是进行内控制度健全性调查，二是进行内控制度符合性测试，三是对内控制度的有效性进行综合评价，从中发现内控制度的强点和弱点，并分析原因。根据内部控制的强弱点，对审计方案进行适当调整。将审查重点放在内部控制制度的弱点上，面对强点则进行一般审查，以尽可能高效、高质量地取得审计证明材料，提高审计工作效率。实施实质性程序，收集证明资料。审计人员应当先对经济业务进行分析，根据被审计单位经济业务的重要性、被审计单位经济业务处理的复杂程度、被审计单位业务发生的频率、被审计单位业务处理人员的素质，将有限的资源投入到必要的审计内容上。根据《审计法》第三十八条规定："审计人员通过审查会计凭证、会计账簿、会计报表、查阅与审计事项有关的文件、资料、检查现金、实物、有价证券，向有关单位和个人调查等方式进行审计，并取得证明材料。"审计人员应当进行以下工作：（1）审查被审计单位的财务报表，审查财务报表的编制是否符合规定和要求以及财务报表数字和各财务报表之间的勾稽关系。（2）审查分析各类账户。判断容易发生差错或易于发生舞弊的账户；审查分析各类账户记录的增减变动情况，判断业务和数据的真实性；核实账户余额，包括总账和明细账，特别是结算类账户和跨期摊配账户。（3）抽查有关凭证，判断账簿记录的真实性和准确性，并对被审计单位相关账户记录的数字进行复查。（4）审计人员在审查中，发现疑点时，可向有关单位和个人以函询或面询的方式进行调查。审计人员向有关单位和个人进行调查时，应当出示审计人员的工作证件和审计通知书副本，审计人员不少于两人。（5）进行实物盘点和资产清查，以取得实物证据。

最后，进行审计工作底稿的编制与重要事项的管理记录。审计工作底稿是审计人员在审计过程中形成的与审计事项有关的工作记录和对审计证据的认定。根据《国家审计准则》第一百零五至一百零七条规定，"审计工作底稿主要记录审计人员依据审计实施方案执行审计措施的活动。审计人员对审计实施方案确定的每一审计事项，均应当编制审计工作底稿。一个审计事项可以根据需要编制多份审计工作底稿"。审计工作底稿的内容应当包括："（一）审计项目名称；（二）审计事项名称；（三）审计过程和结论；（四）审计人员姓名及审计工作底稿编制日期并签名；（五）审核人员姓名、审核意见及审核日期并签名；（六）索引号及页码；（七）附件数量。"审计工作底稿记录的审计过程和结论主要包括："（一）实施审计的主要步骤和方法；（二）取得的审计证据的名称和来源；（三）审计认定的事实摘要；（四）得出的审计结论及其相关标准。"另外，审计人员还需对重要事项进行记录。重要事项管理记录的目的是保障审计结论的公正性、审计工作的独立性和审计行为的合法、合规性，并为未来的审查工作提供依据。根据《国家审计准则》第一百一十一条，"重要管理事项记录应当记载与审计项目相关并对审计结论有重要影响的下列管理事项：（一）可能损害审计独立性的情形及采取的措施；（二）所聘请外部人员的相关情况；（三）被审计单位承诺情况；（四）征求被审计对象或者相关单位及人员意见的情况、被审计对象或者相关单位及人员反馈的意见及审计组的采纳情况；（五）审计组对审计发现的重大问题和审计报告讨论的过程及结论；（六）审计机关业务部门对审计报告、审计决定书等审计项目材料的复核情况和意见；（七）审理机构对审计项目的审理情况和意见；（八）审计机关对审计报告的审定过程和结论；（九）审计人员未能遵守本准则规定的约束性条款及其原因；（十）因外部因素使审计任务无法完成的原因及影响；（十一）其他重要管理事项"。重要管理事项记录是完整反映审计过程及控制审计质量的重要载体和手段。

四、 审计报告阶段

审计报告阶段主要分为审计机关审定审计报告阶段和审计行政复议阶段。审计机关审定审计报告阶段的主要工作包括以下几个方面：（1）审定报告，对审计证据进行审慎性评价；（2）出具审计意见书；（3）对违反国家规定的财政收支、财务收支行为，需要依法给予处理、处罚的，在法定职权范围内做出审计决定或者向有关主管机关提出处理、处罚意见；（4）出具审计结果报告和审计工作报告；（5）进行审计工作底稿的归档和保存。

根据《审计机关审计复议的规定》第八条规定，"被审计单位对审计机关的具体行政行为不服申请审计复议，作出该审计具体行政行为的审计机关是被申请人"。审计行政复议亦称为复审，指上级审计机构对被审计单位因不同意原审计结论和处理意见而提出的复审申请所进行的审查。根据《审计机关审计复议的规定》第四、第九、第十九条规定，"向审计机关申请复议的审计具体行政行为包括：（一）审计机关作出的责令限期缴纳、上缴应当缴纳或者上缴的收入、限期退还违法所得、限期退还被侵占的国有资产等审计处理行为；（二）审计机关作出的罚款、没收违法所得等审计处罚行为；（三）审计机关采取的通知有关部门暂停拨付有关款项、责令暂停使用有关款项等强制措施行为；（四）法律、法规规定可以申请复议的其他具体行政行为"。"审计复议机关负责法制工作的机构是审计复议机构，具体办理审计复议事项，履行下列职责：（一）审查、受理审计复议申请；（二）查阅文件和资料，向有关组织和人员调查取证；（三）审查申请审计复议的审计具体行政行为是否合法、适当，拟订审计复议决定；（四）向审计复议机关提出对《行政复议法》第七条所列有关规定的处理意见；（五）对被申请人违反《行政复议法》和本规定的行为依照法定的权限和程序提出处理建议；（六）办理因不服审计复议决定提起行政诉讼的应诉事项；（七）法律、法规和规章规定的其他职责。""审计复议机构应当自复议受理之日起七日内，将审计复议申请书副本发送被申请人。被申请人应当自收到申请书副本之日起十日内，提出复议答辩书，并提交作出审计具体行政行为的证据、依据和其他有关材料。"

五、 审计信息披露制度

审计信息披露制度是审计程序完成的标志，是国家审计制度实现审计目标、满足社会需求的根本方式。审计信息披露制度主要包括审计报告制度和审计公告制度。

审计报告制度是下级审计机关向上级审计机关应履行的报送资料义务的制度。根据《审计条例施行细则》第三条规定，"审计报告制度的主要内容是：审计机关实行双重领导体制，对本级人民政府和上一级审计机关报告工作"。下级审计机关应当及时向上一级审计机关报送有关审计工作的下列资料：（1）地方性审计法规、规章，本级人民政府关于审计工作的重要决定、指示；（2）审计工作的计划、总结、典型经验，重要的审计调查报告以及统计报表；（3）严重违反财经法规、严重损失浪费等重大审计事项的审计结论和决定，上级审计机关交办审计事项的审计报告；（4）审计工作的其他重要情况。

根据《国家审计准则》第一百五十七条规定，"审计机关依法实行公告制度。审计机关的审计结果、审计调查结果依法向社会公布"。第一百五十八条规定："审计机关公布的审计和审计调查结果主要包括下列信息：（一）被审计（调查）单位基本情况；（二）审计（调查）评价意见；（三）审计（调查）发现的主要问题；（四）处理处罚决定及审计（调查）建议；（五）被审计（调查）单位的整改情况。"第一百五十九条规定："在公布审计和审计调查结果时，审计机关不得公布下列信息：（一）涉及国家秘密、商业秘密的信息；（二）正在调查、处理过程中的事项；（三）依照法律法规的规定不予公开的其他信息。涉及商业秘密的信息，经权利人同意或者审计机关认为不公布可能对公共利益造成重大影响的，可以予以公布。审计机关公布审计和审计调查结果应当客观公正。"另外，《国家审计准则》第一百六十至一百六十二条对审计公告制度作出了其他规定，"审计机关公布审计和审计调查结果，应当指定专门机构统一办理，履行规定的保密审查和审核手续，报经审计机关主要负责人批准。审计机关内设机构、派出机构和个人，未经授权不得向社会公布审计和审计调查结果。审计机关统一组织不同级次审计机关参加的审计项目，其审计和审计调查结果原则上由负责该项目组织工作的审计机关统一对外公布。审计机关公布审计和审计调查结果按照国家有关规定需要报批的，未经批准不得公布"。

第四节 审 计 证 据

审计证据是审计工作的中心环节，是审计行为开展的依据，是审计人员发表审计意见、进行审计评价的基础。其主要特征为：（1）证据范围的广泛性；（2）证据用途的多样性；（3）证据收集主体的特定性；（4）证据资源的特殊性；（5）审计证据是审计质量的主要保证。

一、审计证据的含义及作用

审计证据可以分为狭义的审计证据和广义的审计证据。狭义的审计证据强调的是审计证据本身的概念。根据《国家审计准则》第八十二条规定，"审计证据是指审计人员获取的能够为审计结论提供合理基础的全部事实，包括审计人员调查了解被审计单位及其相关情况和对确定的审计事项进行审查所获取的证据"。而《独立审计具体准则第5号——审计证据》第二条规定，"审计证据是指注册会计师在执行审计业务过程中，为形成审计意见所获取的证据"。广义的审计证据不仅包含狭义的审计证据概念，还包括审计证据的收集方式以及对审计证据进行审慎性评价并据此发表审计意见。

根据《国际审计准则》（ISA 500）规定，"审计师必须获取足够和适当的审计证据，为其审计观点提供合理的结论"。审计证据的主要作用为：第一，审计证据是发表审计意见，得出审计结论的基础，审计人员应当根据充分、适当的审计证据来证明被审计事项的事实和性质，并据此发表审计意见，得出审计结论。第二，审计证据是控制审计工作质量的重要手段。审计项目负责人应经常性查阅审计人员收集的审计证据和工作底稿，来监督审计人员的审计工作，提高审计工作的质量。第三，审计证据是解除或追究被审计人经济责任的依据。

二、审计证据的分类

审计证据根据不同的标准具有不同的分类。审计证据的分类主要有两种标准，根据表现形式划分，可以分为实物证据、书面证据、口头证据和环境证据。根据证据来源划分，可以分为内部证据、外部证据和亲历证据。审计证据分类具体见表2-1。

表2-1　　　　　　　　　　　　　　审计证据的分类

标准	分类
表现形式	实物证据、书面证据、口头证据和环境证据
证据来源	外部证据、内部证据和亲历证据
取证方式	检查证据、调查证据和鉴定证据
相互关系	基本证据和辅助证据

（一）根据表现形式分类的审计证据

按照审计证据的表现形式，审计证据可以分为实物证据、书面证据、口头证据和环境证据。

实物证据是指以实物形态存在的各种资产的证据。审计人员通过实地观察和亲身盘点而获取审计证据，实物证据对某项实物资产是否存在的证明力最强，效果最为显著。它可以对该实物的状态、数量、特征给予有力的证明。因此，在对现金、存货、固定资产等项目进行审计时，审计人员首先考虑通过清查、监督或参与盘点来取得实物证据以证明它们是否存在。但实物证据通常属于间接证据，并不能完全证明实物的价值及所有权归属。

书面证据是指以书面形式存在的审计证据。书面证据是审计证据的主体，审计人员主要依靠的就是书面证据。书面证据是审计人员收集最多、范围最广的一种证据，如会计原始凭证、记账凭证、会计账簿、各种明细项目表、各种合同、会议记录和文件、函件、通知书、报告书、声明书、程序手册等。虽然书面证据具有数量多、覆盖范围广以及来源渠道多样化的特点，但书面证据易被篡改，需要审计人员对其进行审慎性评价，运用职业判断能力，正确利用审计证据。

口头证据是指从口头谈话中获取的审计证据。即将被审单位内部有关人员的口头说明或答复作为证据。就证明力来说，口头证据的证明力较弱，需要配合其他证据发表审计意见得出审计结论。

环境证据也称状况证据，是指对被审计单位产生影响的各种环境事实。环境证据属于间接证据，不能帮助审计人员直接得出审计结论，但环境证据能够帮助审计人员了解被审计单位的环境及其行业状况，为审计人员判断被审事项和评价已获取审计证据的充分性、适当性提供依据。

（二）根据证据来源分类的审计证据

根据证据的来源分类，审计证据可以分为外部证据、内部证据和亲历证据。

外部证据是指从被审计单位外部获取的、与审计项目密切相关的证据。例如，有关单位提供的业务询证证据、书面证明等书面证据、实物证据和外部人员的陈述等。外部证据主要分为两类，第一类是由外部单位直接提供给审计人员的证据，如应收账款的回函、被审计单位的律师或其他独立专家关于被审计单位资产所有权或负债的证明函件、保险公司的证明函件、寄售企业或代售企业的证明函件、证券经纪人的证明书等。第二类是由外部单位提供但由被审计单位的相关人员进行处理和保存的证据。第二类外部证据相比第一类外部证据，更易被修改或者篡改，证明力相对较弱。

内部证据是指从被审计单位内部获取的审计证据。相对于外部证据，其证明力和可靠性明显较弱。内部证据通常是指被审计单位提供的书面资料。根据其证明力的强弱，可以分为三类：第一类是由被审计单位外部组织或部门规定统一格式和填制要求的，而由被审计单位内部职员填制并提供的有关书面证据。如税务监制的销货发票，在被审计内部控制运行良好时，该类证据的证明力较强。第二类是由被审计单位有关人员编制和填报用于对外公布但无格式和规范要求的内部证据，如被审计单位的业务合同。相对于第一类内部证据，其可靠性相对较差。第三类是那些既无规范要求或者无任何外部单位制约，且无须公开的由被审计单位有关人员填制并出具的资料，如自制的原始凭证、记账凭证、会计账簿记录等。这类内部证据的证明力最弱。

亲历证据是指审计人员运用职业判断采取相应的审计程序，对被审计单位的相关资料进行分析而得到的审计证据。需要审计人员在被审计单位提供的基础资料的基础上进行加工得到，因此相较于其他来源的审计证据证明力相对较强。

（三）根据相互关系分类的审计证据

基本证据是指对审计事项的某一审计目标有重要的、直接证明作用的审计证据。基本证据与所要证实的目标有极为密切的关系。例如，账户余额证明资产负债表金额的正确性。辅助证据是指对审计事项的某一审计目标具有间接证明作用、能支持基本证据证明力的证据。环境证据通常作为辅助证据。

三、审计证据的收集

审计证据的质量是影响所发表审计意见质量的关键性因素。审计人员应当根据审计证据的特点，严格遵守审计证据的收集程序。

（一）审计证据的收集程序

根据《审计项目质量控制办法》，可以将审计证据的收集程序分为三个步骤：收集准备、证据收集和证据整理。

在收集审计证据的准备阶段，根据《审计项目质量控制办法》第三十条规定，"审计人员应当按照审计实施方案确定的具体审计事项，在实施审计过程中收集审计证据"。因此，在实施审计证据的收集程序前，审计人员应当制定相应的审计实施方案以进行审计证据的收集。收集准备阶段的工作内容主要有：（1）确定审计主题及对象；（2）选派审计小组成员，并对审计证据收集进行分工；（3）判断审计程序是否适合审计项目的具体环境；（4）确定重点审计领域；（5）确定审计证据收集的范围；（6）规范审计格式，便于规范审计人员收集审计证据的行为，减少人为差错导致的偏差，提高审计证据收集的质量。

在证据收集阶段，根据《审计法》第三十九条规定，"审计人员通过审查会计凭证、会计账簿、会计报表，查阅与审计事项有关的文件、资料，检查现金、实物、有价证券，向有关单位和个人调查等方式进行审计，并取得相关证明材料"。在收集审计证据的过程中，审计人员应当按照审计法律法规的要求进行审计和取证，确保审计证据的证明力，提高审计证据的收集质量。由于审计证据多为书面证据，根据《审计项目质量控制办法》第三十五条规定，"审计人员可以收集能够证明审计事项的原始资料、有关文件和实物等；不能或者不宜取得原始资料、有关文件和实物的，也可以采取文字记录、摘录、复印、拍照、转储、下载等方式取得审计证据"。需要说明的是，根据《审计项目质量控制办法》第三十六条规定，"审计人员在收集视听资料或者电子数据资料时，应当注明制作方法、制作时间、制作人和电子数据资料的运行环境、系统以及存放地点、存放方式等情况。必要时，电子数据资料能够转换成书面材料的，可以将其转换成书面材料"。被审计单位及相关人员提供的书面资料应由提供者签字盖章，必要时应经审计组长的复核。审计人员应当及时对所取得的书面证据注明来源并附带相关证明材料。"审计人员取得审计证据，应当由证据提供者签名或者盖章；不能取得提供者签名或者盖章的，审计人员应当注明原因。不能取得签名或者盖章不影响事实存在的，该审计证据仍然有效。"（《审计项目质量控制办法》第三十八条）但对于证人证词，当事人陈述、鉴定意见等必须由提供者签名才有效。根据《审计项目质量控制办法》第三十七条规定，"对实现审计目标有重要影响的审计事项的审计步骤和方法难以实施或者实施后难以取得充分审计证据的，审计人员应当实施追加或者替代的审计步骤和方法，仍难以取得充分审计证据的，应当由审计组组长确认，并在审计日记中予以记录和审计报告中予以反映"。此外，审计人员应当确保审计证据的充分性和适当性，"审计人员应当对其收集的审计证据严重失实，或者隐匿、篡改、毁弃审计证据的行为承担责任。审计组组长应当对重要审计事项未收集审计证据或者审计证据不足以支持审计结论，造成严重后果的行为承担责任"。

在证据整理阶段，根据《审计项目质量控制办法》第三十九、第四十条规定，"审计人员应当对取得的审计证据进行分析、判断和归纳。按照审计事项分类，按照审计证据与审计事项相关程度排序；对审计证据进行比较判断，决定取舍，剔除与审计事项无关、无效、重复、冗余的证据；对审计证据进行汇总和分析，确定审计事项的审计证据是否足以支持审计结论。经过分析、判断和归纳的审计证据，应当编制索引号排序，附在相应的审计工作底稿之后；必要时，可以附在相应的审计日记之后。不能附在审计工作底稿或者审计日记之后的实物证据、视听资料和电子数据资料等，应当按照本办法第三十六条第一款、第二款的规定编制书面材料，附在相应的审计工作底稿或者审计日记之后"。审计证据的整理与评价主要分为以下几个步骤：（1）分类整理，即把分散的、零碎不全的审计证据按照不同的审计目标进行分类。（2）核实评价：根据分类的结果，对有关审计证据进行复核，并就其证明力进行分析和评价，确定是否取舍或补充审计证据。（3）补充取证：审计人员对审计证据进行评价后可能形成以下几种结果：①审计证据充分适当；②形成新的有价值的证据；③发现新问题应补充取证。对于补充取证，要采用科学的审计程序结合审计目标进行。（4）综合归纳：经评价认为审计证据充分适当，审计人员应将全部证据进行归纳，形成局部审计意见，最后综合形成整体的审计意见。

（二）审计证据收集的方式

根据《国家审计准则》第九十二条、《审计项目质量控制办法》第三十四条规定，审计人员可以通过观察、检查、询问、重新计算、重新执行、分析、函证、监盘等方式获取审计证据

1. 观察

观察是审计人员实地察看被审计单位的经营场所、实物资产、有关业务活动及其内部控制的执行情况等，以获取审计证据的方法。根据《审计机关审计项目质量控制办法（试行）》第三十四条："通过观察方法收集审计证据的，应当编制观察记录，注明观察的事项、内容和结果等情况，并由负责观察的审计人员签字确认。"

2. 检查

检查是指审计人员对会计记录和其他书面文件可靠程度的审阅与复核。审阅是指对被

审计单位内部和外部的资料进行阅读与审核，以判断其真实性和公允性。在审阅过程中应注意以下几个问题：第一，审阅原始凭证时，应注意其有无涂改或伪造现象；记载的经济业务是否合理合法；是否有业务负责人的签字等。第二，审阅会计账簿记录时应注意是否符合《企业会计准则》及其他有关财务会计制度的规定。第三，审阅会计报表时，应注意会计报表的编制是否按照规定以账簿记录为依据；项目分类是否正确；会计报表附注是否对应予揭示的问题做了充分的披露。复核是指对有关会计资料及其他资料所反映的内容，按照其核算程序、计算要求和钩稽关系进行复查、核实。

3. 询问

询问是指审计人员以书面或者口头询问来获取审计证据的方法。通过查询方法收集审计证据的，应当取得被查询单位或者个人的书面答复材料或者口头答复记录，并注明查询事项、内容、方式和查询结果等情况。询问的证明力较弱，通常不能单独作为充分、适当的审计证据，需要其他审计证据予以佐证。

4. 函证

函证是指审计人员为了获取影响财务报表或相关披露认定的项目的信息，通过直接来自第三方对有关信息和现存状况的声明，获取和评价审计证据的过程。函证运用的前提条件是存在知悉情况的第三方。通过函证方法收集审计证据的，应当取得被函证单位或者个人的回函，编制函证记录，注明函证事项、范围和回函结果等情况。

5. 监盘

监盘是指审计人员通过现场监督被审计单位对各种实物资产及现金、有价证券的盘点，并进行适当抽查而取得审计证据的方法。通过监盘方法收集审计证据的，应当编制实物资产盘点清单和现金、有价证券盘点表等材料，并由审计人员和被审计单位有关人员签名。监盘取得的证据是实物证据，主要为了证实以下几个认定：第一，资产是否真实存在；第二，资产盘点的结果是否与账面金额一致。监盘的基本原则为：由被审计单位进行实物的盘点，审计人员负责现场盘点的监督工作，但对于价值较高和使用较为频繁的实物，审计人员应当亲自进行盘点。

6. 重新计算

重新计算是审计人员根据被审计单位的基础资料对会计记录中记录的数据进行验算来获取充分、适当的审计证据的过程。审计人员进行计算的目的在于验证被审计单位的凭证、账簿和报表中的数字是否正确。审计人员运用计算方法取证时，应与被审计单位确定的政策和选定的方法相一致，但在计算形式上不一定要遵循被审计单位的原定方式和方法。通过计算方法收集审计证据的，应当编制计算表或者计算工作记录，注明计算的事项、所根据的相关数据、计算的方法和结果等。

7. 重新执行

重新执行是指注册会计师以人工方式或使用计算机辅助审计技术，重新独立执行作为被审计单位内部控制组成部分的程序或控制。重新执行法只在控制测试运用。在审计程序中，重新执行和审计程序的穿行测试各有区别和联系，主要表现为：重新执行主要是确定内部控制运行的有效性，而穿行测试主要是了解内部控制的流转过程，并在流转过程的了解中掌握相关内部控制的具体情况。

8. 分析程序

分析程序是指审计人员通过分析被审计单位重要的比率或趋势，包括调查这些比率或趋势的异常变动及其与预期数额和相关信息的差异而获取审计证据的方法。分析性复核方法可以获得有关项目存在异常变动的证据。对于异常变动项目，注册会计师应重新考虑所采用审计方法的适当性，必要时应追加审计程序，以获取更为可靠的审计证据。通过分析性复核方法收集审计证据的，应当编制对比分析表、比率分析表和趋势变动表，分析和说明异常变动项目、重要比率或者趋势与预期数额和相关信息的差异情况。

四、 审计证据的特性

国际审计准则认为审计证据的特性包括充分性和适当性，其中适当性又包括相关性和可靠性。美国审计准则提出审计证据的特性包括充分性和胜任性，中国台湾称审计证据的特性为充分性和适切性，而中国香港将审计证据的特性描述为充分性、相关性和可靠性三个方面。我国基本沿袭了国际审计准则对审计证据的定义，即审计证据具有充分性和适当性，适当性又可以分为相关性和可靠性。一般而言，审计证据的充分性受审计证据适当性的影响。审计证据的质量越高，所需的审计证据可能越少。但尽管审计的充分性与适当性相关，如果审计证据的质量存在缺陷，那么审计人员仅靠获取更多的审计证据可能也无法弥补质量上的缺陷。

（一）审计证据的充分性

根据《独立审计具体准则第 5 号——审计证据》第七条规定，评价审计证据的充分性需要考虑以下几个因素：审计风险；重要性水平；审计人员的专业胜任能力；审计过程中发生的重大错报；获取的其他审计证据。

1. 审计风险

审计风险是指对财务报表存在重大错报而审计人员发表不恰当审计意见的可能性。审计风险与审计证据的充分性成正向关系。假如审计人员初步评估的审计风险较大则需要收集更多的审计证据，将风险降低至可接受的低水平。

2. 重要性水平

重要性水平与审计证据的充分性成正向关系。若被审项目很重要，审计人员对其判断发生失误时往往引发对会计报表整体判断的失误，因而要求对那些重要的项目扩大获取审计证据的范围，以减少审计失误，降低审计风险。相反，对那些个别判断失误且不至于引发整体判断失误的不重要项目，可以减少审计证据的数量，以节约审计成本。

3. 审计人员的专业胜任能力

审计人员的专业胜任能力与审计证据的充分性成反向关系。审计人员的经验越丰富，专业胜任能力越强，越能够从较少的证据中判断出被审计单位的真实情况。对于专业胜任能力较弱的审计人员来说，增加必要的审计证据的数量是保持谨慎性的重要途径。

4. 审计过程中发生的重大错报

无论是初次审计还是历次审计，一旦发现了存在错误和舞弊的现象，注册会计师应考虑它对整体会计报表会带来的增加存在问题的可能性及影响，因此，在审计过程中应考虑增加审计证据的数量，以形成恰当的审计意见。

5. 获取的其他审计证据

不同的审计证据来源不同，证明力强弱也不相同。对于由审计人员亲自计算加工而得的亲历证据和从独立的第三方那里获得的外部证据，其证明力相对较强，因而获取的审计证据的数量可以相对减少。而对那些容易被伪造的内部证据，获取的审计证据的数量可以适当增加。

（二）审计证据的适当性

审计证据的适当性可以分为相关性和可靠性。审计证据的相关性是用作审计证据的信息与审计程序的目的和所考虑的相关认定之间的逻辑联系。用作审计证据的信息的相关性可能受测试方向的影响。审计证据的可靠性是指审计证据能够反映和证实客观经济活动特征的程度。审计证据的可靠性受到审计证据的来源和性质以及获取审计证据的具体环境的影响，通常审计证据可靠性的判断标准有以下几点：（1）从外部独立来源获取的审计证据比其他来源获取的审计证据更可靠；（2）内部控制运行有效时生成的审计证据比内部控制薄弱时生成的审计证据更加可靠；（3）直接获取的审计证据比间接获取或推论得出的审计证据更可靠；（4）以文件、记录形式存在的审计证据比口头形式的审计证据更可靠；（5）从原件获取的审计证据比从传真件或复印件获取的审计证据更可靠。

第五节　审计处理与处罚

审计处理处罚，是审计部门对违纪单位及个人履行职责的重要手段，它对于维护国家经济秩序，确立审计权威，服务经济建设发挥着巨大的作用。

一、审计处理处罚的概念

审计处理是审计机关对本级各部门（含直属单位）和下级政府违反预算的行为或者其他违反国家规定的财政收支行为，以及对被审计单位违反国家规定的财务收支行为，所采取的纠正措施，它是审计机关强制行政相对人履行法律、法规规定义务和纠正违法行为的一种具体行政行为。审计处理的种类主要有：第一，责令限期缴纳、上缴应当缴纳或上缴的财政收入；第二，责令限期退还被侵占的国有资产；第三，责令限期退还违法所得；第四，责令冲转或者调整有关会计账目；第五，依法采取的其他处理措施。

审计处罚是指审计机关依法对违反国家规定的财政收支、财务收支行为和违反《审计法》的行为采取的处罚措施。审计处罚包含着四层意思：审计处罚的实施者即审计处罚的主体是审计机关；审计处罚的依据是"法"，即审计处罚要依法实施（这里的"法"应作广义理解，包括法律、法规、规章和具有普遍约束力的规范性文件）；审计处罚的对象是违反国家规定的财政收支、财务收支行为和违反《审计法》的行为；审计处罚的实质是实施惩罚、惩戒措施。审计处罚的种类主要有：第一，警告、通告批评；第二，罚款；第三，没收违法所得；第四，依法采取的其他处罚措施。

二、 审计处理处罚的原则

第一，审计处理处罚法定原则。我国审计处理处罚法定原则的内涵为处理处罚的依据、形式和程序法定。审计机关出具审计意见书，作出审计决定或向主管机关提出处理、处罚建议前由复核人员和机构进行复核。审计机关在进行审计处罚前，应当充分尊重当事人具有的陈述权和申辩权。符合审计听证条件的，应当告知并组织审计听证。

第二，审计处理处罚公正原则。公正原则是指审计机关以审计法律法规为依据，以事实为准绳作出相应的处理处罚。

第三，审计处理处罚公开原则。《审计法》第四条规定，"国务院和县级以上地方人民政府应当将审计工作报告中指出的问题的整改情况和处理结果向本级人民代表大会常务委员会报告"。我国在审计公开的对象和内容方面仍具有较大的空间。

三、 审计处理与审计处罚的区别和联系

审计处理与审计处罚的区别和联系具体见表 2 − 2。

表 2 − 2   审计处理与审计处罚的区别和联系

	审计处理	审计处罚
区别		
概念	审计处理是审计机关强制行政相对人履行法律、法规规定义务和纠正违法行为的一种具体行政行为，是纠正措施	审计处罚是指审计机关依法对违反国家规定的财政收支、财务收支行为和违反《审计法》的行为采取的处罚措施。是继续裁决的手段
方式	一是责令限期缴纳应当上缴的财政收入；二是限期退还非法所得；三是限期退还被侵占的国有资产；四是责令冲转或调整有关会计账目；五是依法采取其他纠正措施	一是警告；二是通报批评；三是罚款；四是没收非法所得；五是依法采取其他纠正措施
执行结果	无经济损失	经济损失
法律依据	不受《行政处罚法》约束	受《行政处罚法》约束

联系
审计处理和审计处罚都是审计机关的职权，两者都是对行政相对人违反财经法规行为进行纠正制裁的一种具体行政行为，都具有强制性。审计处理重在纠正违法违纪行为，使其恢复本来面目，依法办事；而审计处罚是处理的继续，即纠正后，再给予相应的制裁。审计处理和审计处罚的运用要视被审计单位违纪问题性质、审计类别、违纪情节轻重或数额大小等情况而确定，两者既不能相互代替，也不能强行并举，要运用恰当、准确

第六节　审计法律救济

审计法律救济是指审计法律关系主体一方的行政相对人合法权益因审计权行使所产生的权益救济，主要可以分为审计行政复议和审计行政诉讼。

一、审计行政复议

行政复议，是指行政相对人认为行政主体的具体行政行为侵犯其合法权益，依法向行政复议机关提出复查该具体行政行为的申请，行政复议机关依照法定程序对被申请的具体行政行为进行合法性、适当性审查，并作出行政复议决定的一种法律制度。审计行政复议亦称为复审，指上级审计机构对被审计单位因不同意原审计结论和处理意见而提出的复审申请所进行的审查。我国的审计监督实行"三级二审，二审终审"制度。被审计单位对审计机关的审计结论和决定不服的，可以向其上一级审计机关申请复审。实行复审制度的目的是保障审计结论和决定的正确性，以维护国家财经秩序，保护被审计单位和有关方面的合法权益。

审计行政复议主要有以下特征：第一，审计行政复议的对象是具体的审计行政行为；第二，审计行政复议活动的引起是以审计行政相对人的申请为前提的；第三，审计行政复议的审查权是由享有复议管辖权的审计行政复议机关来行使的；第四，审计行政复议的核心内容是对有争议的具体审计行为是否合法或者适当进行审查；第五，审计行政复议的结果是作出新的审计行政行为；第六，审计行政复议的申请人多数是法人或其他组织；第七，审计行政复议是按规章程序进行的。

审计行政复议的范围有：第一，对审计机关作出的行政处理不服的；第二，对审计机关作出的行政处罚不服的；第三，对审计机关采取的行政强制措施不服的；第四，认为审计机关的具体审计行政行为侵犯法律、法规规定的经营自主权的；第五，申请审计机关履行法定职责，审计机关拒绝履行或者不予答复的；第六，认为审计机关违法要求履行义务的；第七，认为审计机关侵犯其他产权的；第八，法律法规规定可以提起行政诉讼或者可以申请复议的其他具体审计行政行为。

按照《行政复议法》的规定，审计行政复议大体上由四个步骤组成，即申请与受理、审理、决定、送达。这四个步骤是互相衔接的，各有自己的中心任务。这些步骤的先后顺序是不能逾越的。审计行政复议活动由一个步骤转入另一个步骤，必须经过前一步骤，并完成前一步骤的任务，才能转入下一个步骤。

二、 审计诉讼

（一）审计诉讼的概念与特征

行政诉讼是指公民、法人或者其他组织认为行政机关的行政行为侵犯其合法权益，向人民法院提起诉讼，人民法院依法予以受理、审理并作出裁判的活动。审计行政诉讼是审计行政争诉中一项重要的法律制度，是由人民法院按照司法程序主持解决审计行政争议的制度。审计机关对审计行政行为的相对人通过审计监督活动，作出审计结论和决定后审计。行政行为相对人认为审计机关和审计机关工作人员的具体行政行为侵犯其合法权益的，依照《行政诉讼法》的规定，向人民法院提起诉讼，以维护自己的合法权益。

审计行政诉讼的特征有：第一，审计行政诉讼解决的是审计行政争议案件；第二，审计行政诉讼双方当事人具有恒定性；第三，审计行政诉讼的客体是被行政管理相对人一方认为侵犯其合法权益的审计具体行政行为。第四，审计行政诉讼是人民法院按司法程序解决审计行政争议的活动。

（二）审计诉讼的原则

1. 人民法院特定主管原则

特定主管一是指人民法院只主管法律规定由法院主管的行政案件，对于未经法律规定的则不予受理；二是法律规定由人民法院主管的行政诉讼案件，要依法提起诉讼。特定主管的内容构成了人民法院审理行政案件的范围。

2. 审计行政复议前置原则

行政复议前置即行政先行处理原则，是行政诉讼特有的原则。复议前置，是指行政复议与行政诉讼的关系，也就是行政争议在法院解决之前，将行政复议作为一项必经程序。未经复议的行政争议案件，人民法院不予受理。

3. 审计具体行政行为合法性审查的原则

审计具体行政行为合法性审查简称司法审查原则。根据行政诉讼法的规定，司法审查是指人民法院通过依法审理审计行政案件，对审计具体行政行为是否合法进行审查并作出裁决。包括两方面的意义：一是以审计具体行政行为为审查对象。行政诉讼法中明确规定：公民、法人或者其他组织认为行政机关和行政机关工作人员的具体行政行为侵犯其合法权益，有权依法向人民法院起诉。人民法院受理公民、法人和其他组织对下列具体行政行为不服提起的诉讼……这一规定表明了我国《行政诉讼法》只以具体行政行为，而不以抽象行政行为为审查对象。二是以合法性为审查标准。《行政诉讼法》第五条规定："人民法院审理行政案件，对具体行政行为是否合法进行审查。"

4. 司法变更权有限的原则

司法变更权有限的原则，是指在行政诉讼过程中，人民法院一般不享有司法变更权。法院对被诉行政机关的行政处理决定，只能作出维持或撤销的判决或裁定，只在特殊例外情况下享有一定变更权。司法变更权的有限原则，是《行政诉讼法》区别于其他诉讼法的重要内容。《行政诉讼法》第五十四条具体规定了这一原则的具体内容，也就是当行政处罚显失公正时，人民法院可以判决变更。判决变更是指人民法院以判决的方式改变具体行政行为的内容。适用判决变更有两种情况：其一，必须是行政处罚，而不是其他具体行政行为。如罚款、责令停产停业、没收非法所得等属于行政处罚。其他如限制人身自由的强制措施，查封、扣押、冻结财产的强制措施，非法要求公民、组织履行义务等行政行为，人民法院不得判决变更。其二，必须是显失公正的行政处罚，而不是处罚不当。显失公正的行政处罚，属于非常不合理的行政处罚。《行政诉讼法》这样的规定既体现了人民法院对行政主体被诉的行政行为给予尊重，又反映了行政机关的具体行政行为要接受人民法院的审判监督这样一种关系。

5. 合议审理原则

《行政诉讼法》规定，人民法院审理行政案件，由审判员组成合议庭，或者由审判员、陪审员组成合议庭，合议庭的人员，应当是三人以上的单数。这虽然与民事诉讼中的合议制度相同，但行政诉讼中不适用民事诉讼关于"简单的民事案件，由审判员一人独任审判"的规定，行政诉讼的这种合议制正是与民事诉讼中有的独任制相区别的，一切行政案件均应依法组成合议庭。这正是由于行政案件专业性强，审判人员不可能掌握所有行政管理方面的专业知识，合议庭组成人员权利平等，对于案件的调查、审理、裁判及其他重要问题，都由全体人员共同研究，有利于案件的审理。设立陪审制度，不仅可以增加人民群众对审判组织的信任，而且有助于把审判活动置于人民群众的监督之下。

6. 行政诉讼中被告负有举证责任的原则

《行政诉讼法》第三十二条规定了被告对作出的具体行政行为负有举证责任，应当提供作出该具体行政行为的证据和所依据的规范性文件。在行政管理中，由于行政行为属于行政机关单方面的行为，行政诉讼的标的正是这种单方面行为，即具体行政行为。正如审计监督活动中，审计机关作出审计结论和决定，一旦通过审判监督程序，其举证责任当然由审计机关负责。审计机关作出审计具体行政行为，一要有事实依据，二要有法律、法规等规范性文件作为依据。

7. 行政诉讼不适用调解的原则

《行政诉讼法》明确规定了人民法院审理行政诉讼案件不适用调解的原则，是指既不能把调解列为行政诉讼中的一个必经阶段，也不能把调解作为结案的一种方式。但《行政诉讼法》还规定了赔偿诉讼可以适用调解。行政诉讼中的被告是依法行使行政管理职权的行政机关，它所作出的具体行政行为是法律赋予的权力，是代表国家行使职权，因此，作为被告的行政机关依法行政这是应尽的职责，无随意处分权。如审计机关在对某单位的国有资金的使用情况依法进行审计监督，审计过程中，查出该单位隐瞒、截留应当上缴国家的税金、利润或者其他财政收入，违反财政法规款额较大，依照国务院关于违反财政法规处罚的规定，该情况必须作出处理，对此没有调和余地。所以人民法院审理行政案件不适应调解。

8. 行政诉讼不停止执行的原则

《行政诉讼法》第四十四条规定：诉讼期间，不停止具体行政行为的执行。在行政诉讼过程中，当事人争议的具体行政行为不因原告提起诉讼而停止执行，这是由国家行政管理的特殊性决定的。如具体行政行为因一个公民、法人或其他组织提起诉讼就中断，那么必然会使法律秩序处于不稳定状态，直接影响国家行政管理的效力，社会和公众的利益也难以保障。但在该条款中，还规定了三种例外情况：一是被告认为需要停止执行的；二是原告申请停止执行，人民法院认为该具体行政行为的执行会造成难以弥补的损失，并且停止执行不损害社会公共利益，裁定停顿状态执行的；三是法律、法规规定停止执行的。审计具体行政行为不停止执行原则是审计行政诉讼中的特有原则，在民事诉讼中不存在这样的问题。一旦有人提起民事诉讼，涉及双方权利义务之事项应立即停止执行，以维护合法的民事法律关系。但是，在行政诉讼中均不停止涉及双方权利义务的事项。这是由具体行政行为的特性所决定的。具体行政行为的作出，从某一方面反映了国家的意志，在未依法否定之前推定为合法和正确，非经法定程序不能随意变动，当事人必须严格执行，以维护国家行政管理的整体性。规定该原则的目的在于防止借用提起行政诉讼，逃脱国家行政管理的制约，影响国家行政管理的正常运行。但实践中，情况是复杂多变的，《行政诉讼法》上述三种情形做了例外的规定。

三、 审计行政复议与审计行政诉讼的关系

（一）审计行政复议与审计行政诉讼的联系

审计行政复议与审计行政诉讼的法律关系表现为三方性，即发生审计行政争议的审计机关和审计具体行政行为相对人一方，再加上作为裁决者的复议机关或人民法院为第三者。裁决者依照事实和法律作出公正的处理。由此，首先要求审计复议机关必须设置保障作出复议决定公正性的各项程序。这是由审计行政复议的司法性所决定的。另外审计行政复议又是上级审计机关对下级审计机关审计具体行政行为的行政监督，是层级监督的一种形式，具有严格的行政性。由于审计复议的司法性和行政性，就使审计行政复议活动不仅在复议范围、内容等方面大于审计行政诉讼的审查范围和审查内容，而且审计行政复议活动专业性较强，由本行业自行解决，便于有效、及时地解决问题。但审计行政复议毕竟是在原来审计行政机关审计结论和决定的基础之上进行，在认定事实、适用法律上可能出现偏倚，至少会使某些审计行政相对人在心理上有某些疑虑。而审计行政诉讼通过人民法院解决审计行政争议方面有一套严格的保证其公正、正确进行裁判活动的司法程序，远较审计行政复议程序更为完善，并且法院毕竟在行政机关以外，从而保证人民法院更能依法、

公正地判决。同时，人民法院还可以通过处理审计行政争议来监督审计行政机关的依法审计情况。与审计行政复议的内部行政监督相比，则属于外部的司法监督。

（二）审计行政复议与审计行政诉讼的区别

审计行政复议与审计行政诉讼的区别见表2-3。

表2-3　　　　　　　　　　　审计行政复议与审计行政诉讼的区别

区别	审计行政复议	审计行政诉讼
处理争议的机关	审计机关	人民法院
法律程序	行政复议程序	《行政诉讼法》司法程序
阶段	先行行政行为	审计行政复议后进行
审查结果	可变更	不可变更

具体来说，审计行政复议与审计行政诉讼的区别为：第一，处理审计行政争议的机关不同。审计行政复议由审计机关进行，审计行政诉讼由人民法院进行。第二，适用的法律程序不同。审计行政复议所适用的是行政复议和审计行政法规规定的程序，而审计行政诉讼适用的是《行政诉讼法》司法程序。第三，审计行政复议与审计行政诉讼所处的阶段不同，审计行政复议相较审计行政诉讼而言，属于先行行政行为。审计行政诉讼则是在审计行政复议基础上进行的。第四，审查的范围不同，审计行政复议的特性决定其审查的范围和内容较审计行政诉讼所审查的要广泛、全面。审计行政复议机关如果认为原审计结论和决定不当，可以变更。而审计行政诉讼则不同，结果一般不能变更该项行为，原则上只能维持或撤销被诉的审计具体行政行为。

四、　审计法律责任

（一）审计法律责任的概念及特征

法律责任是指法律关系主体因违反法律规范而承担的责任。审计法律责任是指在国家审计、注册会计师审计和内部审计过程中，审计法律主体因违反审计法律法规而应当承担的法律责任，其主要应当包括：第一，在国家审计中，审计机关和审计人员因违反审计法律法规应当承担的法律责任；第二，在注册会计师审计中，会计师事务所和注册会计师因违反审计法律法规应当承担的责任；第三，在内部审计中，内部审计机构和审计人员因违反审计法律法规应当承担的法律责任；第四，在国家审计、注册会计师审计以及内部审计中，被审计单位因违反审计法律法规应当承担的法律责任。

审计法律责任的特点主要包括：第一，审计法律责任是由法律明文规定的，我国《审计法》及《审计法实施条例》均对审计法律责任作出了明文规定；第二，审计法律责任因违反审计法律义务而存在，我国审计法律体系由国家审计、注册会计师审计和内部审计构成，应进一步完善相关法律法规中对审计法律责任的规定，避免出现违反审计法律义务却无须承担法律责任的现象；第三，审计法律责任的不可逃避性。审计法律法规是由国家强制力保证实施的，是一种不可逃避的法律义务。审计法律主体违反审计法律法规的行为应当受到法律的追究，并承担不利后果。

（二）审计法律责任的类型

按照审计法律责任承担主体，审计法律责任可以分为审计机关和审计人员的法律责任、被审计单位的法律责任。按照法律规范的性质，审计法律责任可以分为行政法律责任、刑事法律责任和民事法律责任。本书将主要从审计法律承担主体的角度对审计法律责任进行介绍。

1. 被审计单位的审计法律责任

（1）拒绝或拖延审计的责任。

根据《审计法》第四十七条和《审计法实施条例》第四十九条规定，"被审计单位违反本法规定，拒绝、拖延提供与审计事项有关的资料的，或者提供的资料不真实、不完整的，或者拒绝、阻碍检查、调查、核实有关情况的，由审计机关责令改正，可以通报批评，给予警告；拒不改正的，依法追究法律责任"。并按照下列规定追究责任："对被审计单位可以处5万元以下的罚款，对直接负责的主管人员和其他直接责任人员，可以处2万元以下的罚款，审计机关认为应当给予处分的，向有关主管机关、单位提出给予处分的建议；构成犯罪的，依法追究刑事责任。"

根据《审计法》第四十八条规定，"被审计单位违反本法规定，转移、隐匿、篡改、毁弃财务、会计资料以及与财政收支、财务收支有关的业务、管理等资料，或者转移、隐匿、故意毁损所持有的违反国家规定取得的资产，审计机关认为对直接负责的主管人员和其他直接责任人员依法应当给予处分的，应当向被审计单位提出处理建议，或者移送监察机关和有关主管机关、单位处理，有关机关、单位应当将处理结果书面告知审计机关；构成犯罪的，依法追究刑事责任。"

（2）对已审计出违法行为的责任。

根据《审计法》第四十九、第五十条和《审计法实施条例》第四十八条规定，"对本级各部门（含直属单位）和下级政府违反预算的行为或者其他违反国家规定的财政收支行为，审计机关、人民政府或者有关主管机关、单位在法定职权范围内，依照法律、行政法规的规定，区别情况采取下列处理措施：（一）责令限期缴纳应当上缴的款项；（二）责令限期退还被侵占的国有资产；（三）责令限期退还违法所得；（四）责令按照国家统一的财务、会计制度的有关规定进行处理；（五）其他处理措施。""对被审计单位违反国家规定的财务收支行为，审计机关、人民政府或者有关主管机关、单位在法定职权范围内，依照法律、行政法规的规定，区别情况采取前条规定的处理措施，并可以依法给予处罚。"

根据《审计法》第五十一至五十三条规定，"审计机关依法责令被审计单位缴纳应当上缴的款项，被审计单位拒不执行的，审计机关应当通报有关主管机关、单位，有关主管机关、单位应当依照有关法律、行政法规的规定予以扣缴或者采取其他处理措施，并将处理结果书面告知审计机关。被审计单位应当按照规定时间整改审计查出的问题，将整改情况报告审计机关，同时向本级人民政府或者有关主管机关、单位报告，并按照规定向社会公布。各级人民政府和有关主管机关、单位应当督促被审计单位整改审计查出的问题。审计机关应当对被审计单位整改情况进行跟踪检查。审计结果以及整改情况应当作为考核、任免、奖惩领导干部和制定政策、完善制度的重要参考；拒不整改或者整改时弄虚作假的，依法追究法律责任。被审计单位对审计机关作出的有关财务收支的审计决定不服的，可以依法申请行政复议或者提起行政诉讼"。

2. 审计人员的法律责任

根据《审计法》第十六条和《审计法实施条例》第五十五条规定，审计人员有以下情形的依法给予处分；构成犯罪的，依法追究刑事责任。第一，滥用职权。即审计人员违反规定怠于行使职权或超越法律权限行使职权的行为。第二，徇私舞弊。即审计人员在审计工作中，为了谋取私利故意作出违反审计法律法规的行为。第三，玩忽职守。即审计人员不履行或不正确履行法律赋予的权限。第四，泄露所知悉的国家秘密、商业秘密。从上述规定可知，审计人员的法律责任仅仅指国家审计人员的法律责任，不包括注册会计师和内部审计人员的法律责任，是在国家审计监督过程中发生的与审计机关履行审计监督职能密切相关的法律责任。

3. 审计机关的法律责任

审计机关的法律责任是指审计机关违反法律法规，实施违反行为应当承担的法律后果。一般来说，审计机关工作人员所作出的行为由审计机关承担，但审计机关不承担审计人员的个人违法行为。审计机关违反法律法规主要有以下几种情形：第一，认定事实不清或主要证据不明；第二，适用法律法规错误，以及超越或违反法律赋予的权限；第三，以权谋私，滥用审计监督权。审计机关有以上情形且对被审计单位或者其他单位造成损失的，审计机关应当承担相应的责任。

第三章

国家审计法律法规

第一节 《审计法》（2021）对国家审计的相关规定

2021 年 10 月 23 日，第十三届全国人民代表大会常务委员会第三十一次会议通过《关于修改〈中华人民共和国审计法〉的决定》，对《审计法》进行第二次修正。新修订的《审计法》能够对国家审计的具体施行提供与时俱进的指导，进一步强调审计全覆盖原则，赋予审计机关依法履职所必需的权限，增强审计监督的独立性和公信力，增强审计监督的权威性和实际效果。具体相关规定如表 3-1 所示。

表 3-1 《审计法》（2021）对国家审计的相关规定

《中华人民共和国审计法》 2006 年修订版	《中华人民共和国审计法》 2021 年修订版
第一章 总则	
第二条 国家实行审计监督制度。国务院和县级以上地方人民政府设立审计机关。 国务院各部门和地方各级人民政府及其各部门的财政收支，国有的金融机构和企业事业组织的财务收支，以及其他依照本法规定应当接受审计的财政收支、财务收支，依照本法规定接受审计监督。 审计机关对前款所列财政收支或者财务收支的真实、合法和效益，依法进行审计监督	第二条 国家实行审计监督制度。坚持中国共产党对审计工作的领导，构建集中统一、全面覆盖、权威高效的审计监督体系。国务院和县级以上地方人民政府设立审计机关。国务院各部门和地方各级人民政府及其各部门的财政收支，国有的金融机构和企业事业组织的财务收支，以及其他依照本法规定应当接受审计的财政收支、财务收支，依照本法规定接受审计监督。审计机关对前款所列财政收支或者财务收支的真实、合法和效益，依法进行审计监督

续表

《中华人民共和国审计法》2006 年修订版	《中华人民共和国审计法》2021 年修订版
第四条　国务院和县级以上地方人民政府应当每年向本级人民代表大会常务委员会提出审计机关对预算执行和其他财政收支的审计工作报告。审计工作报告应当重点报告对预算执行的审计情况。必要时，人民代表大会常务委员会可以对审计工作报告作出决议。 国务院和县级以上地方人民政府应当将审计工作报告中指出的问题的纠正情况和处理结果向本级人民代表大会常务委员会报告	第四条　国务院和县级以上地方人民政府应当每年向本级人民代表大会常务委员会提出审计工作报告。审计工作报告应当报告审计机关对预算执行、决算草案以及其他财政收支的审计情况，重点报告对预算执行及其绩效的审计情况，按照有关法律、行政法规的规定报告对国有资源、国有资产的审计情况。必要时，人民代表大会常务委员会可以对审计工作报告作出决议。国务院和县级以上地方人民政府应当将审计工作报告中指出的问题的整改情况和处理结果向本级人民代表大会常务委员会报告
第二章　审计机关和审计人员	
	第十二条　审计机关应当建设信念坚定、为民服务、业务精通、作风务实、敢于担当、清正廉洁的高素质专业化审计队伍。审计机关应当加强对审计人员遵守法律和执行职务情况的监督，督促审计人员依法履职尽责。 审计机关和审计人员应当依法接受监督（新增）
第十二条　审计人员应当具备与其从事的审计工作相适应的专业知识和业务能力	第十三条　审计人员应当具备与其从事的审计工作相适应的专业知识和业务能力。审计机关根据工作需要，可以聘请具有与审计事项相关专业知识的人员参加审计工作
	第十四条　审计机关和审计人员不得参加可能影响其依法独立履行审计监督职责的活动，不得干预、插手被审计单位及其相关单位的正常生产经营和管理活动(新增)
第十四条　审计人员对其在执行职务中知悉的国家秘密和的被审计单位商业秘密，负有保密的义务	第十六条　审计机关和审计人员对在执行职务中知悉的国家秘密、工作秘密、商业秘密、个人隐私和个人信息，应当予以保密，不得泄露或者向他人非法提供
第三章　审计机关职责	
第十八条　审计署对中央银行的财务收支，进行审计监督。审计机关对国有金融机构的资产、负债、损益，进行审计监督。 第二十条　审计机关对国有企业的资产、负债、损益，进行审计监督。 第二十一条　对国有资本占控股地位或者主导地位的企业、金融机构的审计监督，由国务院规定	第二十二条　审计机关对国有企业、国有金融机构和国有资本占控股地位或者主导地位的企业、金融机构的资产、负债、损益以及其他财务收支情况，进行审计监督。遇有涉及国家财政金融重大利益情形，为维护国家经济安全，经国务院批准，审计署可以对前款规定以外的金融机构进行专项审计调查或者审计
第二十二条　审计机关对政府投资和以政府投资为主的建设项目的预算执行情况和决算，进行审计监督	第二十三条　审计机关对政府投资和以政府投资为主的建设项目的预算执行情况和决算，对其他关系国家利益和公共利益的重大公共工程项目的资金管理使用和建设运营情况，进行审计监督

《中华人民共和国审计法》 2006 年修订版	《中华人民共和国审计法》 2021 年修订版
第二十三条　审计机关对政府部门管理的和其他单位受政府委托管理的社会保障基金、社会捐赠资金以及其他有关基金、资金的财务收支，进行审计监督	第二十四条　审计机关对国有资源、国有资产，进行审计监督。审计机关对政府部门管理的和其他单位受政府委托管理的社会保险基金、全国社会保障基金、社会捐赠资金以及其他公共资金的财务收支，进行审计监督
	第二十六条　根据经批准的审计项目计划安排，审计机关可以对被审计单位贯彻落实国家重大经济社会政策措施情况进行审计监督（新增）
	第二十八条　审计机关可以对被审计单位依法应当接受审计的事项进行全面审计，也可以对其中的特定事项进行专项审计（新增）
	第三十条　审计机关履行审计监督职责，发现经济社会运行中存在风险隐患的，应当及时向本级人民政府报告或者向有关主管机关、单位通报（新增）
第四章　审计机关权限	
第三十一条　审计机关有权要求被审计单位按照审计机关的规定提供预算或者财务收支计划、预算执行情况、决算、财务会计报告，运用电子计算机储存、处理的财政收支、财务收支电子数据和必要的电子计算机技术文档，在金融机构开立账户的情况，社会审计机构出具的审计报告，以及其他与财政收支或者财务收支有关的资料，被审计单位不得拒绝、拖延、谎报。 被审计单位负责人对本单位提供的财务会计资料的真实性和完整性负责	第三十四条　审计机关有权要求被审计单位按照审计机关的规定提供财务、会计资料以及与财政收支、财务收支有关的业务、管理等资料，包括电子数据和有关文档。被审计单位不得拒绝、拖延、谎报。 被审计单位负责人应当对本单位提供资料的及时性、真实性和完整性负责。 审计机关对取得的电子数据等资料进行综合分析，需要向被审计单位核实有关情况的，被审计单位应当予以配合
	第三十五条　国家政务信息系统和数据共享平台应当按照规定向审计机关开放。 审计机关通过政务信息系统和数据共享平台取得的电子数据等资料能够满足需要的，不得要求被审计单位重复提供（新增）
第三十七条　审计机关履行审计监督职责，可以提请公安、监察、财政、税务、海关、价格、工商行政管理等机关予以协助	第四十一条　审计机关履行审计监督职责，可以提请公安、财政、自然资源、生态环境、海关、税务、市场监督管理等机关予以协助。有关机关应当依法予以配合

续表

《中华人民共和国审计法》 2006 年修订版	《中华人民共和国审计法》 2021 年修订版
第五章　审计程序	
第四十一条　审计机关按照审计署规定的程序对审计组的审计报告进行审议，并对被审计对象对审计组的审计报告提出的意见一并研究后，提出审计机关的审计报告；对违反国家规定的财政收支、财务收支行为，依法应当给予处理、处罚的，在法定职权范围内作出审计决定或者向有关主管机关提出处理、处罚的意见。 审计机关应当将审计机关的审计报告和审计决定送达被审计单位和有关主管机关、单位。审计决定自送达之日起生效	第四十五条　审计机关按照审计署规定的程序对审计组的审计报告进行审议，并对被审计单位对审计组的审计报告提出的意见一并研究后，出具审计机关的审计报告。对违反国家规定的财政收支、财务收支行为，依法应当给予处理、处罚的，审计机关在法定职权范围内作出审计决定；需要移送有关主管机关、单位处理、处罚的，审计机关应当依法移送。 审计机关应当将审计机关的审计报告和审计决定送达被审计单位和有关主管机关、单位，并报上一级审计机关。审计决定自送达之日起生效
第六章　法律责任	
	第五十二条　被审计单位应当按照规定时间整改审计查出的问题，将整改情况报告审计机关，同时向本级人民政府或者有关主管机关、单位报告，并按照规定向社会公布。 各级人民政府和有关主管机关、单位应当督促被审计单位整改审计查出的问题。审计机关应当对被审计单位整改情况进行跟踪检查。 审计结果以及整改情况应当作为考核、任免、奖惩领导干部和制定政策、完善制度的重要参考；拒不整改或者整改时弄虚作假的，依法追究法律责任（新增）
第七章　附则	
第二十五条　审计机关按照国家有关规定，对国家机关和依法属于审计机关审计监督对象的其他单位的主要负责人，在任职期间对本地区、本部门或者本单位的财政收支、财务收支以及有关经济活动应负经济责任的履行情况，进行审计监督	第五十八条　领导干部经济责任审计和自然资源资产离任审计，依照本法和国家有关规定执行
第五十三条　中国人民解放军审计工作的规定，由中央军事委员会根据本法制定	第五十九条　中国人民解放军和中国人民武装警察部队审计工作的规定，由中央军事委员会根据本法制定。 审计机关和军队审计机构应当建立健全协作配合机制，按照国家有关规定对涉及军地经济事项实施联合审计

第二节　国家审计概述

一、国家审计的产生与发展

《中华人民共和国审计法》在 2021 年 10 月 23 日第十三届全国人民代表大会常务委员

会第三十一次会议上通过了第二次修正。《审计法》作为指导国家审计的重要法律条文，其与时俱进的不断修缮，一方面体现了我国法治建设的逐步完善；另一方面从《审计法》的不断迭代更新里，也侧面印证了我国国家审计的发展历程。纵观国家审计的整体发展，其主要经历了古代国家审计、近现代国家审计两个发展阶段，而 2021 年修订的《审计法》是近现代国家审计阶段中推动国家审计发展的重要事件之一。

（一）古代国家审计阶段

我国古代国家审计始于西周，该时期属于我国国家审计发展的萌芽阶段。秦汉时期，我国正式确立封建王朝的国家审计制度。隋唐两朝，我国国家审计进入重要发展阶段，"比部"审计体制逐渐健全完善，该时期比部的权力覆盖国家财政的各个领域，构成了较为完整与科学的国家审计监督体系。宋朝时期，我国国家审计发展相对停滞，该时期审计司（院）的建立标志着我国"审计"正式定名。元明清时期，国家审计步入停滞衰落的状态。元朝取消比部制度，宣告独立审计机构的消亡；明朝初期再设比部，后设都察院审查中央财计，标志着国家审计体制由司法模式向检查模式过渡；清承明制，继续设置都察院，督察院为清朝时国家最高的监察、监督、弹劾和建议机构，后来随着清朝的覆灭，我国古代国家审计阶段终结。

（二）近现代国家审计阶段

中华民国时期，我国国家审计开始有近代国家审计的雏形，国民政府设置了近代审计机关，同时颁布了一系列审计法规，具体见表 3 - 2。

表 3 - 2   中华民国时期国家审计发展里程

时间	主要事件
1912 年	国民政府在国务院下设中央审计处，各省设审计分处。 颁布《审计处暂行规定》等审计法规
1914 年	北洋政府将审计处改为审计院。 颁布《审计法》和《审计法实施细则》
1928 年	南京国民政府设"审计院"，后改为"审计部"，隶属于监察院，各省（市）设审计处。 重新颁布《审计法》及其实施细则，次年颁布《审计法组织法》

新中国成立后，初期国家并未设立独立的审计机构，而是以会计检查代替审计监督。后来随着党的十一届三中全会召开，经济体制改革的逐步推进使人们认识到建立社会主义审计制度的必要性，由此开始了一系列国家审计法律法规建设，具体如表 3 - 3 所示。

表 3 - 3　　　　　　　　　　党的十一届三中全会后国家审计发展历程

时间	主要事件
1982 年 12 月	全国人大决议通过《中华人民共和国宪法》，规定我国正式建立审计机构，实行审计监督制度
1983 年 9 月	设立中华人民共和国审计署
1985 年 8 月	发布《国务院关于审计工作的暂行规定》
1985 年 10 月	制发《审计工作试行程序》
1988 年 12 月	颁布《中华人民共和国审计条例》
1994 年 8 月	全国人大决议通过《中华人民共和国审计法》
2000 年 1 月	发布《中华人民共和国国家审计基本准则》《审计机关审计处罚的规定》《审计机关审计复议的规定》《审计机关项目质量检查暂行规定》

进入 21 世纪后，我国国家审计的范围进一步扩展，对社会公共资金等也开展了审计工作。审计的手段也更加现代化和科学化。

2006 年 2 月 28 日，第十届全国人民代表大会常务委员会第二十次会议审议通过了《关于修改〈中华人民共和国审计法〉的决定》，自 2006 年 6 月 1 日起施行。

2010 年 2 月 2 日，由于《审计法》（2006 年修订）中关于审计体制的问题，事后监督的问题无法跟进国家经济政治发展而进行有效改善，国务院颁布《中华人民共和国审计法实施条例》（以下简称《审计法实施条例》）以进一步细化与明确国家审计的实践运用。

2011 年，中华人民共和国审计署颁布了《中华人民共和国国家审计准则》（以下简称《国家审计准则》），以完善我国审计法律制度，是国家审计准则体系建设史上一个重要的里程碑。

2014 年 6 月 9 日，国家发布《国务院关于修改〈中华人民共和国审计法实施条例〉的决定（征求意见稿）》（以下简称《审计法实施条例》（2014 年征求意见稿））。《审计法实施条例》（2014 年征求意见稿）细化、补充和完善了具体审计职责，推动审计体制进一步改进。

2015 年 12 月 8 日，中共中央办公厅、国务院办公厅印发了《关于完善审计制度若干重大问题的框架意见》（以下简称《框架意见》），为进一步完善审计制度、提高审计效率提供了重要的制度保障。

2021 年，第十三届全国人民代表大会常务委员会第三十一次会议修订通过《中华人民共和国审计法》第二次修正案，国家主席习近平签署第 100 号主席令予以公布，自 2022 年 1 月 1 日起施行。随着我国经济社会发展日新月异，审计环境、审计对象以及审计内容等都发生了较大变化。党中央、国务院对审计工作提出了更高要求，社会各界对审计工作有了更多期盼，审计理论和实践也不断创新发展，新修订的《审计法》是对原有《审计法》的进一步完善。

二、 国家审计的本质

根据《中华人民共和国审计法》（2021 年修订版）的相关条文规定，国家审计的目标、方法、职能都有着明确的法律阐释。《审计法》第一条中规定："为了加强国家的审计监督，维护国家财政经济秩序，提高财政资金使用效益，促进廉政建设，保障国民经济和社会健康发展，根据宪法，制定本法。"该规定阐释了审计的目标。《审计法》第三章"审计机关职责"、第四章"审计机关权限"以及第五章"审计程序"便是对国家审计的职能、方法等相关内容进行的规定。在了解国家审计的目标、方法与职能前，首先要认识国家审计的本质，它是影响目标、方法与职能的重要决定因素。正确认识国家审计的本质，对于国家审计理论研究与实践都有着重要的指导意义。对国家审计的本质的认识，学术界的观点主要经历了三个阶段，即初步认识阶段、深化认识阶段以及系统认识阶段。

（一）国家审计本质的初步认识阶段

1. 查账论

查账论认为国家审计是会计发展到一定阶段的产物，是适应会计检查的需要而产生的。以我国 20 世纪 30 年代著名的会计学家潘序伦的观点为例，其在《搞活经济和会计立法》等著作中都表明审计就是对会计记录的检查等观点；会计专家雍家源在《中国政府会计论》等著作中表明国家审计是对政府会计报告、账簿及凭证的审核、证明，即对政府事务的稽查。

2. 方法过程论

方法过程论着重关注国家审计的过程和采用的方法，该观点认为从本质上说，国家审计是一个获得客观有效证据的动态的过程，而不是最终的审计报告结果。方法过程论的出现体现出当时社会及学界对于提高审计工作效率、保证审计工作质量的内在需要与追求。1972 年美国会计师协会发布的《审计基本概念公告》中，对于审计的定义就体现出了方法过程论的观点特征，该公告将审计定义为："审计是客观收集和评价与经济活动及事项有关的断言的证据，以确定其认定与既定标准的符合程度，并将其结果传递给利害关系者的系统过程。"

3. 经济监督论

经济监督论与查账论的观点相反，其认为国家审计不是会计发展的产物，而是产生于经济监督的需要。具体来说，该观点认为国家审计与会计共同源于受托责任，会计是报告受托者履行受托责任的结果，国家审计是对受托者履行受托责任的监督。我国 1982 年 12 月第五届全国人民代表大会第五次会议通过的《中华人民共和国宪法》中规定："国务院设立审计机构对国务院各部门和地方各级政府的财政收支，对国家的财政金融机构和企业实业组织的财务收支进行审计监督。"该规定对于审计机关的阐释，则体现出经济监督论的观点。

4. 受托责任论

受托责任论认为，审计包括国家审计是在两权分离的情况下，基于经济控制的客观需要产生的，并伴随着受托责任的发展而发展。受托责任的确立是审计产生的前提条件，当经济控制活动由授权委派人委派（或委托人委托）独立的专门机构和人员代行时，审计活动便由此产生。为监督检查被审计人经济责任的履行情况，审计授权人或委托人要授权或委托审计人进行审计并接受审计人提出的审计报告。

（二）国家审计本质的深化认识阶段

1. 民主法治论

民主法治论以杨时展与李金华的阐释为代表，会计学家杨时展在《会计审计理论新思维》中指出："民主，是现代审计的实质，审计，是民主政治的表现。民主，是现代审计的目的，审计，是现代民主的手段。"杨时展强调现代国家审计是民主法治的工具和手段。李金华等提出现代国家审计是民主与法治的产物，也是推动民主与法治的工具，其强调国家审计不仅需要通过开展常规审计监督政府部门与国有企业，还需要关心人民的利益从而促进法治与民主的发展。

2. 权力制约论

权力制约论认为，国家审计本质上是权力制约工具。以张立民和张阳的观点为代表，他们认为："强化我国审计机关的制约能力应着眼于法律赋予权力的细化及其环境变化的不断完善。"该观点将国家审计定位于权力制约，强调国家审计在限制权力上的作用以及防止腐败上的贡献，进一步拓展了国家审计的宏观范畴。

（三）国家审计本质的系统认识阶段

1. 免疫系统论

免疫系统论以刘家义的观点为代表，其在 2008 年全国审计工作会议结束时的总结讲话中指出："国家审计是国家经济、社会运行的免疫系统。"在他看来，国家审计有四种形式的本质，包括安全防护、问题揭露、机制修复以及科学预警。该观点在 2013 年改革深水期与攻坚期应运而生。当时民众对道德、社会规范以及社会公平正义有了更高追求，而生态环境恶化、腐败活动屡有发生的状况与民众的追求产生了矛盾，因此国家审计在客观上有了对国家治理发挥作用的客观需求。以张立民等基于问责角度提出的观点看来，免疫系统论认为国家审计的本质是在公共资源获取、占有、配置和使用过程中，对国家治理所依赖信息可能存在的重大风险进行控制的机制。

2. 基石保障论

基石保障论是在免疫系统论上的进一步延伸，以刘家义审计长提出的观点为代表，其在 2014 年全国审计工作会议上的讲话中提出国家审计是国家治理现代化的基石和重要保障，要发挥国家利益捍卫者、公共资金守护者、权力运行"紧箍咒"、反腐败利剑和深化改革"催化剂"的作用。该观点将国家审计的目标定位于推进国家治理现代化的高度，符合当前现代数字化审计技术环境的客观要求。

三、 国家审计的目标与分类

《中华人民共和国审计法》（2021）的相关规定较为翔实地阐释了国家审计的目标与分类。《审计法》中关于国家审计目标的阐释，前一节已说明；《审计法》中关于国家审计的分类的阐释，可以在体现在以下规定中：第三章中第二十条规定：审计署对中央银行的财务收支，进行审计监督；第二十一条规定：审计机关对国家的事业组织和使用财政资金的其他事业组织的财务收支，进行审计监督；第二十二条规定：审计机关对国有企业、国有金融机构和国有资本占控股地位或者主导地位的企业、金融机构的资产、负债、损益以及其他财务收支情况，进行审计监督。这些条文分别体现了国家审计在国家机关、事业单位以及国有企业不同主体中所承担的具体责任。

（一）国家审计的目标

国家审计目标可以从两个角度进行归纳总结，一是根据审计的目标结合国家审计的具体内容进行阐释；二是根据目标的影响因素不同，将国家审计目标分为基本目标与现实目标两个层面。

1. 根据国家审计具体内容

（1）真实性。

真实性的目标包括确定财政财务收支的发生、差错、虚假、舞弊行为等；确定经济信息对实际的财政财务收支状况和经营管理成果客观、真实、全面、正确地反映情况，以及政府各项经济责任的履行情况和公告信息的真实性。

（2）合法性。

合法性的目标主要是确定各项财政财务收支是否符合法律和规章制度的规定，包括对财政财务收支的发生、程序、各项会计处理是否遵循了法律和会计准则的规定进行审计监督，对政府是否依法规范行政进行审计监督。

（3）效益性。

效益性的目标是审计机关对审计事项的经济效益、社会效益和环境效益进行审计监督。经济性是对比实际资金与预计资金后体现实际节约的目标，效果性是实际所得与预计所得相比的结果是否更优的目标。

总结来看，真实性、合法性、效益性三者相互联系、相互影响，其中真实性是合法性、效益性的基础。因此，国家审计应当在确保会计信息真实的基础上，纠察违纪违法行为，促进被审计单位提高经济效益和社会效益，逐步实现真实、合法、效益三个审计目标的统一。

2. 根据国家审计影响因素

（1）基本目标。

国家审计的基本目标受到国家审计的本质或基本属性的影响，在国家审计设立后便保持相对稳定的状态，在不同国家以及同一国家不同时期都有着相似之处。在我国，国家审计的基本目标可以概括为通过对国家公共经济资源的管理、使用情况进行监督，保障国家公共经济资源的安全有效，促进国家不同层面权力运行中经济行为的更加规范合理。

（2）现实目标。

国家审计的现实目标受基本目标的影响，同时也需要考虑国家审计本质、国家意志以及相关权变因素等影响因素。结合当前新时代中国特色社会主义对国家审计目标的影响，国家审计的现实目标相比于基本目标还要增加两项内容，即服务中央大政方略的决策部署，促进国家治理进一步完善。

（二）国家审计的分类

1. 按审计的内容分类

国家审计按审计的内容，可分为财政财务收支审计、财经法纪审计和经济效益审计三类。

（1）财政财务收支审计。

财政财务收支审计是指对审计单位财政财务收支活动和会计资料是否真实、正确、合法和有效进行的审计。审计对象是财政财务收支活动，目的是审查财政财务收支活动是否遵守财经方针政策、财务会计制度与原则等，并根据审计结果，提出改进财政财务管理、提高经济效益的建议和措施。

（2）财经法纪审计。

财经法纪审计是由审计组织对严重违反财经法纪的行为进行的专项审计。其目的在于维护国家经济利益。其主要任务是审查被审计单位贯彻执行财经法纪的情况及存在的问题，并根据审计结果提出处理建议和改进财政、财务管理的意见。

（3）经济效益审计。

经济效益审计是对财政财务收支及其有关经济活动的效益进行监督的行为。审计机关可以对列入审计监督范围的所有单位和项目进行经济效益审计，在进行财政收支和财务收支的监督时，可以根据客观需要逐步开展经济效益审计。

2. 按审计实施时间分类

国家审计按其实施时间不同，可以分为事前审计、事中审计和事后审计。

（1）事前审计。

事前审计是指审计组织在被审计单位某项经济业务发生前进行的审计，也称防护性审计。它一般用来审查目标、计划、预算、决策等的编制是否可行，促进被审计单位的经济活动预期效果的达成。

（2）事中审计。

事中审计，也称期间审计、跟踪审计，是指审计组织在被审计单位某项经济业务发生过程中进行的审计。它一般用来审查目标、计划、预算、决策等的实施情况，以便及时发现和纠正差错，促进目标实现。

（3）事后审计。

事后审计，是指审计组织在被审计单位某项经济业务结束后进行的审计。它一般用来审查目标、计划、预算、决策等的执行结果，以评价经济业务是否合理、合法、有效，有关会计资料是否真实、公允。

3. 按审计执行地点分类

国家审计按其执行地点不同，可以分为报送审计和就地审计。

（1）报送审计。

报送审计，也称送达审计，是指由被审计单位按照审计机关规定的期限（月、季或年度），将需要审查的有关资料送到审计机关所进行的审计。报送审计适用于业务量较少、会计资料不多或地域分散的单位进行的审计，有利于节约审计费用，但是审计不具有彻底性。

（2）就地审计。

就地审计，是指审计机关派审计人员或者审计组直接到被审计单位所在地进行的审计。这种审计主要适用于企业，大多数属于定期的年度审计，少数情况下针对某些特殊案件，也必须到被审计单位进行就地审计。其利于减少资料中途运送的时间，保证资料不泄露，且便于审计人员就地深入审计，提高审计质量。

4. 按审计范围分类

审计按其范围不同，可以分为全部审计、局部审计与专项审计。

（1）全部审计。

全部审计，也称全面审计，是指审计组织对被审计单位在审计期内的全部经营活动及其经济资料进行的审计。如企业财务报表审计就是全面审计。其业务面广，耗费的人力、物力较多，一般情况是常年审计或年终的财务审计。

（2）局部审计。

局部审计是指审计组织对被审计单位审计期内的部分经营活动及其经济资料进行审计。

（3）专项审计。

专项审计是指对被审计单位特定项目进行的审计。专项审计具有针对性强且审查细致的优点，但往往不够全面彻底。它可以根据需要随时进行。

综上所述，依据不同的尺度标准，可以对国家审计进行不同层面的分类，在实际实施国家审计的过程中，可以根据具体需要选取某一方式进行审计，也可以结合多种审计方式进行审计，以满足审计目标需要。

第三节　国家审计组织与人员

一、　审计机关的设置与职责

《中华人民共和国审计法》（2021）对国家审计机关设置以及国家审计机关职责都进行了详细规定，具体体现在《审计法》第二章中。《审计法》第十二条："审计机关应当建设信念坚定、为民服务、业务精通、作风务实、敢于担当、清正廉洁的高素质专业化审计队伍。审计机关应当加强对审计人员遵守法律和执行职务情况的监督，督促审计人员依法履职尽责。审计机关和审计人员应当依法接受监督"，就是对审计机关的职责等的相关规定。《审计法》的第三章则是对审计机关职责的相关规定，《审计法》第二十六条规定："根据经批准的审计项目计划安排，审计机关可以对被审计单位贯彻落实国家重大经济社会政策措施情况进行审计监督"。《审计法》第二十八条规定："审计机关可以对被审计单位依法应当接受审计的事项进行全面审计，也可以对其中的特定事项进行专项审计。"

（一）审计机关的设置

1. 审计机关设置的原则

审计机关设置的原则包括独立性原则与权威性原则。独立性是指审计机关必须独立于国家其他部门以及被审计单位，以确保在审计过程中能够依照法律的规定独立地行使审计监督，审计机关的独立性主要体现在组织人员、工作过程的独立性。权威性原则主要体现在通过法律对审计组织的权限和地位进行约束，如 2021 年新修订的《审计法》等。

2. 我国审计机关的设置

我国的审计机关是国家行政机关的组成部分，审计机关根据《宪法》和《审计法》的规定建立并实施审计工作。根据《宪法》以及《审计法》（2021 年修订版）的规定，国家实行审计监督制度，国务院和县级以上地方人民政府设立审计机关。从地域而言，审计机关分为中央审计机关和地方审计机关；从组织形式上看，有常设机关，也有派出机关。我国审计机关由审计署和地方审计机关组成，具体如图 3-1 所示，各级审计机关的审计范围按照被审计单位财政财务的隶属关系来划分，如属于中央的企事业单位由审计署负责审计；属于地方的企事业单位分别由省、市、县审计机关负责审计。

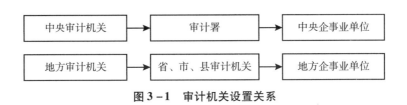

图 3-1　审计机关设置关系

（1）中央审计机关。

中央审计机关是由国务院总理直接领导的审计机关，我国的中央审计机关为审计署。审计署成立于 1983 年 9 月 15 日，具有双重法律地位：一方面，作为中央政府的组成部门，审计署要接受国务院的领导，以独立的行政主体从事活动，直接审计管辖范围内的审计事项；另一方面，作为我国的最高审计机关，审计署在国务院总理的领导下，主管全国的审计工作，并承担由此而产生的责任。

其中，2018 年 3 月中国共产党中央委员会根据《深化党和国家机构改革方案》组建中国共产党中央审计委员会，其主要职责是研究提出并组织实施在审计领域坚持党的领导、加强党的建设方针政策，审议审计监督重大政策和改革方案，审议年度中央预算执行和其他财政支出情况审计报告，审议决策审计监督其他重大事项等。中央审计委员会办公室设在审计署，是为加强党中央对审计工作的领导，构建集中统一、全面覆盖、权威高效的审计监督体系，更好发挥审计监督作用而设立的党中央决策议事协调机构。

（2）地方审计机关。

地方审计机关是指省、自治区、直辖市、设区的市、自治州、县、自治县、不设区的市、直辖区人民政府设立的审计组织，负责本行政区域内的审计工作。省、自治区审计机关称审计厅，其他地方各级审计机关统称为审计局。地方各级审计机关在法律上也具有双重地位：一方面，它是各级政府的职能部门之一，需要直接对本级政府行政首长负责；另一方面，它对自己管辖范围内的审计事项，又以独立的行政主体资格从事活动。

（二）审计机关的职责

（1）审计署的主要职责。

中华人民共和国审计署根据 1982 年 12 月 4 日第五届全国人民代表大会第四次会议通过的《中华人民共和国宪法》第九十一条的规定，于 1983 年 9 月 15 日正式成立，是国务院 26 个组成部门之一，在国务院领导下，主管全国的审计工作。审计署的主要职责是：

第一，主管全国审计工作。负责对国家财政收支和法律法规规定的属于审计监督范围的财务收支的真实、合法和效益进行审计监督，维护国家财政经济秩序，提高财政资金使用效益，促进廉政建设，保障国民经济和社会健康发展。对审计、专项审计调查和核查社会审计机构相关审计报告的结果承担责任，并负有督促被审计单位整改的责任。

第二，起草审计法律法规草案，拟订审计政策，制定审计规章、审计准则和指南并监督执行。制定并组织实施审计工作发展规划和专业领域审计工作规划，制定并组织实施年度审计计划。参与起草财政经济及其相关的法律法规草案。对直接审计、调查和核查的事项依法进行审计评价，做出审计决定或提出审计建议。

第三，向国务院总理提出年度中央预算执行和其他财政收支情况的审计结果报告。受国务院委托向全国人大常委会提出中央预算执行和其他财政收支情况的审计工作报告、审计发现问题的纠正和处理结果报告。向国务院报告对其他事项的审计和专项审计调查情况及结果。依法向社会公布审计结果。向国务院有关部门和省级人民政府通报审计情况和审计结果。

第四，直接审计下列事项，出具审计报告，在法定职权范围内做出审计决定或向有关主管机关提出处理处罚的建议：

中央预算执行情况和其他财政收支，中央各部门（含直属单位）预算的执行情况、决算和其他财政收支。

省级人民政府预算的执行情况、决算和其他财政收支，中央财政转移支付资金。

使用中央财政资金的事业单位和社会团体的财务收支。

中央投资和以中央投资为主的建设项目的预算执行情况和决算。

中国人民银行、国家外汇管理局的财务收支，中央国有企业和金融机构、国务院规定的中央国有资本占控股或主导地位的企业和金融机构的资产、负债和损益。

国务院部门、省级人民政府管理和其他单位受国务院及其部门委托管理的社会保障基金、社会捐赠资金及其他有关基金、资金的财务收支。

国际组织和外国政府援助、贷款项目的财务收支。

法律、行政法规规定应由审计署审计的其他事项。

第五，按规定对省部级领导干部及依法属于审计署审计监督对象的其他单位主要负责人实施经济责任审计。

第六，组织实施对国家财经法律、法规、规章、政策和宏观调控措施执行情况，财政预算管理或国有资产管理使用等与国家财政收支有关的特定事项进行专项审计调查。

第七，依法检查审计决定执行情况，督促纠正和处理审计发现的问题，依法办理被审计单位对审计决定提请行政复议、行政诉讼或国务院裁决中的有关事项。协助配合有关部门查处相关重大案件。

第八，指导和监督内部审计工作，核查社会审计机构对依法属于审计监督对象的单位出具的相关审计报告。

第九，与省级人民政府共同领导省级审计机关。依法领导和监督地方审计机关的业务，组织地方审计机关实施特定项目的专项审计或审计调查，纠正或责成纠正地方审计机关违反国家规定做出的审计决定。按照干部管理权限协管省级审计机关负责人。负责管理派驻地方的审计特派员办事处。

第十，组织审计国家驻外非经营性机构的财务收支，依法通过适当方式组织审计中央国有企业和金融机构的境外资产、负债和损益。

第十一，组织开展审计领域的国际交流与合作，指导和推广信息技术在审计领域的应用，组织建设国家审计信息系统。

第十二，承办国务院交办的其他事项。

（2）地方审计机关的主要职责。

根据《审计法》《审计法实施条例》《国务院关于加强审计工作的意见》《关于完善审计制度若干重大问题的框架意见》及相关配套文件，地方审计机关的主要职责是：

第一，对党和国家重大政策措施的贯彻落实情况进行审计。

第二，对本级各部门（含直属单位）和下级政府预算的执行情况与决算以及其他财政收支情况进行审计。

第三，对中央银行的财务收支进行审计。

第四，对国家的事业组织和使用财政资金的其他事业组织的财务收支进行审计。

第五，对国有和国有资本占控股地位或者主导地位的企业（含金融机构）的财务收支进行审计。

第六，对政府投资和以政府投资为主的工程项目，以及其他关系国家利益和公共利益的公共工程项目进行审计。

第七，对政府部门管理的和其他单位受政府委托管理的社会保障基金、社会捐赠资金以及其他有关基金、资金的财务收支进行审计。

第八，对接受国际组织和外国政府援助、贷款项目的财务收支进行审计。

第九，对地方各级党委和政府、纪检监察机关、审判机关、检察机关、中央和地方各级党政工作部门、事业组织、人民团体等单位的主要负责人，以及国有和国有资本占控股地位或者主导地位的企业（含金融机构）的主要负责人，在任职期间履行经济责任的情况进行审计。

第十，对地方各级党委和政府主要负责人，以及各级承担自然资源资产管理和生态环境保护工作的部门（单位）主要负责人，在任职期间履行自然资源资产管理和生态环境保护责任的情况进行审计。

第十一，指导和监督依法属于审计机关审计监督对象的内部审计工作。

第十二，核查社会审计机构对依法属于审计监督对象的单位出具的相关审计报告。

二、 审计机关的权限

根据《中华人民共和国审计法》（2021 年修订版）的相关规定，国家审计机关的权限在相关章节（如第四章）有详尽的阐述。《审计法》第三十五条："国家政务信息系统和数据共享平台应当按照规定向审计机关开放。审计机关通过政务信息系统和数据共享平台取得的电子数据等资料能够满足需要的，不得要求被审计单位重复提供"，即是结合了当前现代审计技术以及金审工程等具体实践需要，对审计机关权限作出的与时俱进的更新规定。目前，根据《宪法》与《审计法》的规定，审计机关的审计监督权限主要有：

（一）要求报送资料权

要求报送资料权是指审计机关有权要求被审计单位按照审计机关的规定提供审计所需的资料，包括关于预算及其执行、财务会计、相关业务的纸质资料及电子信息资料；有权提请公安、监察、财政、税务、海关、价格、工商行政管理等机关协助审计机关履行法定职责。

（二）调查检查权

调查检查权是指审计机关有权对取得的信息资料、财政财务收支、相关资产和业务活动及其电子数据资料进行检查；有权就审计事项有关问题向有关单位和个人进行调查；经批准，有权查询被审计单位在金融机构的账户及被审计单位以个人名义在金融机构的存款。

（三）行政强制措施权

行政强制措施权是指审计机关有权对转移、隐匿、篡改、毁弃审计所需资料或转移、隐匿违反国家规定所取得的资产的行为予以制止，必要时，经批准可以封存或申请法院冻结；有权对违反规定的财政收支、财务收支行为予以制止，经批准可通知有关部门暂停拨付或暂停使用；对主管部门制定的与法律、行政法规相抵触的规定，有权建议纠正或提请有权处理机关依法处理。

（四）报告公示权

报告公示权是指审计机关有权对被审计单位、被审计经济责任人依法提出审计报告，作出审计评价，对违反国家规定的财政收支行为，依法应当给予处理处罚的，在法定职权范围内作出审计决定，或者向有关主管机关提出处理处罚的意见；向本级政府（地方审计机关还要同时向上一级审计机关）提出审计调查报告、年度预算执行和其他财政收支的审计结果报告；受本级政府委托向本级人大常委会提出年度预算执行和其他财政收支的审计工作报告、审计查出问题整改情况的报告；可以向政府有关部门通报或者向社会公布审计结果。

三、 国家审计人员

根据《中华人民共和国审计法》（2021）的相关条文规定，国家审计人员的职责在第二章"审计机关和审计人员"中有着较为详细的法律规定。《审计法》第十三条规定："审计人员应当具备与其从事的审计工作相适应的专业知识和业务能力。审计机关根据工作需要，可以聘请具有与审计事项相关专业知识的人员参加审计工作"，即是结合具体的时代背景对审计人员的能力与职责要求做出的相关更新规定。

（一）国家审计人员的组成

国家审计具有特定的审计人员组成结构和形式。根据我国《宪法》和有关规定，审计署设审计长一人，副审计长若干人。审计长是审计署的行政首长，由国务院总理提名，全国人民代表大会决定人选，国家主席直接任免；副审计长则由国务院任免。

县级以上地方各级审计局局长是本级人民政府的组成人员，由本级人民代表大会常务委员会决定任免，副局长由本级人民政府任免；审计机关负责人依照法定程序任免，审计机关负责人没有违法失职或者其他不符合任职条件情况的，不得随意撤换。地方各级审计局局长、副局长的任免、调动和纪律处分，均应事前征得上级审计机关的同意。如此设置审计组织是为了保障审计机关的相对独立性和公允性。具体如表3-4所示。

表3-4　　　　　　　　国家审计人员组成表

	主要成员	任免
审计署	审计长	国家主席直接任免
	副审计长	国务院任免
审计局	局长	本级人民代表大会常务委员会决定任免
	副局长	本级人民政府任免

（二）国家审计人员的职业要求

1. 国家审计人员的专门化

国家审计人员的专门化体现在：国家审计人员属于国家行政管理的公职人员，不过相比于其他国家公务人员，审计人员在职责权限、专业素质方面与他们有着明显的区分；同时，相比于注册会计师，国家审计人员与他们在审计内容、职责权限等方面又有着一定区别。

2. 国家审计人员的独立化

国家审计人员的独立化体现在：国家审计人员在从事审计工作过程中，只服从法律和客观规律的要求，受国家相关法律保护，不受任何外部影响；国家审计人员与被审计单位之间不存在任何利益关系和其他形式的关联；同时，在具体审计过程中，审计人员之间相互独立，不受不正当的干涉和操控的影响。

3. 国家审计人员的制度化

国家审计人员的制度化体现在：国家审计人员需要遵循国家审计资格准入制度和遴选制度、审计工作制度、职业等级制度、培训教育制度、审计奖惩制度、审计职业道德准则和行为规范，使自己的职业行为符合制度的要求。

（三）国家审计人员的素质要求

1. 政治素质

政治素质是指国家审计人员应当具备的首要条件，主要体现在三个方面：第一是必须具有坚定的政治方向和政治立场，始终站在马克思主义、无产阶级和人民大众的立场上，紧紧依靠人民群众，全心全意为人民群众谋利益；第二是必须具有扎实的马克思主义理论功底，努力学习、全面把握马列主义、毛泽东思想，邓小平理论和"三个代表"重要思想，以及习近平新时代中国特色社会主义思想；第三是必须具有执行党的路线方针政策的自觉性，要求审计人员必须有较高的政策水平，既坚定地执行政策不走样，又结合审计工作实际灵活运用。

2. 业务素质

业务素质是指国家审计人员必须具备与履行职责相适应的专业知识和技能。国家审计人员应当熟悉国家有关政策、法律、法规，以及审计、会计和其他相关专业知识；掌握检查财政财务收支账目、收集证据、评价审计事项的技能；具有调查研究、综合分析、沟通协调和文字表达能力。

在我国，不同审计专业职称对应不同的业务素质能力要求，具体如下：

高级审计师应具备的专业知识和业务能力：

（1）具有系统、坚实的审计专业和经济理论基础知识，熟悉财政、税务、金融和基建、企业财务管理、会计核算等相关知识。

（2）了解国家宏观经济政策和各项经济改革措施，熟悉与审计工作相关的经济法律法规，通晓《审计法》和各项配套法规以及有关行业的财务会计制度。

（3）了解国内外审计专业的发展趋势、国际审计准则，以及最高审计机关国际组织有关审计工作的法律、方规范、办法等。

（4）能熟练运用基础理论和专业知识，解决审计领域内重要的或关键的疑难问题；能针对审计工作发展的新形势，提出与之相适应的审计工作重点、方式与方法；能解决审计工作与其他工作配合、协调中的重大问题。

（5）能够组织、指导中级审计人员学习审计业务，指导、考核其业务工作。

（6）熟练掌握一门外语，了解计算机基础知识，掌握计算机操作技能。

审计师应具备的专业知识和业务能力：

（1）掌握比较系的审计专业理论和业务知识，有一定的经济基础理论和经济管理知识以及经济法知识。

（2）熟悉并能正确执行国家有关财经方针、政策、法令及规章制度。

（3）有较丰富的审计实际工作经验和一定的分析能力，能组织和指导具体审计项目的审计工作并担任主审；能组织实施行业性审计或审计调查；能承担重大专案审计工作任务；具有一定的审计科研能力和文字表达能力。

（4）掌握一门外语，了解计算机基础知识，运用计算机完成有关审计业务工作。

助理审计师应具备的专业知识和业务能力：

（1）掌握审计专业基础理论和专业知识，掌握经济管理基础知识，基本了解经济法知识。

（2）了解并能够正确执行国家有关财经方针、政策、法令及规章制度。

（3）掌握有关的审计技术方法，能够承担某个方面的审计工作。

（4）初步掌握一门外语，了解计算机基础知识，运用计算机完成某一方面的审计业务工作。

审计员应具备的专业知识和业务能力：

（1）掌握审计专业基础理论和专业知识，了解经济管理和经济法知识。

（2）了解国家有关财经方针、政策、法令及规章制度。

（3）能协助审计师和助理审计师开展审计业务工作。

第四节　国家审计程序

根据《中华人民共和国审计法》（2021 年修订版）的相关条文规定，国家审计程序在《审计法》的第五章"审计程序"中有具体的法律条文阐释。《审计法》第四十五条规定："审计机关按照审计署规定的程序对审计组的审计报告进行审议，并对被审计单位对审计组的审计报告提出的意见一并研究后，出具审计机关的审计报告。对违反国家规定的财政收支、财务收支行为，依法应当给予处理、处罚的，审计机关在法定职权范围内作出审计决定；需要移送有关主管机关、单位处理、处罚的，审计机关应当依法移送。审计机关应当将审计机关的审计报告和审计决定送达被审计单位和有关主管机关、单位，并报上一级审计机关。审计决定自送达之日起生效"，这便是对审计程序的阐述。对国家审计程序的内容介绍，主要分四个阶段进行，并重点阐释国家审计报告的相关内容。

一、 国家审计四个阶段

国家审计主要由四个阶段构成，具体如图3－2所示。

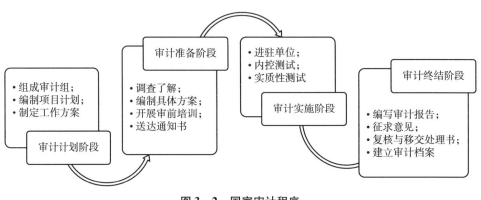

图3－2 国家审计程序

（一）国家审计项目计划阶段

1. 国家审计项目的构成

（1）上级审计机关统一组织项目。指上级审计机关为了更好地发挥审计在宏观调控中的作用，围绕政府工作重心所确定的在所辖区域内由下属各级审计机关统一开展的审计项目。每年由上级审计机关对所辖区域内的审计工作做出统一部署和安排。

（2）自行安排项目。指各级审计机关根据自己的审计力量情况，在本机关审计管辖和分工范围内自行安排开展的审计项目。

（3）授权审计项目。指由上级审计机关授权下级审计机关实施的、属于上级审计机关管辖范围内的审计项目。上级审计机关除统一组织审计项目外，还可以将所辖范围内的部分审计项目授权给下级审计机关实施，以充分发挥审计体系的整体功能。

（4）其他交办、委托或举报项目。

一类是由本级政府以外的其他领导或权力部门要求审计机关实施审计的项目，如本级人大或政协等交办的项目；另一类是由其他部门委托审计机关实施审计的项目或提请审计机关配合审计的项目，如纪律检查委员会、监察部门、组织人事部门和业务主管部门委托的项目；还有一类是接受群众举报，审计机关决定应当实施审计的项目。

2. 国家审计项目计划的内容及管理

国家审计项目计划的主要内容包括：上年度国家审计项目计划、本年度审计项目安排的依据和指导思想、审计目标、审计范围、审计重点、审计时间安排、审计项目组织和实施单位、完成计划的主要措施、其他需要说明的事项等。

国家审计项目的管理与我国审计体制相适应，审计机关的审计项目计划管理工作实行统一领导、分级负责的制度。

3. 国家审计项目计划的编制

第一，调查审计需求，初步选择审计项目。结合经济和社会发展形势，采取适当方式听取各级审计委员会成员单位、有关专家学者或社会公众的意见，收集对审计工作的需求，初选审计项目。第二，对初选审计项目的审计目标、范围、重点和其他重要事项进行可行性研究。重点调查研究下列内容：确定和实施审计项目相关的法律法规和政策；财务收支状况及结果；相关的信息系统及其电子数据情况；以前年度审计情况等。第三，对初选审计项目进行评估，确定备选审计项目及其优先顺序。评估内容主要有：项目重要程度，评估在国家经济和社会发展中的重要性；项目风险水平等。第四，综合审计机关可用审计资源，确定审计项目，编制年度审计项目计划。

4. 制定国家审计工作方案

国家审计项目计划下达后，审计机关应当及时编制审计工作方案。审计工作方案的内容主要包括：（1）审计目标；（2）审计范围；（3）审计内容和重点；（4）审计工作组织安排；（5）审计工作要求。审计实施前，有关审计组应当依据审计工作方案结合实际情况编制审计实施方案。审计署统一组织项目的审计工作方案，由有关专业审计司编制，经审计长会议审定后下达。地方审计机关组织的审计项目的审计工作方案，经厅（局）长会议研究确定。

5. 国家审计项目计划执行情况的报告、检查和考核

为了使国家审计项目计划真正落到实处，审计机关必须建立国家审计项目计划执行情况的报告制度。审计署统一组织国家审计项目计划的执行，由审计署有关专业审计司和省级审计机关分别于每年7月和次年2月向审计署提出上半年及全年计划执行情况的综合报告。报告的主要内容包括：计划执行进度、审计的主要成果、计划执行中存在的主要问题及改进措施与建议等。

（二）国家审计准备阶段

1. 审计组调查了解

首先是组成审计组，审计机关应当根据国家审计项目计划所确定的审计事项，按照审计事项的要求组织相关专业人员，在实施审计前组成相应的审计组。审计组由审计组组长和其他成员组成。审计组实行审计组组长负责制。审计组组长由审计机关确定，其可以根据需要在审计组成员中确定主审，主审应当履行其规定职责和审计组组长委托履行的其他职责。

其次是进行调查了解，在调查了解被审计单位及其相关情况的过程中，可以选择下列标准作为职业判断的依据：第一，法律、法规、规章和其他规范性文件；第二，国家有关

方针和政策；第三，会计准则和会计制度；第四，国家和行业的技术标准；第五，预算、计划和合同；第六，被审计单位的管理制度和绩效目标；第七，被审计单位的历史数据和历史业绩；第八，公认的业务惯例或者良好实务；第九，专业机构或者专家的意见；第十，其他标准。审计人员在审计实施过程中还需要持续关注标准的适用性。

2. 编制具体实施方案

国家审计项目实施方案是国家审计组实施审计项目的具体安排和内容，是保证审计工作取得预期效果的重要手段。在编制具体实施方案时，应当根据调查了解的结果，对被审计单位各项审计事项的风险进行评估，同时确定审计应对措施。

3. 开展审前培训

审前培训是指根据工作目标，组织人员对审计组进行的培训。其内容包括认真学习与审计项目有关的财经制度和政策法规，掌握与被审计企业相关的国家政策、行业规范、制度规定、会计准则，明确审前调查工作的思路和方向。

4. 送达国家审计通知书

国家审计通知书是审计机关通知被审计单位接受审计的书面文件，是国家审计组执行审计任务、进行审计取证的依据。审计通知书的主要内容包括：被审计单位名称，审计依据、范围、内容和方式，必要的追溯、延伸事项，审计起始和终结日期，审计组组长及成员姓名、职务，以及对被审计单位配合审计工作提出的要求、审计机关公章和签发日期等。

（三）国家审计实施阶段

1. 进驻被审计单位

国家审计组下发审计通知书后随即可以进入被审计单位实施审计工作。在向有关单位人员进行调查取证时，审计人员应当出示工作证件和审计通知书副本。为了保证审计工作中沟通有效以及审计工作的顺利进行，可以召开由被审计单位负责人、财会人员、相关负责人和审计人员参加的审计启动工作会议。

2. 对内部控制进行符合性测试

国家审计应该根据对被审单位内部控制的初步调查结果，对内部控制的可信度做进一步测试、评价，评估相应的重大舞弊、错报、控制风险，并重新审查原拟定审计方案的可行性。

3. 对审计项目进行实质性测试

国家审计组在完成了对被审计单位内部控制的符合性测试和评价后，即可开始对被审计单位的经济业务进行有重点、有目的的实质性测试与评价。实质性测试是项目审计工作的中心环节，它既是审计人员收集、鉴定审计证据的过程，也是审计机关出具审计意见书和做出审计决定的基础。

（1）收集审计证据。

审计人员可以采取下列方法向有关单位和个人获取审计证据：第一，检查，是指对纸质、电子或者其他介质形式存在的文件、资料进行审查，或者对有形资产进行审查；第二，观察，是指查看相关人员正在从事的活动或者执行的程序；第三，询问，是指以书面或者口头方式向有关人员了解关于审计事项的信息；第四，外部调查，是指向与审计事项有关的第三方进行调查；第五，重新计算，是指以手工方式或者使用信息技术对有关数据计算的正确性进行核对；第六，重新操作，是指对有关业务程序或者控制活动独立进行重新操作验证；第七，分析，是指研究财务数据之间、财务数据与非财务数据之间可能存在的合理关系，对相关信息做出评价，并关注异常波动和差异。

（2）检查重大违法行为。

审计人员检查重大违法行为，应当评估被审计单位和相关人员实施重大违法行为的动机、性质、后果和违法构成。审计人员调查了解被审计单位及其相关情况时，可以重点了解可能与重大违法行为有关的下列事项：第一，被审计单位所在行业发生重大违法行为的状况；第二，有关的法律法规及其执行情况；第三，监管部门已经发现和了解的与被审计单位有关的重大违法行为的事实或者线索；第四，可能形成重大违法行为的动机和原因；第五，相关的内部控制及其执行情况；第六，其他情况。

（3）做好审计记录。

审计记录包括调查了解记录、审计工作底稿和重要事项管理记录。其中，调查了解记录是编制审计实施方案的最重要依据；审计工作底稿是审计人员在从事具体审计项目中所采集和撰写的原始证据，也是编写审计报告、做出审计决定的主要依据；重要事项管理记录是记录审计过程和控制审计质量的重要载体。

（四）国家审计终结阶段

1. 汇总审计资料并编写审计报告

国家审计组在撰写审计报告之前，应把分散在审计人员手中的审计工作底稿集中，若底稿中有事实不清、证据不足的情况，应及时采取补救措施，以保证审计证据真实有效。

审计组实施审计或者专项审计调查后，应当向派出审计组的审计机关提交审计报告。审计机关审定审计组的审计报告后，应当出具审计机关的审计报告。遇有特殊情况，审计机关可以不向被调查单位出具专项审计调查报告。

2. 征求被审计单位意见

审计组提交审计报告并按照审计机关规定的程序审批后，应当以审计机关的名义征求被审计单位、被调查单位和拟处罚的有关责任人员的意见。被审计单位、被调查单位、被审计人员或者有关责任人员对征求意见的审计报告有异议的，审计组应当进一步核实，并根据核实情况对审计报告做出必要的修改。审计组应当对采纳被审计单位、被调查单位、被审计人员、有关责任人员意见的情况和原因，或者上述单位或人员未在法定时间内提出书面意见的情况做出书面说明。

3. 对审计报告进行复核、审定和审理

审计机关业务部门在收到国家审计组提交的审计报告后，应由专门的复核机构或专职的复核人员，复核审计实施方案确定的审计事项是否完成。审计报告经复核后，由审计机关进行审定。一般审计事项的审计报告，可以由审计机关主管领导审定；重大事项的审计报告，应由审计机关审计业务会议审定。

4. 做出审计处理，起草审计移送处理书

审计组需要对发现的审计问题做出审计处理，起草审计移送处理书。对审计发现的问题提出处理处罚意见时，审计组应当关注下列因素：第一，法律法规的规定。第二，审计职权范围：属于审计职权范围的，直接提出处理处罚意见；不属于审计职权范围的，提出移送处理意见。第三，问题的性质、金额、情节、原因和后果。第四，对同类问题处理处罚的一致性。第五，需要关注的其他因素。审计发现被审计单位信息系统存在重大漏洞或者不符合国家规定的，应当责成被审计单位在规定期限内整改。

对被审计单位或者被调查单位违反国家规定的财务收支行为，依法应当由审计机关进行处理处罚的，审计组应当起草审计决定书。对依法应当由其他有关部门纠正、处理处罚的事项，审计组应当起草审计移送处理书。

5. 整理审计文件，建立审计档案

审计档案是国家档案的一个组成部分。审计档案实行国家审计组负责制，国家审计组组长对审计档案反映的业务质量进行审查验收。国家审计组在将审计报告报送后，就应着手项目审计立卷归档工作。

6. 行政复议和审计整改检查

（1）行政复议。

审计决定书经审定，处罚的事实、理由、依据、决定与审计组征求意见的审计报告不一致并且加重处罚的，审计机关应当依照有关法律法规的规定及时告知被审计单位、被调查单位和有关责任人员，并听取其陈述和申辩。对于拟做出罚款的处罚决定，符合法律法规规定的听证条件的，审计机关应当依照有关法律法规的规定履行听证程序。

（2）审计整改检查。

审计机关应当建立审计整改检查机制，督促被审计单位和其他有关单位根据审计结果进行整改。审计机关主要检查或者了解下列事项：第一，执行审计机关做出的处理处罚决定情况；第二，对审计机关要求自行纠正事项采取措施的情况；第三，根据审计机关的审计建议采取措施的情况；第四，对审计机关移送处理事项采取措施的情况。

审计组在审计实施过程中，应当及时督促被审计单位整改审计发现的问题。在出具审计报告、做出审计决定后，应当在规定的时间内检查或者了解被审计单位和其他有关单位的整改情况。审计机关指定的部门负责检查或者了解被审计单位和其他有关单位整改情况，并向审计机关提出检查报告。审计机关汇总审计整改情况，向本级政府报送关于审计工作报告中指出问题的整改情况的报告。

二、 国家审计报告

（一）国家审计报告概述

1. 国家审计报告的含义

审计报告是审计组对国家审计事项实施审计后，就被审计单位的财政收支、财务收支的真实、合法、效益等内容实施审计的情况和结果向委托人和有关部门出示并接受复核后，审计机关出具的审计书面报告。国家审计报告是审计组工作的一种结论性文件。

2. 国家审计报告的基本要素及其内容

审计机关出具的审计报告应当包括下列基本要素：（1）标题；（2）文号（审计组的审计报告不含此项）；（3）被审计单位名称；（4）审计项目名称；（5）内容；（6）审计机关名称（审计组名称及审计组组长签名）；（7）签发日期（审计组向审计机关提交报告的日期）。经济责任审计报告还应当包括被审计人员姓名及所担任职务。

国家审计报告的内容作为国家审计报告的主体部分，应当包括：

（1）审计依据，即实施审计所依据的法律法规规定，用以说明审计行为的合法性；（2）实施审计的基本情况，一般包括审计范围、内容、方式和实施的起止时间等；（3）被审计单位基本情况；（4）审计评价意见，即根据审计实施方案确定的不同审计目标，以适当、充分的审计证据为基础对所审计事项发表的审计评价意见；（5）以往审计决定执行情况和审计建议采纳情况；（6）审计发现的被审计单位违反国家规定的财政财务收支行为和其他重要问题的事实、定性、处理处罚意见以及依据的法律法规和标准；（7）审计发现的移送处理事项的事实和处理意见，但是涉嫌犯罪等不宜让被审计单位知悉的事项除外；（8）针对审计发现的问题，提出具有针对性和可操作性的审计建议。

3. 国家审计报告的撰写规范

根据《审计机关审计报告编审准则》的规定，国家审计报告在撰写上有着以下的总体格式规范要求：（1）报告应当包括标题、主送单位、报告内容、审计组组长签名、审计组向审计机关提出报告的日期五个部分；（2）审计报告的标题应当包括被审计单位名称、审计事项的主要内容和时间；（3）审计报告的主送单位是派出审计组的审计机关；（4）审计报告的主要内容包括审计的范围、内容、方式和时间，被审计单位的基本情况和承诺情况，实施审计的有关情况及审计评价意见，审计定性、处理、处罚建议，对被审计单位改进管理的意见和建议等。

4. 国家审计报告的作用

国家审计报告是国家审计项目成果的体现，是做出审计评价和提出审计意见的重要书面材料，在国家审计工作中的重要性不言而喻。概括来说，审计报告的作用包括：

（1）得出审计结论。国家审计组对被审计单位进行审计后，形成国家审计的审计结果、审计意见或审计结论。国家审计报告是表达审计工作结果的重要手段。

（2）说明审计性质与范围。一方面审计报告的使用者可能不熟悉审计工作的局限性，另一方面审计工作组与被审计单位之间也有沟通的需求，所以审计报告中需要添加解释性的内容，说明国家审计的性质，标注国家审计的工作范围。

（3）提出审计建议并作为后续审计依据。国家审计报告提出了国家审计的结果和建议，审计机关据此审核审计结果和建议，并进行跟踪调查。

（4）公开审计报告以接受公众监督。国家审计报告按照相关法律法规的要求向社会公开，使审计机关的审计工作置于公众监督之下。

5. 国家审计报告的审定

（1）审计组撰写审计报告。

撰写审计报告遵循民主集中制的原则，经审计会议审定后再由审计组组长定稿。对一般审计项目，由审计机关分管领导召集审计组所在部门负责人、法定机构负责人、审计组组长和其他有关人员，召开小型审计业务会议讨论审定；对重要审计项目，由审计机关分管领导提议，经审计机关主要负责人或其指定的其他负责人同意后，召开审计业务会议讨论审定。

（2）审计报告征求被审计单位意见。

审计报告在定稿之后应征求被审计单位的意见。审计组实施审计或者专项审计调查后，应当提出审计报告，按照审计机关规定的程序审批后，以审计机关的名义征求被审计单位、被调查单位和拟处罚的有关责任人员的意见。经济责任审计报告还应当征求被审计人员的意见；必要时，征求有关监督管理部门的意见。

（3）审计机关业务部门对审计部门审定过的审计报告进行复核。

审计机关复核机构应当对下列事项进行复核，并提出书面复核意见，内容包括：审计目标是否实现；审计实施方案确定的审计事项是否完成；审计发现的重要问题是否在审计报告中反映；事实是否清楚，数据是否正确；审计证据是否适当、充分；审计评价、定性、处理处罚和移送处理意见是否恰当，适用法律法规和标准是否适当；被审计单位、被调查单位、被审计人员或者有关责任人员提出的合理意见是否采纳；需要复核的其他事项。

（4）审理机构对复核修改过的审计报告进行审理。

审计机关业务部门应当将复核修改后的审计报告、审计决定书等审计项目材料连同书面复核意见，报送审理机构审理。审理机构以审计实施方案为基础，重点关注审计实施的过程及结果。

6. 审计结果公告

（1）审计结果公告的审批程序。

《审计署审计结果公告办理规定》要求凡是对外公告的审计结果，必须填写《审计结果公告审批单》，履行规定的审批手续，经过审计长会议研究通过后，方能办理对外公告。未经批准擅自发布审计结果公告的，应当依法追究有关单位和个人的责任。审计结果公告应当符合下列审批程序：

中央预算执行和其他财政收支的审计结果需要公告的，应当在每年向总理提交的审计结果报告中说明，国务院在一定期限内无不同意见，才能公告；

向国务院呈报的重要审计事项的审计结果需要公告的，应当在呈送的报告中向国务院说明，国务院在一定期限内无不同意见，才能公告；

涉及重要任期经济责任的审计结果需要公告的，应在报送组织人事部门并征得被审计的领导干部本人同意后，才能公告；

其他审计事项的审计结果需要公告的，由审计署审批决定。

（2）审计结果公告的内容。

审计机关公布的审计报告和审计调查结果主要包括下列信息：

被审计（调查）单位基本情况；

审计（调查）评价意见；

审计（调查）发现的主要问题；

处理处罚决定及审计（调查）建议；

被审计（调查）单位的整改情况。

（二）审计结果报告和审计工作报告

1. 审计结果报告

（1）审计结果报告概述。

审计机关依照法律法规的规定，每年汇总对本级预算执行情况、决算草案和其他财政收支情况、规划的实施情况，以及有关经济活动进行审计监督，形成审计结果报告，报送本级政府和上一级审计机关。审计署在国务院总理领导下，对中央预算执行情况、决算草案和其他财政收支情况、规划的实施情况，以及有关经济活动进行审计监督，向国务院总理提出审计结果报告。地方各级审计机关分别在省长、自治区主席、市长、州长、县长、区长和上一级审计机关的领导下，对本级预算执行情况、决算草案和其他财政收支情况、规划的实施情况向本级人民政府和上一级审计机关提出审计结果报告。

（2）审计结果报告的作用。

审计结果报告为各级政府审定财政部门编制的财政决算草案提供重要资料和情况，有利于各级政府加强对本级财政收支的管理。审计机关每年向本级政府提出对预算执行情况的审计结果报告，能够让各级政府比较全面、客观地了解预算执行情况及存在的主要问题，为各级政府做出科学决策、解决预算管理中存在的问题提供客观的依据。

（3）审计结果报告的主要内容。

审计结果报告的主要内容包括：

本级预算执行审计的基本情况及审计机关对其的总体评价；

审计查出的问题及审计机关依法做出审计处理的情况；

加强和改进预算管理工作的建议；

本级政府要求报告的其他事项。

2. 审计工作报告

（1）审计工作报告概述。

审计机关依照法律法规的规定，代本级政府起草本级预算执行情况和其他财政收支情况的审计工作报告（稿），经本级政府行政首长审定后，受本级政府委托向本级人民代表大会常务委员会报告。必要时，人民代表大会常务委员会可以对审计工作报告做出决议。国务院和县级以上地方人民政府应当将审计工作报告中指出的问题的纠正情况和处理结果向本级人民代表大会常务委员会报告。

（2）审计工作报告的作用。

审计工作报告为各级人民代表大会常务委员会审查和批准财政决算提供客观依据，有利于人民代表大会常务委员会加强对预算执行和其他财政收支情况的监督。

（3）审计工作报告的主要内容。

审计工作报告的主要内容包括：

开展本年度预算执行审计工作的基本情况；

对本级预算执行情况的总体评价；

本级预算执行中存在的主要问题及纠正和处理情况；

审计后政府各部门（单位）的整改情况；

加强预算管理的意见；

人民代表大会常务委员会要求报告的其他事项。

审计结果报告与审计工作报告在内容上的区分如表 3-5 所示。

表 3-5　　　　　　　　　审计结果报告与审计工作报告内容对比

	审计结果报告	审计工作报告
主要内容	本级预算执行审计的基本情况及审计机关对其的总体评价	开展本年度预算执行审计工作的基本情况
	审计查出的问题及审计机关依法做出审计处理的情况	对本级预算执行情况的总体评价
	加强和改进预算管理工作的建议	本级预算执行中存在的主要问题及纠正和处理情况
	本级政府要求报告的其他事项	审计后政府各部门（单位）的整改情况
		加强预算管理的意见
		人民代表大会常务委员会要求报告的其他事项

第五节　国家审计质量控制

《中华人民共和国审计法》（2021 年修订版）对于国家审计质量控制虽然没有独立的

章节列示，但是其中许多条文的规定也正是为了对国家审计质量进行控制而设立的，《审计法》第五十二条规定："被审计单位应当按照规定时间整改审计查出的问题，将整改情况报告审计机关，同时向本级人民政府或者有关主管机关、单位报告，并按照规定向社会公布。各级人民政府和有关主管机关、单位应当督促被审计单位整改审计查出的问题。审计机关应当对被审计单位整改情况进行跟踪检查。审计结果以及整改情况应当作为考核、任免、奖惩领导干部和制定政策、完善制度的重要参考；拒不整改或者整改时弄虚作假的，依法追究法律责任。"以此项为例，《审计法》中对国家审计法律责任的界定等相关规定便在一定程度上对国家审计质量进行了把控。

一、　国家审计质量控制概述

（一）审计人员的素质控制

审计人员素质是保证审计质量的前提。审计人员的素质主要包括独立性、专业胜任能力、道德品质等方面。具体而言，国家审计人员素质控制标准应当包括：

1. 审计机关要保证所有参加审计的人员具有独立性

审计机关应当制定和实施审计纪律，并要求全体审计人员严格遵守，对违反审计纪律的要给予严肃处分；应要求审计人员定期向审计机关汇报自己在工作中是否严格遵循了独立性原则，以及在被审计单位有无应予回避的人际关系和经济关系；应当与被审计单位保持联系，检查参与审计的人员有无损害独立性的情况。

2. 审计机关要保证所有审计人员都有胜任的专业能力

审计机关应建立严格的聘用制度，保证聘用的审计人员都能胜任自己的工作；应建立严格的专业培训和继续教育制度，不断提高审计人员的政策素质、业务素质和职业道德水平；应建立严格的职务晋升制度，保证被提升的审计人员都德才兼备，能胜任新职务。

3. 审计机关要督导所有审计人员严格遵循职业道德准则

各级审计机关应当按照《国家审计准则》中对职业道德的相关规定及其他有关规定，制定更详细的审计人员职业纪律、职业品德要求、职业胜任能力要求和职业责任追究规定；应当经常检查审计人员职业道德遵循情况，开展评比活动；审计机关对违反审计职业道德人员，要严肃处理。

（二）审计项目过程质量控制

1. 审计方案的质量控制

审计机关和审计人员执行审计业务，应当依据年度审计项目计划，编制审计实施方案，获取审计证据，得出审计结论。

审计机关应当在实施项目审计前组成审计组，调查了解被审计单位及其相关情况，评估被审计单位存在重要问题的可能性，确定审计应对措施，编制审计实施方案，具体如图 3 - 3 所示。对于审计机关已经下达审计工作方案的,审计组应当按照审计工作方案的要求编制审计实施方案。

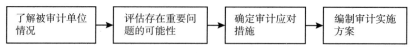

图 3 - 3　审计方案质量控制程序图

审计实施方案的内容主要包括审计目标,审计范围,审计内容、重点及审计措施(包括审计事项和审计应对措施),审计工作要求(包括项目审计进度安排、审计组内部重要管理事项及职责分工等)。采取跟踪审计方式实施审计的,审计实施方案应当对整个跟踪审计工作做出统筹安排。专项审计调查项目的审计实施方案应当列明专项审计调查的要求。编制和调整审计实施方案可以采取文字、表格或者两者相结合的形式。

审计人员实施审计时,应当根据重要性判断的结果,重点关注被审计单位可能存在的重要问题。审计组在分配审计资源时,应为重要审计事项分派有经验的审计人员和安排充足的审计时间,并评估特定审计事项是否需要利用外部专家。审计人员应持续关注已做出的重要性判断和对存在重要问题可能性的评估是否恰当,及时做出修正,并调整审计应对措施。

2. 审计证据的质量控制

审计证据是指审计人员获取的能够为审计结论提供合理基础的全部事实,包括审计人员调查了解被审计单位及其相关情况和对确定的审计事项进行审查所获取的证据。审计人员应当依照法定权限和程序获取审计证据。审计人员获取的审计证据应当具有适当性和充分性。适当性是对审计证据质量的衡量,即审计证据在支持审计结论方面具有的相关性和可靠性。相关性是指审计证据与审计事项及其具体审计目标之间具有实质性联系。可靠性是指审计证据真实、可信。充分性是对审计证据数量的衡量。审计人员在评估存在重要问题的可能性和审计证据质量的基础上,决定应当获取审计证据的数量。

3. 审计记录、审计报告和审计档案的质量控制

第一,审计记录的质量控制。

审计记录包括调查了解记录、审计工作底稿和重要管理事项记录。审计人员应当真实、完整地记录实施审计的过程、得出的结论和与审计项目有关的重要管理事项,以实现下列目标:第一,支持审计人员编制审计实施方案和审计报告;第二,证明审计人员遵循相关法律法规和审计准则;第三,便于对审计人员的工作实施指导、监督和检查。审计人员做出的记录应当使未参与该项业务的有经验的其他审计人员能够理解其执行的审计措施、获取的审计证据、做出的职业判断和得出的审计结论。

第二,审计报告的质量控制。

审计报告包括审计机关进行审计后出具的审计报告以及专项审计调查后出具的专项审计调查报告。审计组实施审计或者专项审计调查后,应当向派出审计组的审计机关提交审

计报告。审计机关审定审计组的审计报告后，应当出具审计机关的审计报告。遇有特殊情况，审计机关可以不向被调查单位出具专项审计调查报告。审计报告应当内容完整、事实清楚、结论正确、用词恰当、格式规范。

第三，审计档案的质量控制。

审计组应当按照审计档案管理要求收集与审计项目有关的材料，建立审计档案。审计档案实行审计组负责制，审计组组长对审计档案反映的业务质量进行审查验收。审计组应当确定立卷责任人及时收集审计项目的文件材料，审计项目结束后，立卷责任人应及时办理立卷工作，将与审计项目有关的文件材料归入审计项目案卷。立卷责任人将文件材料归类整理、排列后，交由审计组组长审查验收，并签署审查意见。

（三）审计项目质量检查控制

1. 审计项目质量检查的组织与管理

审计项目质量检查，是指审计机关依据有关法律、法规和规章的规定，对本级派出机关、下级审计机关完成审计项目质量情况进行审查和评价。审计署领导全国的审计项目质量检查工作。地方各级审计机关负责本行政区域内的审计项目质量检查工作。审计机关负责法治工作的机构具体办理审计项目质量检查事项。

审计署负责组织对省、自治区、直辖市审计厅（局），各特派员办事处、各派出审计局审计项目质量的检查。必要时，可以对其他各级审计机关审计项目质量进行抽查。地方审计机关负责组织对本级派出机构、本地区下一级审计机关审计项目质量的检查。

审计机关审计项目质量检查工作实行计划管理。审计署制定对省、自治区、直辖市审计厅（局），各特派员办事处、各派出审计局审计项目质量检查的计划。地方审计机关制定对本级派出机构、本地区下一级审计机关审计项目质量检查的计划。审计机关组成审计项目质量检查组，并在实施检查前，向被检察审计机关送达审计项目质量检查通知书。

2. 审计项目质量检查的内容与方法

审计机关对本级派出机构、下一级审计机关审计项目质量检查的内容包括：审计工作中执行有关法律、法规的情况；建立和执行审计质量控制制度的情况；执行各项审计准则的情况；审计项目成果反映的客观性、真实性以及成果所发挥作用的情况；上级审计机关统一组织的审计项目的事实和反映情况；其他有关审计项目质量的情况。审计项目质量检查主要通过检查审计档案的方式进行，必要时可以到被审计单位核查。

3. 审计项目质量检查结果的处理

审计项目质量检查结束后，应向被检查审计机关下达审计项目质量检查结论。上级审计机关认为被检查审计机关审计项目质量较好的，可以予以表扬；有问题的，应当责成被检查审计机关予以纠正或者采取相应的改进措施；质量问题严重的，给予通报批评。被检查审计机关对于审计项目质量检查中发现的问题，应当认真整改。每年11月底之前，省、自治区、直辖市审计厅（局）应当将对本地区审计机关审计项目质量检查情况的综合报告报审计署。

二、 国家审计业务质量分级负责标准

(一) 审计方案编制与审批的分级负责

审计人员实施审计时，应当持续关注已做出的重要性判断和对存在重要问题可能性的评估是否恰当，及时做出修正，并调整审计应对措施。一般审计项目的审计实施方案应当经审计组组长审定，并及时报审计机关业务部门备案。重要审计项目的审计实施方案应当报经审计机关负责人审定。审计组调整审计实施方案中的审计目标、审计组组长、审计重点、现场审计结束时间等事项时，应当报经审计机关主要负责人批准。由于审计实施方案编制、调整不当，造成重大违规问题应当查处而未能查出，有关人员应当承担相应的责任。其中，审计机关分管领导应对审计实施方案所确定的审计目标的恰当性负责；审计组所在部门负责人应对审计范围和审计重点的适当性负责；审计组组长应对审计内容的适当性、步骤和方法的可操作性负责；审计组成员应对审前调查过程中形成的有关记录的真实性和完整性负责。由于审计实施方案编制、调整不当，造成重大违规问题应当查出而未能查出的，有关人员应当承担相应责任。具体如表 3－6 所示。

表 3－6   **审计方案负责对应表**

负责内容	负责人员
审计目标的恰当性	审计机关分管领导
审计范围和审计重点的适当性	审计组所在部门负责人
审计内容的适当性、步骤和方法的可操作性	审计组组长
审前调查过程中形成的有关记录的真实性和完整性	审计组成员

(二) 审计证据的分级负责

审计组组长应当督导审计人员收集审计证据工作，审核审计证据。发现审计证据不符合要求的，应当让审计人员进一步取证。审计人员应当对其收集的审计证据严重失实，或者隐匿、篡改、毁弃审计证据的行为承担责任。审计组组长应当对重要审计事项未收集审计证据或者审计证据不足以支持审计结论，造成严重后果的行为承担责任。

(三) 审计记录的分级负责

审计组组长或者其委托的有资格的审计人员在必要时可以对审计记录进行检查。对审计记录中存在的问题，审计组组长应当让审计人员及时纠正。审计人员应当对审计记录的真实性、完整性负责；对未执行审计实施方案导致重大问题未发现的，审计过程中发现问题隐瞒不报或者不如实反映的，以及审计查出的问题严重失实的承担责任。审计组组长对复核意见负责，对未能发现审计记录中严重失实的行为承担责任。

（四）审计报告的分级负责

审计组应当将审计报告报送审计机关业务部门复核。审计机关业务部门在收到国家审计组提交的审计报告后，应由专门的复核机构或专职的复核人员进行复核，并提出书面复核意见。审计机关业务部门应当将复核修改后的审计报告、审计决定书等审计项目材料连同书面复核意见，报送审理机构审理。审理机构以审计实施方案为基础，重点关注审计实施的过程及结果，主要审理下列内容：第一，审计实施方案确定的审计事项是否完成；第二，审计发现的重要问题是否在审计报告中反映；第三，主要事实是否清楚，相关证据是否适当、充分；第四，适用法律法规和标准是否适当；第五，评价、定性、处理处罚意见是否恰当；第六，审计程序是否符合规定。

（五）审计档案的分级负责

审计组成员对文件材料内容的真实性、完整性负责。立卷责任人对卷内文件材料的完整性、归档的规范性负责。审计组组长对审核验收意见负责。审计组所在部门负责人对归档的及时性负责。

第四章

内部审计法律法规

第一节 《审计法》（2021）对内部审计的相关规定

《审计法》（2021）较修改前强调了内部审计工作的重要性，要求被审计单位重视和加强对内部审计工作的领导，具体表述如表 4 - 1 所示。

表 4 - 1 　　　　　　　　《审计法》（2021）对于内部审计的相关规定

法律条目	修改前	修改后
《审计法》（2021）第三十二条	原第二十九条：依法属于审计机关审计监督对象的单位，应当按照国家有关规定建立健全内部审计制度；其内部审计工作应当接受审计机关的业务指导和监督	被审计单位应当加强对内部审计工作的领导，按照国家有关规定建立健全内部审计制度。审计机关应当对被审计单位的内部审计工作进行业务指导和监督

第二节 内部审计的定义与发展

要学习与研究内部审计，就必须明确何为"内部审计"。提及内部审计，谈到最多的是其"内部"这一属性。"内部"二字表明了它最鲜明的特征，内部审计是一种基于组织内部的、自查自纠的一项工作。根据我国《内部审计准则》（2013），内部审计被定义为

"是一种独立、客观的确认和咨询活动，它通过运用系统、规范的方法，审查和评价组织的业务活动、内部控制和风险管理的适当性和有效性，以促进组织完善治理、增加价值和实现目标"。

纵观内部审计的发展历史，从最早的基于受托责任制而产生的"听账人""宰夫"，到如今企业中内部控制和风险管理的重要组成部分，内部审计的发展经历了漫长的演变，其职责与功能也在不断地完善。审计是一门实践的学科，实践的发展推动着相关的法律法规持续地更新，而法律法规的更新也在指导着审计实践进一步前进。"以史为鉴，可以知兴衰"，学习内部审计的历史发展，可以帮助我们更好地研究其法律与法规。

一、西方内部审计的发展

西方内部审计的发展大概可以分为三个时期：萌芽期、成长期和成熟期。[1] 每一个时期都带有明显的时代特征。同时，西方内部审计理论体系也是现代内部审计的基础，是学习与研究内部审计的重要部分。

（一）内部审计萌芽期

早在奴隶社会当中，内部审计这一工作就已经有所体现。奴隶主作为生产资料的所有者，只身一人无法管理其拥有的所有财产，这些奴隶主们通常会雇用代理人来保管和管理自己的私有财产，而为了防止代理人侵吞自己的财产，奴隶主们还会派出亲信来监督核查代理人的工作。如果将这套体系看作企业的话，奴隶主的亲信实际上担任的就是内部审计的职责，这便是内部审计的雏形。但除了监督代理人之外，亲信还负责多项事务，监督与核查不过是其众多事务中的一项，"内部审计"工作此时并不独立，也并非由独立的人员负责，其活动也仅限于监督和查验。

随着社会经济不断地发展，分工出现且逐渐细化，并且伴随着复式记账的运用，使得会计活动更加系统化、复杂化，内部审计开始交由独立的人员完成，但此时的审计工作仍非一项独立的活动，而是作为会计工作中的一部分。此时内部审计的主要表现形式有寺院审计、行会审计和庄园审计，其中的庄园审计被认为是现代内部审计的基础。相较于奴隶主体系来说，封建制庄园的结构与现代企业更加相似。庄园主作为庄园的所有者（股东），不直接参与庄园的管理，而是把庄园的各项事务委托给相应的管理者（董事），并设置人员对庄园的各项财务经济事项进行检查，提出相关意见报告给庄园主，这套体系在后来逐渐演变成了现代企业内部审计的整体结构。

从上述内容可以看出，在内部审计的萌芽期，内部审计的主要内容是监督与检查，主要关注的是被审内容的真实性与正确性，主要依据的仍是受托责任的思想，此时的"内部审计"既不独立，也没有明确的规范，更不具备清晰的定义，仅仅作为一种实质活动而存在。

---

[1]　张庆龙：《内部审计学》（第2版），中国人民大学出版社2020年版。

（二）内部审计成长期

自英国工业革命之后，西方社会经济飞速发展，经济内容与形式更加复杂多样。股份制公司的出现，使所有权和经营权更加独立，基于维护自身利益的原则，审计工作的客观需要也在进一步提升。英国国会于1844年颁布了《合资公司法》，明确要求公司的董事会必须每年提供"详细、真实的资产负债表"给公司的股东，并要求除董事会外的第三方（监事），就资产负债表等的合理性和准确性进行报告。不难看出，这种制度就是庄园审计的延续和发展，内部审计制度从此以法律的形式确立了下来。

与此同时，外部审计（注册会计师审计）也得到了快速的发展。英国于1845年颁布《公司法》，以法律的形式确立了特许会计师承担审计业务的地位。特许会计师（注册会计师）开始承担审计业务，查验、评价和报告企业的经营状况和管理者责任的履行情况，并帮助企业提高管理能力。但随着资本主义进一步的发展，20世纪初，垄断企业和跨地区公司的出现，使得企业的经营与管理变得更加复杂困难，从事外部审计的会计师在有限的时间内很难深入、全面地了解企业的状况，会计师们需要企业内部人员的辅助来开展工作，同时企业也急需提升自身的管理能力，基于这些客观需求，内部审计开始被企业所重视，得以快速发展。

随着《内部审计——程序的性质、职能和方法》的出版，内部审计开始有了自己的理论体系，内部审计学也作为一门独立的学科开始被人们学习和研究。1941年。国际内部审计协会（IIA）成立，进一步推动了内部审计理论和实务的发展。1947年，IIA第一次对内部审计做出定义，内部审计被定义为："是建立在审查财务、会计和其他经营活动基础上的独立评价活动。它为管理者提供保护性和建设性的服务，处理财务和会计问题，有时也涉及经营管理中的问题。"

可以看出，此时的内部审计，重点仍停留在财务和会计问题上，内部审计的程序和规范在一定程度上参考了外部审计的内容，具体工作的性质也是在庄园审计的基础上进行了一些延伸和发展，内部审计的职能依旧有很大的局限性。这一阶段的内部审计被称作"财务导向的内部审计"。

自内部审计学被确立之后，有关内部审计的理论研究不停地推进，内部审计实务也在不断地发展。伴随着资本主义经济的进一步发展，内部审计从财务导向逐渐转变为业务导向。IIA在1957年修改了内部审计定义，将其定义为："是建立在审查财务、会计和经营活动基础上的独立评价活动。它为管理提供服务，是一种衡量、评价其他控制有效性的管理控制。"此次修改把内部审计定义为一种"管理控制"，同时衡量和评价其他的控制，这就提升了内部审计的地位，表明了内部审计是一种较高级别的监督、控制活动。这次修改标志着内部审计从财务导向开始转变为业务导向。

之后几年中，IIA的几次调查研究显示，内部审计人员已经大量从事业务审计，并且内部审计的实务工作也已经大量涉足采购、生产、组织控制等具体的业务领域。1971年，IIA第三次对内部审计做出定义，新的定义为："内部审计是建立在审查经营活动基础上的独立评价活动，并为管理提供服务，是一种衡量、评价其他控制有效性的管理控制。"这次修改取消了"财务"和"会计"的表述，并非指内部审计不再涉及财务与会计的内容，而是将其囊括在"经营活动"之中，这意味着内部审计的重点已经从财务转为业务，其内容也开始从财务审计转变为经营审计。

在这一时期，有关内部审计的思想和人们对内部审计的认识进一步加深，促使着内部审计的理论和实践在不停前进，内部审计从非独立的"财务审查"逐渐转变为独立的"管理控制"，工作重心从财务、会计转为具体的经营业务上，并开始与企业的内部控制相结合。这一阶段的内部审计被称作"业务导向的内部审计"。

到了 20 世纪中后期，由于资本主义的原生矛盾，以及经济周期的原因，世界性经济危机爆发，外部环境对企业的生存与发展产生极大的影响，企业较以前更加关注外部环境的变化，并考虑内部审计工作如何适应与应对变化的外部环境。在具体的业务审计基础上，内部审计重心渐渐移向对整个公司企业的管理。1978 年，IIA 第四次对内部审计做出定义："内部审计是建立在检查、评价组织基础上的独立评价活动，并为组织提供服务。"这一定义把内部审计的范围从为具体的部门业务扩大到整个组织，要求内部审计站在总体的立场和角度上进行工作。这一阶段的内部审计被称作"管理导向的内部审计"。

从 18 世纪前中期工业革命爆发，到 20 世纪中后期世界性经济危机的爆发，内部审计的发展经历了从财务导向到业务导向再到管理导向的发展过程。在这一过程中，内部审计的思想、理论、实务实践和法律法规都在不停地、快速地发展，也可以看到，每次重大的转变都伴随着经济社会的发展或变革。通过这一段时期，内部审计从非独立走向独立，由简单的构架逐渐"发育"成相对完善的体系，从萌芽渐渐走向成熟。

（三）内部审计成熟期

自 1978 年 IIA 第四次定义之后，内部审计的范围虽然有所扩大，但面对日趋复杂化、多元化的经济环境，尤其是在 20 世纪末期以来，电子信息技术的飞速发展以及经济的不断全球化，内部审计已有的能力不足以面对现实的要求，实际的需求推动着内部审计继续前进。

1990 年，IIA 第五次定义内部审计："内部审计工作是在一个组织内部建立的一种独立评价职能，目的是作为对该组织的一种服务工作，对其活动进行审查和评价。"这次定义强调了"组织内部"，将其与外部审计明确区分开来。并且在 1993 年第六次定义了内部审计："内部审计的目的是协助该组织的管理成员有效地履行他们的职责"，强调了内部审计服务的目的和对象，扩大了内部审计的范围。

基于为组织服务的立场，内部审计的职能就不得不涉及一些提供咨询的内容，比如向组织提出建议，就如何改进企业管理和控制发表看法和意见等，这就使得内部审计开始有了双重的属性，不但要收集证据，评价与确认企业经济活动、管理和控制的适当性等，就此发表审计意见，还要对审计出来的问题提出建议，帮助企业提升治理能力。于是，IIA于 1999 年 6 月第七次定义了内部审计："内部审计是一种独立、客观的确认和咨询活动。其目的在于为组织增加价值和提高组织的运作效率。它通过系统化和规范化的方法，评价和改进风险管理、控制和治理过程的效果，帮助组织实现其目标。"内部审计首次以定义的方式被赋予了"确认和咨询"的双重属性。

此次定义引起了广泛的讨论，传统的内部审计一直以来被看作收集相关证据，然后对其进行评价，从而达成监督目的的一种活动，在这一层次上内部审计与外部审计的区别主要在于服务的对象和审计人员的来源。正如对外部审计的忧虑一样，内部审计涉及咨询服务被认为可能影响其确认工作的独立性。实际上，这些讨论和忧虑反而进一步明确了内部审计的目标和工作性质。无论是确认服务还是咨询服务，内部审计的目标都在于"为组织增加价值和提高组织的运作效率"，"帮助组织实现其目标"。复杂多元的社会经济已经不能允许内部审计担任一个单一的角色，确认与咨询的双重属性是内部审计发展的必然结果。并且确认与咨询两者间并不相互独立或排斥，咨询服务需要以确认服务的内容作为基础，确认服务则不可避免地要涉及提出建议等咨询服务的内容，两者相辅相成又相互关联。但要明确的是，内部审计的"工作核心"仍是提供相对独立的确认（鉴证）服务，咨询服务是为了更好地完成内部审计目标，是在原有基础上的延伸。确认和咨询两者相互支持和补充，共同实现提升组织价值的目标。

进入 21 世纪后，数字化经济如同火箭般飞速发展，经济全球化进程进一步加深。现代内部审计体系已经成熟，并随着时代的发展而不断地创新。2004 年，IIA 第八次对内部审计做出定义："内部审计是一种独立、客观的确认和咨询活动，旨在增加价值和改善组织的运营。它通过系统的、规范的方法，评价并改善风险管理、控制和治理过程的效果，帮助组织实现其目标。"这次定义与前次相比看起来变化不大，但 IIA 在对此次定义的解释公告中指出，内部审计服务的对象不仅仅是组织本体，组织的所有利益相关者（政府、股东、债权人等）都包括在内部审计服务对象的范围中，内部审计为其创造价值或利益而服务。除此之外，内部审计也不再强调必须设立在组织内部，其"内部"的属性从设立的起点转变为了工作的内容和对象。在外部环境不断变化的今天，企业更倾向于将一些非业务核心的职能外包给企业外部的专业公司，以此来降低成本，将资源集中在核心业务上，提高自身的竞争力，内部审计的工作也被一些企业外包给专门的会计师事务所或是其他的专门公司来完成，内部审计好像不再那么"内部"。但正如之前对内部审计咨询功能的讨论一样，作为一种客观活动，只要明确其工作的目的和服务的对象，内部审计的功能与形式如何并不影响其根本的性质。

回顾西方内部审计的发展，内部审计从最早的监督与核查到如今的控制、管理和评价；从财务导向到管理、治理导向；从最开始为资产拥有者服务到现在为所有利益相关者服务；甚至从内部构建到外部承包，其历史不仅仅为我们展示了内部审计的过去，更帮助我们立足现在去研究内部审计发展的未来。

二、 中国内部审计的定义与发展

由于清政府的闭关锁国，以及之后抗日战争、解放战争等历史原因，我国现代内部审计是在新中国成立之后才不断建设起来的，但这并不意味着在新中国成立之前我们的内部审计是一片空白。

（一）封建时期的内部审计

我国内部审计亦是在奴隶社会时期就有表现。早在西周就有负责内部审计的组织与人员，周朝设有"司会"负责审查上报的财物等资料，同时还对全国的财计进行稽核，这就是我国内部审计最初的形式。《周礼》中记载有"宰夫"一职，审核"财用之出入"，并"考其出入，而定刑赏"，实际上就具有审计工作的一些特点。社会经济的状况很大程度上影响着审计工作的发展，内部审计也是如此。秦、汉两朝没有设置专门司掌审计工作的人员，而是采用一种"上计制度"，来对朝廷内部的收支进行监督审查。此时的"内部审计"同样不具有独立性。唐朝时期政治、经济发展达到高峰，审计工作也得到重视并快速发展，我国封建制度下的内部审计体系在唐朝逐渐趋于成熟并完善。宋代时期设立了审计司和审计院，"审计"一词正式出现在我国历史当中，审计的工作也从此确立了下来。而随后的元、明、清三个朝代均没有设置审计机构，审计开始衰退，加之清朝后期的闭关锁国更使得审计的发展一落千丈，我国的内部审计就此停滞。

（二）近代社会的内部审计

辛亥革命以后，清政府被推翻，取而代之的北洋政府开始恢复审计工作。1914 年颁布了《审计法》，并设立了审计院。同时，在民间，伴随着民族资本主义的发展，一些民族企业也开始参照着西方内部审计体系，构建自身的稽核制度，我国的内部审计开始有所发展。

国民政府成立后，基于原有的审计院，在监察院下设审计部，负责审计工作。因国民政府的贪腐和无能，虽数次修改审计法，但整个审计工作形同虚设，并没有起到相应的作用，这也是国民政府统治下经济出现失调、崩溃的重要原因。而同时期的中国共产党在革命根据地制定了《审计条例》，并成立审计委员会，不仅树立了廉洁的作风，还保障了战时的供给，节约了相关的财政支出。

不同于西方内部审计的发展，由于历史上战乱的原因，我国的现代内部审计制度在新中国成立后才开始起步。区别于 IIA 对内部审计的数次定义，我国内部审计的定义在较晚些的时候得以形成，新中国成立以后，更多的是以各种各样的条例和规范对内部审计提出了要求。

（三）现代社会的内部审计

在新中国成立后，整个社会百废待兴，发展生产力成为我国当时社会建设的主要任务。在很长一段时间中，我国没有成立独立的政府审计机关，也没有制定相关的法律法规对内部审计做要求。1978 年，在党的十一届三中全会召开以后，我国发展的重心开始转到经济建设上来，各项有关经济建设的制度规范也开始着手启动，1982 年修订后的《宪法》明确了我国需实施审计监督制度，随后国家在 1983 年成立了审计署，审计署于同一年提出了《关于开展审计工作几个问题的请示》（以下简称《请示》），并在其中提出了关于建立内部审计制度的问题。

由于我国在经济建设初期采用的是计划经济体制，拥有规模巨大的国有资产，审计工作在当时的情况下很难展开。在审计署提出《请示》后，国务院批转了该《请示》，并指出只有建立健全各单位、部门的内部审计制度规范，才能搞好国家审计监督工作。国有企业作为当时经济建设的主体，同时也是归国家直接管理的单位，率先按照指示建立相关的内部审计体系，之后，审计署不断地推动和组织，帮助和指导各个政府、企业单位或部门，建立自身的内部审计体系。不过此时的内部审计并没有具体的法律或条例对其作出明确的要求，内部审计的结构和规范也在发展和完善当中。

为了更好地开展内部审计工作，国务院于 1985 年 8 月发布了《关于审计工作的暂行规定》，从此内部审计的开展有了法律上的依据，同时对内部审计的组织结构提出了相应的要求。审计署则于同一年的 12 月发布了《关于内部审计工作的若干规定》，将各项规定进一步细化。此后内部审计便成为我国审计工作的重要一部分，并在各级政府机关、企事业单位当中铺展开来，《关于内部审计工作的若干规定》亦成为我国第一个有关内部审计的法律法规。

1988 年，《中华人民共和国审计条例》正式颁布并实施，审计工作的依法展开走上正轨，内部审计也得到了推进。1989 年，审计署在之前的基础上，发布了《审计署关于内部审计工作的规定》（以下简称《规定》），进一步完善和具体了对内部审计的结构、程序等内容的要求。在这一段时期中，我国的内部审计定义通过不断发布新规定来明确，并通过这些法律条文和规定，以行政立法的方式把内部审计的总体制度确立了下来。在此之前，内部审计在我国一直是属于政府审计中的一部分，并没有独立出来，在这些规定之后，内部审计从政府审计当中得以独立，成为整个审计体系中的一部分。

随着生产力的提高，我国经济发展进入了新的阶段。为适应新的环境，20 世纪末期我国开始进行经济体制改革，部分国有企业开始改制成为公司，非公有制经济快速发展。同时期经济全球化在快速推进，我国也在为参与经济全球化不断努力，因此就需要参照国际规则来修改完善自身的各项制度规范，内部审计也是如此。在 1993 年党的十四届三中全会后，我国开始逐步建立社会主义市场经济体制，社会经济的活跃对内部审计提出了新的要求，内部审计也从传统的防止舞弊和纠错功能扩展到提升价值上来。此时的内部审计仍局限在政府以及国有经济组织中，但逐渐在向外发展开来。1995 年，审计署发布了新修订的《规定》，在规定中添加了一条新的表述："非国有经济组织开展内部审计工作，可参照本规定的有关条款执行。"这代表着我国民间经济组织的内部审计开始得到重视，并有了相应的规范基础。

21 世纪初期，伴随着加入世界贸易组织（WTO）的脚步，我国经济进一步参与到经济全球化当中，这也推动我国各项经济规范同国际接轨，内部审计的相应规范也在逐步与 IIA 趋同。2002 年，先前成立的中国内部审计学会改名为中国内部审计协会（以下简称"协会"），成为对我国包括行政机关、国有企业、民间经济组织等在内的各种各样组织团体内部审计进行自律管理的组织机构，并开始着手制定内部审计相应的审计准则。2003 年，审计署修订了《规定》，从法律条例上把内部审计所涉及的范围扩大到所有组织，自此我国的内部审计彻底从政府审计中独立出来，同时也将内部审计的工作拓宽到全过程，以及企业经营运转的各个方面，内部审计的职能重心也从监督转向服务和管理。并且在同一年，协会颁布了《内部审计准则》（以下简称《准则》），在《准则》中首次表述了我国关于内部审计的定义："在组织内部的一种独立客观的监督和评价活动，它通过审查和评价经营活动及内部控制的适当性、合法性和有效性来促进组织目标的实现。"可以看出，此时，我国关于内部审计的理解还着重在监督职能上，这与我国当时的经济发展水平是分不开的，在这之后协会也在不断地修订审计准则，参照 IIA 的表述，结合我国经济的实际情况，赋予内部审计新的定义。

到 2005 年末，协会已经颁布了数十条具体的内部审计准则。2008 年，财政部联合中国证券监督管理委员会（以下简称"证监会"）、审计署等共五个部委，制定了《企业内部控制基本规范》，在其中将内部审计明确为内部环境中的一部分，并在第十五条中对内部审计工作做出了具体的要求，具体内容见表 4－2。

表 4－2　　　　　　　　　　《企业内部控制基本规范》中对内部审计的要求

《企业内部控制基本规范》	
第十五条	企业应当加强内部审计工作，保证内部审计机构设置、人员配备和工作的独立性。 内部审计机构应当结合内部审计监督，对内部控制的有效性进行监督检查。内部审计机构对监督检查中发现的内部控制缺陷，应当按照企业内部审计工作程序进行报告；对监督检查中发现的内部控制重大缺陷，有权直接向董事会及其审计委员会、监事会报告

伴随着改革开放的进一步推进以及我国经济水平的不断提高，我国企业的形式与规模在不停地发展壮大，与之相关的内部审计职责也在不断扩大与发展。为适应需要，协会在2012 年对《准则》进行了系统、全面的整合与修改，采取四位数编码对准则体系进行编号，将具体准则内容分为管理类、业务类与作业类三种，并结合内部审计人员职业道德规范和具体的实务指南共同构成我国内部审计准则体系。新修订的《准则》于 2013 年 8 月正式颁布，自 2014 年 1 月 1 日起正式施行。我国内部审计准则体系见图 4－1。

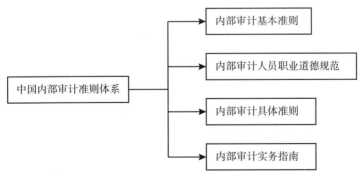

图 4－1　中国内部审计准则体系

2013 年的新《准则》当中，对内部审计的定义做了修改，新的定义为："一种独立、客观的确认和咨询活动，它通过运用系统、规范的方法，审查和评价组织的业务活动、内部控制和风险管理的适当性和有效性，以促进组织完善治理、增加价值和实现目标。"新定义进一步与 IIA 的定义相趋同。相较于之前的定义，新定义具有以下特点：

（1）把内部审计由"监督和评价"更改为"确认与咨询"，扩大了内部审计的职责；

（2）把"经营活动"改为"业务活动"，拓宽了内部审计的覆盖范围；

（3）强调了"系统、规范的方法"，明确了对内部审计具体工作的要求；

（4）强调了"促进组织完善治理、增加价值"，对内部审计的目标提出了新的要求，也提升了内部审计在组织中的地位。

回顾我国内部审计的发展历史，可以看出，与西方现代内部审计体系基于的受托责任制不同，我国现代内部审计起源于社会主义制度下对政府机关、国有资产监督管理的强制性要求，但这并不影响内部审计最基本、具体的职能和责任，也不妨碍其后续的发展。未来伴随着改革开放的不断前进以及经济全球化的不断发展，我国也将在国际市场上获得更多的话语权，有关内部审计理论与法律法规的发展也将在国内外各方的共同努力下，相互借鉴、相互学习、求同存异，从而更好地推动内部审计的发展，助力内部审计为经济发展提供更多帮助。

三、 内部审计发展趋势

进入信息化时代后，企业在日常经营中逐渐积累起大量的数据与信息，而面对这些规模庞大的数据，传统的内部审计模式显然已经不能满足企业的需求，并且随着内部审计的职责和覆盖范围的进一步扩大，内部审计多少显得有些"力不从心"。此外，较以往更为复杂的内外部环境也使企业在未来的经营中会面临更多的风险，内部审计作为组织管理的重要部分，必定要承担更多的责任。2019 年，审计署在《2019 年度内部审计工作指导意见》中指出，要努力实现审计全覆盖，做到应审尽审，加大审计力度。国有资产和监督管理委员会（以下简称"国资委"）在 2020 年《关于深化中央企业内部审计监督工作的实施意见》中亦要求积极推动实现内部审计全覆盖，解决复杂繁重的任务与有限的内部审计资源之间的矛盾成为内部审计发展的一个重点方向。

本章着重讨论有关内部审计的法律法规，因此我们更多的是在了解内部审计发展趋势的基础上，探讨相关法律法规的发展方向。可以看到的是，由 IIA 主导的西方内部审计体系，将内部审计工作与企业内部控制活动更加紧密地联系起来，而有关企业内部控制，美国、英国等西方国家相比之前更加关注对风险的管理，对风险进行有效管理则要求企业拥有良好的内部环境。因此，内部审计未来发展可能会着重于营造良好的内部环境，相关的法律法规未来亦可能就此提出具体的要求。实际上，我国就内部审计提出"全覆盖"的要求在一定程度上就是为了营造良好的内部环境，不过相关表述仍待得到具体明确。

另外，信息化的推进也在影响着内部审计的发展。得益于数字化的不断运用，企业与组织的财务、管理等各方面信息都形成了不同形式的电子数据，而内部审计为了与这些数据进行对接，同样需要发展自身的信息化和数字化。当前还未形成统一的标准与规范对内部审计数字化使用的形式或方法进行约束，对内部审计信息化方法的运用也处于探索阶段。这一发展趋势反映在内部审计的法律法规上，就是要针对信息化使用的方法、工作的流程以及相关的内容进行约束，明确可行或不可行的途径。

审计作为一门实践的学科，与理论之间相互影响又互为补充，实践的发展对理论提出新的要求，而理论的进步又反过来指导实践前进。法律法规作为理论知识的浓缩，不仅要随着实务工作的需求不断更新，更要为实务的发展指明道路，同时还要总结过去的经验，以现在为基础，探索未来的发展方向。

第三节 内部审计相关法律法规

区别于国家审计与注册会计师审计，作为一种组织内部管理与控制的组成部分，由于不同组织的模式和结构大相径庭，内部审计很难形成适用于不同组织的具体"规范"。在我国，现代内部审计体系与国家审计之间联系紧密，体现在法律法规中就是《审计法》有关内部审计的描述，更多是对政府机关或国有企业进行约束，而民间内部审计如私营企业或其他非营利组织的内部审计，更多是以协会制定的内部审计准则为基础来制定自身的内部审计规范，并开展内部审计工作。除此之外，审计署等部门就内部审计所发布的各种规定和意见等对内部审计也提出了要求。

综合来看，我国就内部审计而言尚未形成诸如《审计法》之于国家审计、《注册会计师法》之于注册会计师审计这样系统的法律，也没有类似于"内部审计条例"这样的文件为内部审计提供法律依据。与内部审计相关的法律零星见于其他法律文件当中，如《审计法》和《会计法》。除此之外，有关内部审计的规定还表现在国务院及相关部门发布的一些文件中。当前，我国内部审计规范体系仍是以中国内部审计协会编写并发布的《内部审计准则》为核心，因此本章将着重对新修订的内部审计准则体系进行介绍，并适当介绍一些其他文件中与内部审计相关的法律法规。实际上，不论是内部审计还是注册会计师审计，其具体的工作都是以其准则内容为主要依据，可以说，学习审计工作的流程方法及其他内容就是在学习准则，同样，掌握了准则的内容就掌握了审计工作的重点。

一、 内部审计准则体系

我国现行的内部审计准则体系于 2013 年颁布，2014 年起开始实施，后续根据实践的发展和需要不断地修订和补充。整体的准则体系包括三个层次，并借鉴国际内部审计准则经验，用四位数编码对具体的准则进行编号，其中千位的数字代表内部审计准则的层次，百位的数字代表该层次中的某一类别，十位、个位的数字则表示该条准则在这一类准则中具体的排列顺序，例如第 2101 号代表的是内部审计准则第 2 层次中作业类的第 1 号准则。

现行准则体系中的三个层次分别包括基本准则和职业道德、具体准则、实务指南，其中基本准则是对整个内部审计准则体系的概括和总领，职业道德规范对内部审计人员的工作及日常往来等方面做出了约束；具体准则针对内部审计实务工作的具体内容进行了规范；实务指南主要是为了适应发展的需要，针对更为具体的内容，为内审人员的工作提供指导。具体参照以下内容①：

《第 1101 号　内部审计基本准则》

《第 1201 号　内部审计人员职业道德规范》

《第 2101 号　审计计划》

《第 2102 号　审计通知书》

《第 2103 号　审计证据》

《第 2104 号　审计工作底稿》

《第 2105 号　结果沟通》

《第 2106 号　审计报告》

《第 2107 号　后续审计》

《第 2108 号　审计抽样》

《第 2109 号　分析程序》

《第 2201 号　内部控制审计》

《第 2202 号　绩效审计》

《第 2203 号　信息系统审计》

《第 2204 号　对舞弊行为进行检查和报告》

《第 2205 号　经济责任审计》

《第 2301 号　内部审计机构的管理》

《第 2302 号　与董事会或者最高管理层的关系》

《第 2303 号　内部审计与外部审计的协调》

《第 2304 号　利用外部专家服务》

《第 2305 号　人际关系》

《第 2306 号　内部审计质量控制》

《第 2307 号　评价外部审计工作质量》

《第 2308 号　审计档案工作》

《第 2309 号　内部审计业务外包管理》

《第 3101 号　内部审计实务指南——审计报告》

《第 3201 号　实务指南——建设项目审计》

《第 3202 号　实务指南——物资采购审计》

《第 3203 号　实务指南——高校内部审计》

《第 3204 号　实务指南——经济责任审计》

《第 3204 号　实务指南——信息系统审计》

---

① 《内部审计准则》来源：http：//www. ciia. com. cn/cnlots. html？page＝3&id＝40。

（一）内部审计基本准则

内部审计基本准则为准则体系中第一层次第一类第一号，对内部审计工作进行了总体的概括和介绍，在整个体系当中起到了总纲领的作用，也是后续各项具体准则的依据。

以该准则为例来介绍内部审计准则的结构和内容。每一号准则的结构内容大致相同或相似，首先是总则，为每一号准则的总纲，主要阐述该准则编写的目的和依据，例如上述的《审计法》，同时还包括对相关概念进行定义，并以这些定义为基础界定准则的适用范围。其次是准则的主体内容，主要涉及该准则所要规范的具体内容，是开展审计工作的重要依据。最后是附则，对该准则的解释权进行声明，同时明确规范的生效时间。准则的具体内容详见本书附录1。

（二）内部审计人员职业道德规范

职业道德规范同属于准则体系中的第一层次，为第一层次中的第二类，其对内部审计人员的职业道德进行了定义，并对从事内部审计工作的内部审计人员从诚信正直、客观性、专业胜任能力和保密四个方面提出了明确的要求。

该准则的结构与1101号相同，同样分为总则、具体内容和附则三个部分。在学习研究时应以总则和具体内容为重点，深刻理解总则的表述，熟练掌握具体内容的要求，结合理论与实践思考可能存在的缺陷或未尽之处。

（三）内部审计具体准则

该部分准则主要针对内部审计实务工作中所涉及的具体流程和内容进行规范与约束。具体准则属准则体系的第三层次，该层次共包括三类，分别为2100作业类、2200业务类和2300管理类。内部审计工作的流程、组织框架等主要依据的就是该部分准则。不同的组织在制定自身内部审计规范时亦需要以此为基础。

具体准则较前两号准则最大的不同是多了"一般原则"这一部分内容，一般原则通常会对该准则涉及的一些内容进行详细的定义，并对后续的内容进行概括的描述，类似该准则的"目录"。通常情况下，一般原则较总则更为详细，较后续具体内容则简略，起到一个承上启下的作用。此外，还有少部分具体准则没有"一般原则"这一章，如《第2102号 审计通知书》。具体准则的详细结构与内容见附录1中第2101号准则。

（四）内部审计实务指南

内部审计实务指南为内部审计具体准则的补充，其针对的是一些更加具体明确的内部审计项目。现行的实务指南包括《第3101号内部审计实务指南——审计报告》，以及第3201至3205号实务指南，分别为"建设项目审计""物资采购审计""高校内部审计""经济责任审计"以及"信息系统审计"。

与前面的具体审计准则不同，实务指南在内容上更加完善，并对具体工作中涉及的审计内容、程序和方法进行了详细的介绍及提出要求。以建设项目审计指南为例，该指南一共八个章节，第一章对建设项目审计的目标、内容与程序进行了介绍与要求。第二章至第八章则分别对建设项目的前期决策、内部控制和风险管理、采购、工程管理、工程造价、财务以及绩效等内容的审计所涉及的程序、方法等进行了规范，该指南于 2021 年 6 月 29 日发布，于同年 8 月 1 日起施行，同时废止了 2005 年 1 月 1 日起施行的《内部审计实务指南第 1 号——建设项目审计》，具体内容共 124 页，即便如此，仍有一些在建设项目中特殊性不足的内容未在该指南中进行介绍，如材料物资设备管理审计等。其他实务指南与《建设项目审计》类似。第 3101 号内部审计实务指南的具体内容详见本书附录。

该准则与前述几种准则最大的区别在于内容的详细程度，不仅因其作为实务指南本就需要更加详尽，更是因为随着经济社会不断发展，审计工作的职责领域在不断拓宽，审计工作覆盖的范围也在不断扩大，涉及的其他领域的内容也在不断增多，新修订的实务指南在内容量上也有了空前的提升。从该准则也可以看出准则修订的发展方向和趋势，由于工作内容的增加，以往的准则和实务指南将无法覆盖到现有的规模，后续修订的准则将会越来越详细，内容也会越来越多。在尚未形成系统法律的当下，这种发展会给内部审计的法律建设带来一定的困难，但同时也能够促使将来可能颁布的《内部审计法》以一种更完善的形态出现。

需要注意的是，内部审计作为一种实践，需要随着不断发展的社会经济环境而发展，内部审计准则作为沟通理论与实践的桥梁，也会不断地更新完善。在此处列举的审计准则的内容仅作为本书编写时的现行制度规范，供学习使用，因信息传递具有一定的滞后性，在未来准则更新后以中国内部审计协会发布的相关内容为准，各号准则的具体内容可以前往中国内部审计协会网站进行查阅，最新的准则和规定也会第一时间在该网站上进行公布。

二、《审计法》《会计法》等法律对内部审计的相关表述

除内部审计准则这一核心之外，我国对内部审计的规定与要求在其他法律当中也有所体现。首先就是《审计法》，虽然《审计法》主要针对的对象为政府部门、事业单位、军队和国有企业，2019 年公布的《中华人民共和国审计法（修订草案）》（以下简称《修正草案》）中设立了第六章"内部审计和社会审计"，但出于其他方面的考虑，正式实施的《审计法》（2021）中并没有保留这些内容，仅将原来第二十九条有关内部审计的表述进行了修改，并改为第三十二条，其表述的对象仍为前述的"被审计单位"。从这个变化可以看出，《审计法》（2021）面向的对象仍然以国家审计或政府审计为主，社会审计（注册会计师审计）依旧以《注册会计师法》为法律依据，《审计法》（2021）对其不做过多阐述，明确了政府审计与社会审计之间的区别和界限。而内部审计仍旧没有形成独立系统的法律条例，这也在一定程度上表明内部审计的法律建设暂时还没有一个很好的时间节点，整个过程还有待研究与推进。

有关内部审计法律建设的方向和发展，我们可以从之前《修正草案》中的有关表述得到一些信息。《修正草案》中第六章的具体内容见表 4 - 3。

表 4 - 3 　　　　　　　　　　《修正草案》中对内部审计的有关表述

第六章　内部审计和社会审计	
第五十三条	审计机关应当对依法属于审计机关审计对象的单位的内部审计工作,进行业务指导和监督。依法属于审计机关审计对象的单位,应当依照有关规定建立健全内部审计制度
第五十四条	内部审计机构应当在本单位主要负责人的领导下开展内部审计工作,向其负责并报告工作。国有和国有资本占控股地位或者主导地位的大、中型企业(含金融机构)应当建立总审计师制度,设置总审计师;国家机关、事业组织根据需要,经批准可以设置总审计师。总审计师负责本单位的内部审计业务工作
第五十五条	内部审计机构应当依照国家法律法规、政策规定、内部审计职业规范和本单位有关要求,对本单位及其所属单位的财政财务收支、内部控制和有关经济活动,以及所属单位主要负责人经济责任履行情况等,进行审计。部门和单位应当支持、保障其内部审计机构和内部审计人员依法依规履行职责
第五十六条	审计机关应当注重发挥社会审计的积极作用。社会审计机构审计的单位依法属于审计机关审计对象的,审计机关有权对该社会审计机构出具的相关审计报告进行核查
第五十七条	社会审计机构接受审计机关的委托实施审计的,应当遵循国家审计准则的规定。社会审计机构接受依法属于审计机关审计对象的单位的委托实施审计的,应当遵循内部审计准则的规定

从以上内容可以看出,《修正草案》中对内部审计的描述仍然是基于国有企业、国家机关和事业单位等政府审计对象来进行规范,并未涉及民营企业、外资企业等其他所有制形式的组织。但这不妨碍以此为基础来学习内部审计的法律建设。

基于《修正草案》的内容,可以了解到未来内部审计法律建设的重点将会落在"建立健全内部审计制度"、"设置总审计师"、明确内部审计工作范围与职责以及同其他审计力量相结合这几个方面。正式实施的《审计法》(2021)中的有关表述更为精炼,同时强调了被审计单位要重视内部审计制度的建立和健全,从法律层面上提高了内部审计的地位。

其他法律文件中对内部审计的表述多是将其与内部控制联系起来,抑或是把内部审计划分在内部控制当中,如《会计法》中将内部审计视作组织内部会计监督制度的一部分,强调要明确内部审计的办法和程序。具体内容见表4-4。

表 4 - 4 　　　　　　　　　　《会计法》中对内部审计的有关表述

第四章　会计监督	
第二十七条	各单位应当建立、健全本单位内部会计监督制度。单位内部会计监督制度应当符合下列要求: (一)记账人员与经济业务事项和会计事项的审批人员、经办人员、财物保管人员的职责权限应当明确,并相互分离、相互制约; (二)重大对外投资、资产处置、资金调度和其他重要经济业务事项的决策和执行的相互监督、相互制约程序应当明确; (三)财产清查的范围、期限和组织程序应当明确; (四)对会计资料定期进行内部审计的办法和程序应当明确

2019 年 10 月，财政部发布了《中华人民共和国会计法修订草案（征求意见稿）》，其中有关内部审计的表述有所修改，该草案明确了内部审计同内部控制一样，为内部会计监督的重要手段，同时强调了要建立内部控制的监督评价制度，有效利用监督评价的结果。具体内容见表 4 - 5。

表 4 - 5 《中华人民共和国会计法修订草案（征求意见稿）》中对内部审计的有关表述

第三章 会计监督	
第二十五条	单位应当加强内部会计监督，通过内部控制、内部审计等手段，确保会计凭证、会计账簿、财务会计报告和其他会计资料真实、完整
第二十六条	单位建立与实施内部控制，应当符合下列要求： （一）加强内部控制的组织领导，强化全体员工的职业道德教育和业务培训，构建良好的内部控制环境； （二）明确各岗位职责权限，规范业务流程，确保各项经济业务事项的决策、执行、监督等岗位相互分离、相互制约； （三）明确对发现的经济业务事项和会计事项中的重大风险、重大舞弊的报告程序及其处置办法； （四）建立内部控制的监督评价制度，明确定期监督评价的程序，并确保实施监督评价的部门具有相对的独立性； （五）有效利用内部控制的监督评价结果，不断改进和加强内部控制。单位负责人对本单位内部控制的建立健全和有效实施负责

三、 国务院及相关部门文件有关内部审计的规定

2010 年 2 月，国务院通过并公布了修改后的《中华人民共和国审计法实施条例》（简称《条例》），作为对《审计法》的补充和解释。《条例》中强调了内部审计工作作为被审计单位日常工作的一部分，需要接受审计机关的指导和监督，明确了国有企业、机关单位等组织的内部审计不仅要听从组织内的领导，还需要服从审计机关的安排。具体内容见表 4 - 6。

表 4 - 6 《条例》中对内部审计的规定

第三章 审计机关职责	
第二十六条	依法属于审计机关审计监督对象的单位的内部审计工作，应当接受审计机关的业务指导和监督。 依法属于审计机关审计监督对象的单位，可以根据内部审计工作的需要，参加依法成立的内部审计自律组织。审计机关可以通过内部审计自律组织，加强对内部审计工作的业务指导和监督

除此之外，其他的一些文件当中也有涉及内部审计的内容，如 2014 年《国务院关于加强审计工作的意见》第二十条要求："保证履行审计职责必需的力量和经费。根据审计

任务日益增加的实际，合理配置审计力量。按照科学核算、确保必需的原则，在年度财政预算中切实保障本级审计机关履行职责所需经费，为审计机关提供相应的工作条件。加强内部审计工作，充分发挥内部审计作用。"2015 年《关于完善审计制度若干重大问题的框架意见》："加强内部审计工作，充分发挥内部的审计作用。"上述内容都强调了对审计资源和审计力量进行整合，统筹三大审计主体，合力发挥审计的监督管理作用，明确了内部审计在其中的重要性。

以上两个文件主要针对的是政府及相关部门的审计工作，有关国有资产和国有企业审计的规定中，内部审计得到了更多的关注。2015 年《国务院办公厅关于加强和改进企业国有资产监督防止国有资产流失的意见》中，强调国有企业需强化内部监督，"设置由外部董事组成的审计委员会，建立审计部门向董事会负责的工作机制，董事会依法审议批准企业年度审计计划和重要审计报告，增强董事会运用内部审计规范运营、管控风险的能力"。2017 年发布的《关于深化国有企业和国有资本审计监督的若干意见》中指出："建立健全内部审计监督机制。加强对内部审计工作的业务指导和监督，推动国有企业加强对内部审计的组织领导，完善内部审计管理体制，加快建立总审计师制度，建立健全内部审计机构向企业党组织、董事会负责和定期报告工作机制。审计机关在国有企业和国有资本审计中，特别是在国有企业三级以下单位审计中，要有效利用内部审计力量和成果，同时加强对内部审计质量的检查。"这两个文件展现了国家对国有企业内部审计机制建设的重视，强调了内部审计在国有企业和国有资产监督中的重要作用，提出了建设总审计师制度的要求，同时要求国有企业要加强对审计结果的运用，并注重审计质量的提升。

除国务院以外，其他部门如审计署、中国银行保险监督管理委员会（简称"银保监会"）等同样发布涉及内部审计的规定或文件。2018 年，审计署修订并发布了《审计署关于内部审计工作的规定》，该规定基于《审计法》和《条例》进行编写，适用对象主要包括国家机关、事业单位和国有企业等，从内部审计机构和人员管理、内部审计职责权限和程序、审计结果运用、对内部审计工作的指导和监督以及责任追究五个方面对上述对象的内部审计进行规定和约束。虽然该规定针对的是国家机关、国有企业等审计机关监督的对象，但在其第七章附则的第三十二条，明确表示了"不属于审计机关审计监督对象的单位的内部审计工作，可以参照本规定执行"。这标志着我国民营企业或其他组织在规范自身内部审计时有了更多的内容可以参考，我国政府层面和社会层面的内部审计更加趋于一致。

有关国有企业与国有资产内部审计的规定还包括国资委发布的文件。自 2003 年国资委成立以来，先后发布了近十项与内部审计相关的文件和规定，如《中央企业内部审计管理暂行办法》《关于加强中央企业内部审计工作的通知》等。2020 年，国资委发布了《关于深化中央企业内部审计监督工作的实施意见》，全面部署了中央企业的内部审计工作，为中央企业内部审计工作的开展提供了依据。

另外，在"不属于审计机关审计监督对象的单位"中，内部审计有关的规定多见于与企业内部控制有关的规范中。《企业内部控制基本规范》《企业内部控制审计指引》和《企业内部控制评价指引》从不同的角度对企业内部审计的职责、设置和运用等提出了要求。内部审计在这些文件中被视作企业内部控制五个要素中，内部环境的组成部分之一。《企业内部控制基本规范》中明确强调企业要加强内部审计工作，并保证其独立性，同时对内部审计的职责范围、方式方法做出了规定。《企业内部控制审计指引》主要强调注册会计师审计在工作中对内部审计结果的运用。《企业内部控制评价指引》同样强调在评价企业内部控制时要注重运用内部审计成果。

有关上市公司内部审计的规定，主要见于证监会等部门发布的文件，如《上市公司章程指引》和《上市公司治理准则》等。这些文件一般是对上市公司的内部审计设置和职责提出要求，例如《上市公司治理准则》中要求上市公司的董事会应按规定设置审计委员会，不仅负责对公司的内部审计工作进行监督评价，还要负责协调内部审计和外部审计。《上市公司章程指引》专门设置了内部审计的相关章节，明确要求上市公司"实行内部审计制度，配备专职审计人员。对公司财务收支和经济活动进行内部审计监督"。另外，有关上市公司内部审计的内容还适用于中小企业板上市公司。中小企业板上市公司的规模较小，其治理和管理结构的规范程度也参差不齐。为保护投资者权益，同时帮助中小企业持续健康发展，自深圳证券交易所（"深交所"）设立中小企业板后，便开始制定相关规范帮助中小企业优化自身的管理治理结构，《中小企业板上市公司内部审计工作指引》就是其中的规范之一。该规范对中小企业内部审计工作的实施、监管以及披露等相关内容提出要求，以提升中小企业内部审计质量，进而提升其治理水平。

相对地，2016年发布的《商业银行内部审计指引》对商业银行内部审计提出了详细、全面的要求，包括内部审计的组织架构、工作流程、职责权限、监管评估等。2015年发布的《保险机构内部审计工作规范》主要包括内部审计的机构人员组成、监督追责、作业管理和结果运用等内容。由于银行业和保险业所涉及业务的特殊性，该部分的相关规范更加注重监督与责任，并且较其他行业的规范来说，与法律法规的联系更加紧密。

第四节　内部审计的法律建设

在了解我国内部审计现行的法律法规及相关规范要求后，回过头再来看内部审计的法律建设，不难看出现有的法律与规范内容不仅"多"，而且"碎"，这是内部审计法规相对社会审计和政府审计最大的特点，同样也是内部审计法律建设最大的难点。

一、 内部审计法律建设的不足与困难

结合前述内容可以看出，内部审计法律建设最大的不足在于，专门针对内部审计的相关法规层次较低。当前内部审计法规体系的核心为《内部审计准则》，与之相对的注册会计师审计（社会审计）为《注册会计师审计准则》，但不同的是注册会计师审计是以《注册会计师法》为核心，其拥有成文的系统性法律。在法规的层次上，内部审计缺乏能与

《审计法》《注册会计师法》相提并论的法律条例，这使得内部审计虽然与社会审计和政府审计同为审计监督体系的三大主体，但其地位与受重视程度远不及前两者。这不仅使内部审计不能很好地发挥自身的作用，更不利于审计体系长远的发展。

对内部审计的重视不足，同时也使得内部审计相关法规的规范性不强。西方内部审计脱胎于所有权与管理权的分离，与社会审计异曲同工，我国内部审计则是从政府审计中脱离出来，带有强烈的行政色彩。改革开放以后，为加快经济与世界接轨，各项制度的建立也不同程度地参考了国际标准。我国内部审计脱离政府审计进入社会层面后，受西方观点的影响，通常把内部审计视作企业内部控制中，控制环境的组成部分之一，这使得在很长一段时间中，内部审计一直得不到重视，相关的规定也仅在内部控制的规范中有所表现，如"应设立内部审计"之类的表述，十分笼统且不具指导性，并未涉及如何建立或对相关流程进行规范。并且提及企业的审计，一般仅有与注册会计师审计相关内容，如《公司法》中虽有三处与审计相关的规定，但全部与注册会计师审计相关，并未提及公司的内部审计。虽然内部审计对企业的经营与发展起到重要作用，但相关的法规内容并没有给予其应有的重视。

而内部审计法律建设的难点在于，内部审计所涉及的业务不仅"多"而且"杂"，这就使内部审计的相关规定变得"碎"。从前面的内容可以了解到，不论是政府机关还是社会团体，几乎所有的组织形式都会涉及内部审计，不同的组织对内部审计有着不同的理解，并且在没有系统法律指引的条件下，各组织对自身内部审计的规定也都是"量身定做"，这些规定大量散布在不同的规范文件中。因此，如何将这些零碎的规定整合起来，形成一套能够广泛覆盖内部审计业务的法律法规，成为内部审计法治建设最大的难点，也是内部审计法治建设中首要解决的问题。

二、　内部审计法律建设的方向和趋势

党的十九大以后，审计工作的重要性越发凸显，相关的法治建设也在持续推进，最具代表性的就是《审计法》的修改。虽然《审计法》（2021）依然是以政府机关、国有企业这类"被审计单位"为约束对象，但鉴于我国特色社会主义市场经济体制，《审计法》的修改亦为我国整体的审计监督体系，即包括政府审计、社会审计和内部审计在内的所有审计工作的法治建设提供了指引和参考。

针对现有情况的不足，《审计法》的修改也在一定程度上给出了可供参考的解决办法。首先是强化对审计工作的重视，以此为基础加强相关法律法规的建设。《审计法》的修改实际上释放了一种信号，即要求各团体组织要对相关的审计工作重视起来，进一步完善制度建设、健全工作流程以及加强结果运用。我国的内部审计脱胎于政府审计，《审计法》的修改同样意味着内部审计的有关建设也已提上日程，审计署、国务院等部门则通过各种文件传达这些精神。如国资委所发布的《关于深化中央企业内部审计监督工作的实施意见》，从领导体制、管理体制、运行机制、重点领域整改落实和结果运用以及出资人监督作用等六个方面对中央企业的内部审计建设提出要求。结合我国内部审计发展的历史来

看，内部审计的相关建设首先在政府审计中铺展开来，随后为中央企业、国有企业以及国有资产等领域，最后扩大至全社会，内部审计法律建设的发展也应大同小异。可以预见，待中央企业、国有企业进一步完善内部审计法规建设后，社会层面的内部审计建设也将逐步展开。《审计法》（2021）的实施，以及相关部门发布的各项文件，逐步解决了对内部审计重视不足的问题。

关于内部审计现有规定错综零碎这一难点，实际上需要随上述内容的推进一同解决。政府机关、中央企业、国有企业的内部审计法制建设完善后，会给予社会组织指引和参考。待后续相关规定和要求发布后，社会组织、民营企业等在内部审计方面予以重视，并在中央企业和国有企业的基础上，根据自身的特点来建设和完善内部审计规定，将原来零碎的规定和要求因地制宜地进行整合，形成属于自己的、系统性的内部审计要求和规定。之后，依据不同组织自身整合过的、系统的规定体系，再进行统一的整合，求同存异后制定出一套可以涵盖不同组织的内部审计法律规范，同时也可以解决内部审计相关法规层次较低的问题。

而有关内部审计法律建设的重点内容，亦可以从《审计法》（2021）中的相关修改得到参考。以其中一项为例，修改后的《审计法》强调了审计报告与审计成果的运用，增加了运用审计结果及向审计机关反馈审计结果运用的规定。有关内容见表4-7。

表4-7　　　　　　　　　《审计法》（2021）中对审计结果运用的表述

第六章　法律责任
第五十二条　被审计单位应当按照规定时间整改审计查出的问题，将整改情况报告审计机关，同时向本级人民政府或者有关主管机关、单位报告，并按照规定向社会公布。 各级人民政府和有关主管机关、单位应当督促被审计单位整改审计查出的问题。审计机关应当对被审计单位整改情况进行跟踪检查。 审计结果以及整改情况应当作为考核、任免、奖惩领导干部和制定政策、完善制度的重要参考；拒不整改或者整改时弄虚作假的，依法追究法律责任
第五十四条　被审计单位的财政收支、财务收支违反国家规定，审计机关认为对直接负责的主管人员和其他直接责任人员依法应当给予处分的，应当向被审计单位提出处理建议，或者移送监察机关和有关主管机关、单位处理，有关机关、单位应当将处理结果书面告知审计机关

通过这些表述可以看出，我国的政府审计与内部审计之间实际上存在一定的重合。内部审计作为组织内部的监督管理制度，其与注册会计师审计（社会审计）最大的区别在于出具审计报告后的整改工作。注册会计师审计工作在出具审计报告后基本结束，对查出的问题也仅仅是发表意见，不涉及后续的整改，而内部审计还需要依据报告结果对查出的问题进行跟踪监督，并负责辅助管理层对查出的问题进行整改。审计所形成的审计报告、审计结论、审计发现和意见建议等信息可以统称为审计结果，《审计法》（2021）中特别强调了对审计结果的运用，并要求结果运用和整改情况要与后续的考核评价制度挂钩，明确了审计整改的重要性。同样地，内部审计中的审计整改和结果运用情况也具有重要的意

义，若整改得不到有效的落实，则之前所有的努力都将成为形式上的工作，内部审计无法发挥其应有的作用，进而出现屡审屡犯的现象。现有的文件和规范实际上对强化内部审计整改已提出了一定的要求，如《审计署关于内部审计工作的规定》中，就对建立审计问题整改机制作出了明确的要求。除此之外，审计整改的建设也是内部审计长效机制中的重要组成部分。可以预见，将来内部审计法律条例的建设中，审计整改和结果运用将成为其中的重点内容。

第五章

注册会计师审计法律法规

第一节　《审计法》（2021）对注册会计师审计的相关规定

　　《审计法》（2021）修订正式将内部审计、社会审计作为我国审计法律体系的一部分，更加注重发挥内部审计、社会审计的积极作用。2021 年 5 月 6 日召开的国务院常务会议（"国常会"）通过了《中华人民共和国审计法（修正草案）》，此次修正草案的其中一大亮点，就是新增第六章"内部审计与社会审计"，社会审计部分新增加了第十三条、第五十六条、第五十七条。2021 年 10 月 23 日召开的十三届全国人大常委会第三十一次会议，审议通过了新修订的《中华人民共和国审计法》，《审计法》（2021）有关社会审计部分新增了第十三条第二款与第三十三条。《审计法》（2021）指出，各级审计机关需要加强对社会审计的管理，积极调动社会审计的力量，促使社会审计机构充分发挥专业优势，提高社会整体审计质量，增强政府审计、内部审计与社会审计的监督合力，为推动构建全覆盖的审计监督体系提供重要支持。《审计法》（2021）对注册会计师审计的规定如表 5 - 1 所示。

表 5 - 1　　《审计法》（2021）对注册会计师审计的相关规定表

法律条目	具体规定
《审计法》（2021）第十三条	审计人员应当具备与其从事的审计工作相适应的专业知识和业务能力。 审计机关根据工作需要，可以聘请具有与审计事项相关专业知识的人员参加审计工作

续表

法律条目	具体规定
《审计法》（2021）第三十三条	社会审计机构审计的单位依法属于被审计单位的，审计机关按照国务院的规定，有权对该社会审计机构出具的相关审计报告进行核查

第二节　注册会计师审计制度概述

一、注册会计师审计概念与特点

注册会计师审计亦称民间审计、社会审计、独立审计，是指注册会计师依法接受委托，依据不同的审计目标，履行审计程序，收集相应的审计证据，对被审计单位会计报表及相关资料中的历史财务状况、经营成果、现金流量等进行独立审查，并发表审计证据符合程度的意见，形成审计结论。

注册会计师审计主要有以下四方面特点：（1）客观独立性。独立性是注册会计师审计最本质的特征，是指注册会计师在实质和形式上独立于委托方和被审计单位，且不受其影响和干扰，从第三方的视角对被审计单位经济活动进行监督，并做出客观公正的评价。（2）委托性。两权分离是注册会计师审计产生的前提，所有权与经营权分离后，财产所有者为了监督和检查经营者受托责任履行情况，通常需要委托独立第三方对财务报告等进行审计，并出具客观公正的审计报告。注册会计师只有依法接受了相关单位或个人的委托，才能开展审计服务。（3）有偿性。注册会计师审计是一种有偿审计，它按国家规定的收费标准收取服务费用，确保组织盈利。（4）权威性。国家不断制定并完善注册会计师审计法律体系，明确审计机构的权力，从法律层面赋予其权威性。

二、注册会计师审计制度的产生与发展

（一）国外注册会计师审计制度的产生与发展

西方注册会计师审计萌芽于 16 世纪末期的意大利。地中海地区地理位置优越，在 16 世纪成为商品贸易活动的中心，为满足单个业主筹集大量资金的需要，合伙经营方式应运而生，合伙企业制度促使财产所有权与经营权分离，从而产生了对经营管理者进行独立第三方监督的需求，从事查账和公证工作的会计专业人员逐渐增多，查账和公证也逐渐演变为一种职业。这可以说是注册会计师审计的起源。

注册会计师审计形成于 18 ~ 19 世纪的英国。19 世纪中期，英国产业革命进入完成阶段，资本主义经济迅速发展，股份有限责任公司这种企业组织形式开始广泛流行，两权分

离促使现代注册会计师审计制度产生。为保护广大债权人与投资者的利益，1844 年，英国政府颁布《公司法》，其中规定由一名或若干名股东代表对年度资产负债表进行审查，1845 年颁布重新修订后的《公司法》，规定股份有限责任公司必须聘请独立的执业会计师来审计公司账目，这一规定进一步推动了注册会计师审计的发展。1853 年，世界上第一个会计师职业团体在苏格兰爱丁堡成立，也就是公众熟知的爱丁堡会计师协会，标志着注册会计师审计职业的确立。此时的注册会计师审计以揭露会计记录差错与人员舞弊为主要目标，逐笔检查企业的账目记录，称之为详细审计或英国式审计。

注册会计师审计发展并完善于 19 ~ 20 世纪的美国。在这一时期，世界经济中心从英国转移到美国，美国注册会计师审计得到迅猛发展。发展初期，美国注册会计师审计方法大多采用单纯的详细审计。直到 20 世纪初，美国短期信贷业务发达，企业大多采用负债经营的模式，由此产生了以分析评价企业负债情况和偿债能力为主要目标，以抽样审计为主要审计方法，帮助债权人判断企业信用状况的资产负债表审计，亦称为信用审计或美国式审计。1929 ~ 1933 年美国发生经济危机后，广大投资者转而更加关注企业的盈利水平，美国由此进入以资产负债表、利润表为审计对象的财务报表审计阶段。1933 年，美国政府借鉴英国《公司法》立法经验，颁布了《证券法》，以立法形式要求公开发行股票的上市公司的财务报表必须进行注册会计师审计，并强制其向公众披露审计报告，同时也严格规定了注册会计师的法律责任。此后，西方社会开始研究并制定审计准则与会计准则，推动审计工作逐步向标准化、规范化发展。

（二）国内注册会计师审计制度的产生与发展

我国注册会计师审计诞生于 20 世纪初，辛亥革命后，我国民族工商业有所发展，借鉴资本主义企业的组织管理模式，大量股份有限公司相继成立，导致了所有权与经营权分离，代表财产所有者对公司管理者进行监督约束就显得十分必要，注册会计师审计在这种背景下应运而生。而在当时，我国的会计师事务极大部分均被外国人包揽，为了打破这一局面，我国开始了注册会计师审计的建设与探索。1918 年，北洋政府农商部、财政部在中国银行总司账谢霖先生等一批会计学者的力谏下，颁布了《会计师暂行章程》，批准谢霖具有会计师资格，同时准许开办会计师事务所，标志着我国注册会计师审计的诞生。此后，我国注册会计师人数逐年上涨，会计师事务所相继在各大工商业较为发达的城市开办，主要办理清查账目等业务，注册会计师审计得到发展。

在新中国成立后的这段时间里，随着对民族资本主义工商业的改造以及计划经济模式的建立，注册会计师审计从事业务所需要的社会条件不复存在，注册会计师审计逐渐消失。党的十一届三中全会后，党和政府实行改革开放政策，国家工作重心实现向经济建设转移，商品经济得到发展，注册会计师审计制度开始恢复和重建。1980 年 12 月，财政部颁发《关于成立会计顾问处的暂行规定》的通知，全国多地建立起一批审计公司和会计师事务所，注册会计师审计迅速发展。1986 年 7 月，《中华人民共和国注册会计师条例》颁布，确立其法定地位，注册会计师审计迈入全新发展阶段。1988 年，中国注册会计师协会（CICPA）成立，1993 年 10 月 31 日召开的第八届全国人大常委会第四次会议，审议通过了《中华人民共和国注册会计师法》并于 1994 年 1 月 1 日起实施，标志着注册会计师审计工作开始走向法治化轨道。随着社会主义市场经济体制的不断完善与发展，注册会计师审计服务对象和领域不断扩大，在维护经济秩序、保护社会公共利益等各方面发挥出重要作用。

三、 注册会计师审计管理体制

我国注册会计师审计管理体制是以政府为主导的管理体制模式，主要包括法律规范、政府行政监管、行业自律性规范等内容，三个层次融为一体，全方位推动注册会计师审计行业的发展。注册会计师管理体制框架具体见图 5 - 1。

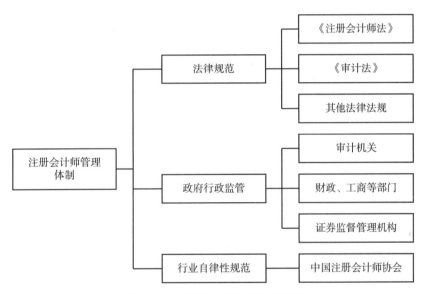

图 5 - 1　注册会计师管理体制框架

（一）法律规范

我国注册会计师审计法律规范体系以《审计法》《注册会计师法》为主要核心，辅之以《刑法》《公司法》《会计法》《证券法》等其他相关法律。《中华人民共和国注册会计师法》立法实施主要是为了加强对注册会计师的规范化管理，规范其执业过程，促进行业健康发展，同时也维护国家与社会公众的利益，为社会主义市场经济高水平发展提供有力法治保障。1993 年，《中华人民共和国注册会计师法》经全国人大常委会审议通过，并于 1994 年 1 月 1 日起实施。2014 年 8 月 31 日，全国人大常委会审议通过《关于修改〈中华人民共和国保险法〉等五部法律的决定》，这是《注册会计师法》的第一次修订。为顺应注册会计师行业发展新形势，进一步加强行业监管，目前财政部正在加快推进《注册会计师法》的第二次修订，并于 2021 年 10 月 15 日发布《中华人民共和国注册会计师法修订草案（征求意见稿）》。其他注册会计师审计的相关法律将在本章第八节进行介绍说明。

（二）政府行政监管

由于注册会计师审计的工作与国家利益、社会公共利益密切相关，各国政府一般通过相关部门对管理体制的客体进行监督与指导。我国政府监督体系主要包括财政部门、审计机关、工商行政管理部门、税务部门和证券监督管理委员会。

1. 财政部门

《注册会计师法》第五条规定，国务院财政部门和省、自治区、直辖市人民政府的财政部门，依法对注册会计师、会计师事务所和注册会计师协会进行监督、指导。财政部门的主要职责有：认定注册会计师执业资格，批准设立会计师事务所，制定收费标准，颁布执业准则，处罚违法违规执业的注册会计师及其会计师事务所。

2. 审计机关

各级审计机关依法监督和检查注册会计师审计工作质量，通过质量检查，对于违法违规执业的注册会计师及其会计师事务所，建议财政部门和行业协会对其进行处理处罚。

3. 工商行政管理部门

工商行政管理部门依法对申请营业的会计师事务所进行审查，受理工商登记，颁发营业执照，此外，工商部门还对会计师事务所进行日常监督和工商年度检查，检查其合法经营情况。

4. 税务部门

税务部门依法对会计师事务所办理税务登记和进行税收征管。

5. 证券监督管理机构

针对从事证券业务的注册会计师和会计师事务所，证监会会同财政部，对其执业资格进行认定与管理工作，并对核准从事证券业务的注册会计师和会计师事务所进行质量检查。

（三）行业自律性规范

注册会计师协会是行业自律组织，主要由中国注册会计师协会（简称"中注协"）和各地方注册会计师协会构成。《注册会计师法》第四条规定，注册会计师协会是由注册会计师组成的社会团体。中国注册会计师协会是注册会计师的全国组织，省、自治区、直辖市注册会计师协会是注册会计师的地方组织。中国注册会计师协会成立于1988年，1995年6月与中国注册审计师协会联合组成新的中国注册会计师协会。中注协积极构建与完善注册会计师行业自律管理体系，加强服务、监督、管理、协调等职能的建设，其主要职责包括审批和管理会员、拟订执业准则与规则并监督实施、制定规范指南和质量检查办法、对注册会计师和会计师事务所的执业情况组织年检、制定后续教育规划和计划并组织实施、制定同业公平竞争的管理办法、协调行业内部与外部关系等。

第三节　注册会计师审计业务范围与规范

一、注册会计师审计业务范围

我国注册会计师审计发展至今，业务类型不断丰富，业务范围更加广泛，主要包括以下几种类型的业务，见图 5 - 2。

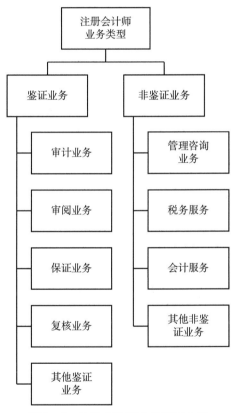

图 5 - 2　注册会计师业务类型分类

（一）鉴证业务

《中国注册会计师鉴证业务基本准则》中指出，鉴证业务是指注册会计师对鉴证对象信息提出结论，以增强除责任方之外的预期使用者对鉴证对象信息信任程度的业务。其中鉴证对象信息是按照标准对鉴证对象进行评价和计量的结果，如财务报表。鉴证业务主要可以分为审计、审阅、复核、保证等业务。

1. 审计业务

审计业务是指注册会计师通过运用各种程序，取得充分、适当的历史财务报表的审计证据，并对财务报表是否按照会计准则和相关会计制度公允表达提出审计意见。常见的审计业务有财务报表审计、内部控制审计。在财务报表审计中，注册会计师以积极方式提供合理保证，其最终工作成果是对财务报表形成审计意见并出具正式审计报告，该审计报告具有法定证明效力。在内部控制审计中，注册会计师对财务报告内部控制的有效性发表审计意见，并对审计过程中注意到的非财务报告内控重大缺陷，在审计报告中增加"非财务报告内部控制重大缺陷描述段"予以披露。

2. 审阅业务

《中国注册会计师审阅准则第 2101 号——财务报表审阅》指出，审阅业务是注册会计师在实施审阅程序的基础上，说明是否注意到某些事项，使其相信财务报表没有按照适用的会计准则和相关会计制度的规定编制，未能在所有重大方面公允反映被审阅单位的财务状况、经营成果和现金流量。与审计业务相比，审阅业务实施的程序和方法是有限的，获取的审计证据更少，审阅范围更小，提供的保证程度更低，一般以消极方式提供有限保证。

3. 复核业务

相较于审计与审阅业务，复核业务范围更小，主要为复核某一财务报表或审计工作底稿、比较分析财务信息等。与审计业务提供"积极保证"不同的是，复核业务对认定资料的可靠性提供"消极保证"，对财务报表是否不存在重大错报发表意见，例如在复核意见中，表述一般为"没有发现为使财务报表符合会计准则而需要作出任何调整"。通常可以对非公开上市公司的财务报表进行复核。

4. 保证业务

保证业务是指为信息使用者提供的可以提高信息质量的具有独立性、专业性的业务总称。随着经济信息时代的来临，保证业务不再局限于传统报告与财务报表，业务涉及的领域更加广泛，主要包括电子商务保证、风险评估保证、绩效评价保证等。电子商务保证是保证电子交易的安全性、保密性以及交易数据传输的真实性、完整性的认证活动。风险评估保证是对企业风险发生的可能性与严重性进行认证。绩效评价保证是对企业自身或同行业对比的绩效评价信息的相关性、真实性、可靠性提供保证。

（二）管理咨询业务

管理咨询业务是指注册会计师为帮助客户提升经营管理效率，应用专业知识与经验，向客户提供的专业化咨询服务。该项业务属于服务性质，与审计业务不同的是，所有具备条件的中介机构或个人都可承办该业务，管理咨询服务属于非法定业务。在提供业务时，注册会计师通常扮演企业外部顾问的角色，因而不能代替管理层做出相关的决策。管理咨询业务目前涉及的服务范围十分广泛，主要包括对公司组织结构、内部控制体系、电算化信息系统、人力资源管理、预决算管理等方面提供专业咨询服务。当前，管理咨询业务已经发展成为会计师事务所的重要收入来源之一。

管理咨询业务兴起和发展于第二次世界大战后，委托方对注册会计师常规服务以外的其他专业服务提出新的需求，与此同时，随着泰罗的科学管理理论的发展与成熟，公司管理实践受到极大影响，这促使注册会计师不断扩大业务范围，在提供传统服务项目的基础上，还提供科学管理范畴内的其他众多服务。"二战"以后，具有美国特色的管理咨询业务逐渐被人们所接受，并获得了长足的发展。但是，21世纪初美国安然事件等会计丑闻的爆发，表明管理咨询业务与审计业务的融合会损害注册会计师的独立性，因而业界对此作出了限制，规定会计师事务所不能同时为客户提供财务报表审计与管理咨询业务。

（三）税务服务业务

税务服务业务主要包括税务代理与税务筹划服务。税务代理是指会计师事务所接受纳税主体的委托，依法代其办理纳税申报等税务事宜。税务筹划是指会计师事务所以客户利益为出发点，在法律允许的前提下，结合相关税收政策，对客户的经营、投资活动等涉税事项做出事先筹划与安排，并制定不同的纳税方案，以尽可能帮助客户获得税收利益，提高其利润水平。

（四）会计服务业务

会计服务业务主要包括代理记账、处理工资单、编制财务报表等，是中小型会计师事务所的主要业务，属于事务所提供的非鉴证业务。该业务的服务对象主要是中小企业，与大型企业相比较，中小型企业规模较小、内控制度不够成熟完善，因而更加需要事务所为其提供会计服务。近年来，财务舞弊广受业界关注，如何借助会计师事务所的专业力量，减少财务舞弊的行为，成为当前的经济热点问题，这一背景推动了法务会计的诞生与发展，法务会计服务也逐渐发展为事务所的重要业务之一。

（五）其他服务业务

除以上业务外，注册会计师还提供以下业务：

1. 商定程序业务

《中国注册会计师相关服务准则第4101号——对财务信息执行商定程序》规定，对财务信息执行商定程序的目标，是注册会计师对特定财务数据、单一财务报表或整套财务报表等财务信息执行与特定主体商定的具有审计性质的程序，并就执行的商定程序及其结果出具报告。注册会计师执行商定程序业务，仅报告执行的商定程序及其结果，并不提出鉴证结论。

2. 其他服务业务

注册会计师还提供诉讼支持、个人理财等服务，部分国家为加强业务规范，新增了相关资格证书。

二、 注册会计师执业准则

中国注册会计师执业规范体系包括注册会计师执业准则、质量控制准则、职业道德准则和后续教育准则，其中职业道德准则和后续教育准则不属于行业技术性规范，不纳入执业准则体系；中国注册会计师执业准则体系包括注册会计师业务准则和会计师事务所质量管理准则，其中注册会计师业务准则包括鉴证业务准则和相关服务准则，鉴证业务准则按鉴证对象和保证程度分类可分为审计准则、审阅准则和其他鉴证业务准则。

（一）鉴证业务准则

1. 审计准则

审计准则是整个执业准则体系的核心。审计准则对注册会计师执行历史财务信息的审计业务进行规范，要求注册会计师在提供审计服务时，以积极方式对所审计信息是否不存在重大错报提供合理保证。

2. 审阅准则

审阅准则对注册会计师执行历史财务信息的审阅业务进行规范，要求注册会计师主要通过询问和分析程序获取证据，以消极方式对所审阅信息是否不存在重大错报提供有限保证。财务报表审阅的目标是，注册会计师在实施审阅程序的基础上，说明是否注意到某些事项，使其相信财务报表没有按照适用的会计准则和相关会计制度的规定编制，未能在所有重大方面公允反映被审阅单位的财务状况、经营成果和现金流量。

3. 其他鉴证业务准则

其他鉴证业务准则对注册会计师执行历史财务信息审计或审阅以外的其他鉴证业务进行规范。

（1）历史财务信息审计或审阅以外的鉴证业务。

历史财务信息审计或审阅以外的鉴证业务（以下简称"其他鉴证业务"）的保证程度可以划分为有限保证和合理保证。有限保证的其他鉴证业务的目标是注册会计师将鉴证业务风险降至该业务环境下可接受的水平，以此作为以消极方式提出结论的基础。合理保证的其他鉴证业务的目标是注册会计师将鉴证业务风险降至该业务环境下可接受的低水平，以此作为以积极方式提出结论的基础。两种业务相较之下，前者的风险水平要高于后者。

《中国注册会计师其他鉴证业务准则第 3101 号——历史财务信息审计或审阅以外的鉴证业务》主要从以下几个方面对该部分作出规定：承接与保持业务；计划与执行业务；利用专家的工作；获取证据；考虑期后事项；形成工作记录；编制鉴证报告；其他报告责任。

（2）预测性财务信息的审核。

《中国注册会计师其他鉴证业务准则第 3111 号——预测性财务信息的审核》规定，预测性财务信息，是指被审核单位依据对未来可能发生的事项或采取的行动的假设而编制的财务信息。预测性财务信息可以表现为预测、规划或两者的结合，可能包括财务报表整体或其中的一项或多项要素。预测，是指管理层基于最佳估计假设编制的预测性财务信息。规划，是指管理层基于推测性假设，或同时基于推测性假设和最佳估计假设编制的预测性财务信息。最佳估计假设是指截至编制预测性财务信息日，管理层对预期未来发生的事项和采取的行动作出的假设。推测性假设是指管理层对未来事项和采取的行动作出的假设，该事项或行动预期在未来不一定会发生。

注册会计师受托对预测性财务信息实施审核业务时，应当针对以下事项获取充分、适当的证据，并基于此出具报告，从而提高信息可信度：管理层编制预测性财务信息所依据的最佳估计假设的合理性；在依据推测性假设的情况下，推测性假设与信息的编制目的之间的相适应性；预测性财务信息是基于假设而恰当编制的；预测性财务信息已恰当列报，所有重大假设已充分披露，包括说明采用的是推测性假设还是最佳估计假设；预测性财务信息的编制基础与历史财务报表之间的一致性，以及会计政策选用的恰当性。

（二）相关服务准则

相关服务准则主要对提供管理咨询、税务服务、代编财务报表、执行商定程序及其他服务业务进行规范。需要注意的是，注册会计师在执行这些服务时，并不提供任何程度的保证。

1. 对财务信息执行商定程序

《中国注册会计师相关服务准则第 4101 号——对财务信息执行商定程序》规定，对财务信息执行商定程序的目标，是注册会计师对特定财务数据、单一财务报表或整套财务报表等财务信息执行与特定主体商定的具有审计性质的程序，并就执行的商定程序及其结果出具报告。注册会计师执行商定程序业务，仅报告执行的商定程序及其结果，并不提出鉴证结论。其中特定主体是指委托人和业务约定书中指明的报告致送对象。

注册会计师执行该业务时，仅向使用者报告执行的商定程序及其结果，并不提出鉴证结论，而由报告使用者据此自行加以分析、评价并得出结论。注册会计师执行业务时，应遵守职业道德规范，秉持客观、公正、保密的原则，获取并保持专业胜任能力和应有的关注。

注册会计师执行商定程序业务时：应当及时与特定主体进行沟通，并就执行程序与业务约定条款等达成一致意见；合理制定工作计划，运用相关程序有效执行业务，按要求获取并记录证据。为使报告使用者理解所执行的商定程序业务的范围及性质，注册会计师应当基于获取的证据，出具商定程序业务报告，并在其中详细说明业务目的及商定的程序内容。

2. 代编财务信息

《中国注册会计师相关服务准则第 4111 号——代编财务信息》规定，代编财务信息业务（简称"代编业务"）的目标是注册会计师运用会计而非审计的专业知识和技能，代客户编制一套完整或非完整的财务报表，或代为收集、分类和汇总其他财务信息。注册会计师执行业务时，应遵守职业道德规范，秉持客观、公正、保密的原则，获取并保持专业胜任能力和应有的关注。

（三）会计师事务所质量管理准则

会计师事务所质量管理准则是中国注册会计师执业准则体系中所有其他准则的前提和基础，主要包括业务质量管理准则和项目质量复核准则。

1. 业务质量管理

业务质量管理准则对会计师事务所设计、实施和运行有关财务报表审计与审阅业务、其他鉴证业务以及相关服务业务的质量管理体系进行规范。除此之外，相关职业道德要求也可能针对会计师事务所在质量管理方面的责任作出规定，因此，会计师事务所需同时考虑本准则和其他相关职业道德中的要求。

《会计师事务所质量管理准则第 5101 号——业务质量管理》规定，会计师事务所的目标是，针对所执行的财务报表审计与审阅业务、其他鉴证业务和相关服务业务，设计、实施和运行质量管理体系，从而为以下方面提供合理保证：会计师事务所及其人员遵守相关法律法规和职业准则的规定履行职责、执行业务；会计师事务所和项目合伙人出具适合具体情况的报告。

为达到上述目标，准则中对需要遵守的要求进行了规定。对会计师事务所质量管理体系承担最终责任或运行责任的人员，应当了解业务质量管理准则及其应用指南的内容，以理解准则的目标并遵守要求。业务质量管理准则主要从以下八个方面提出要求：会计师事务所的风险评估程序、治理和领导层、相关职业道德要求、客户关系和具体业务的接受与保持、业务执行、资源、信息与沟通、监控和整改程序。

2. 项目质量复核

项目质量复核是会计师事务所质量管理体系中的一项应对措施。业务质量管理准则规范了会计师事务所应当实施项目质量复核的范围，制定相关政策和程序的责任；项目质量复核准则规范了项目质量复核人员的委派和资质要求，及其在实施和记录项目质量复核方面的责任；其他一些执业准则规定了项目合伙人和项目组其他成员在项目层面实施质量管理的要求。此外，会计师事务所需同时考虑其他相关职业道德中的要求。

《会计师事务所质量管理准则第 5102 号——项目质量复核》规定，会计师事务所的目标是，委派符合相关资质要求的项目质量复核人员，在适用的法律法规和职业准则框架下，对项目组作出的重大判断和据此得出的结论作出客观评价。会计师事务所和项目质量复核人员应当了解项目质量复核准则及其应用指南的全部内容，以理解准则的目标并遵守要求。项目质量复核准则主要从以下三个方面提出要求：项目质量复核人员的委派和资质要求、项目质量复核的实施、工作底稿的编制。

三、 注册会计师审计执业道德规范

为规范注册会计师职业活动，提高注册会计师职业道德水准，维护注册会计师职业形象，中注协根据《中华人民共和国注册会计师法》和《中国注册会计师协会章程》，制定了《中国注册会计师职业道德守则第 1 号——职业道德基本原则》。为规范注册会计师职业活动，建立职业道德概念框架，指导注册会计师遵循职业道德基本原则，履行其维护公众利益的职责，中注协制定了《中国注册会计师职业道德守则第 2 号——职业道德概念框架》。除此之外，为解决提供专业服务时遇到的具体职业道德问题、执行审计和审阅业务以及其他鉴证业务时遇到的独立性问题，中注协分别制定了《中国注册会计师职业道德守则第 3 号——提供专业服务的具体要求》。下面主要介绍我国注册会计师职业道德基本准则及概念框架。

（一）注册会计师职业道德基本原则

注册会计师在实现执业目标时，应当遵守以下职业道德基本原则：诚信、客观公正、独立性、专业胜任能力和勤勉尽责、保密、良好职业行为。

1. 诚信

诚信是注册会计师行业存在和发展的基石，在职业道德基本原则中居于首要地位。诚信原则要求注册会计师应当在所有的职业活动中保持正直、诚实守信。注册会计师如果认为业务报告、申报资料、沟通函件或其他方面的信息存在含有虚假记载、误导性陈述；含有缺乏充分根据的陈述或信息；存在遗漏或含糊其词的信息，而这种遗漏或含糊其词可能会产生误导，不得与这些有问题的信息发生关联。注册会计师如果注意到已与有问题的信息发生关联，应当采取相应措施消除关联。如果注册会计师按照职业准则的规定出具了恰当的业务报告，则不被视为违反以上规定。

2. 客观公正

客观公正原则要求注册会计师应当公正处事，实事求是，不得由于偏见、利益冲突或他人的不当影响而损害自己的职业判断。如果存在对职业判断产生过度不当影响的情形，注册会计师不得从事与之相关的职业活动。

3. 独立性

独立性原则要求注册会计师在执行审计、审阅以及其他鉴证业务时，应当从实质上和形式上两个方面保持独立性，不得因任何利害关系影响其客观公正。《中国注册会计师职业道德守则第4号——审计和审阅业务对独立性的要求》《中国注册会计师职业道德守则第5号——其他鉴证业务对独立性的要求》针对注册会计师执行相关业务的独立性作出了具体要求。会计师事务所在承接审计、审阅以及其他鉴证业务时，应当从会计师事务所整体层面和具体业务层面采取措施，以保持会计师事务所和项目团队的独立性。

4. 专业胜任能力和勤勉尽责

专业胜任能力和勤勉尽责原则要求注册会计师应当：获取并保持应有的专业知识和技能，确保为客户提供具有专业水准的服务；做到勤勉尽责。注册会计师应当通过教育、培训和执业实践获取和保持专业胜任能力；应当持续了解并掌握当前法律、技术和实务的发展变化，将专业知识和技能始终保持在应有的水平；在运用专业知识和技能时，应当合理运用职业判断。勤勉尽责原则要求注册会计师应当遵守职业准则的要求并保持应有的职业怀疑，认真、全面、及时地完成工作任务。注册会计师应当采取适当措施，确保在其授权下从事专业服务的人员得到应有的培训和督导。在适当时，注册会计师应当使客户或专业服务的其他使用者了解专业服务的固有局限性。

5. 保密

保密原则要求注册会计师应当对职业活动中获知的涉密信息保密，注册会计师应当遵守下列要求：警觉无意中泄密的可能性；对所在会计师事务所内部的涉密信息保密；对职业活动中获知的涉及国家安全的信息保密；对拟承接的客户向其披露的涉密信息保密；在未经客户授权的情况下，不得向会计师事务所以外的第三方披露其所获知的涉密信息，除非法律规定注册会计师在这种情况下有权利或义务进行披露；不得利用因职业关系而获知的涉密信息为自己或第三方谋取利益；不得在职业关系结束后利用或披露因该职业关系获知的涉密信息；采取适当措施，确保下级员工以及为注册会计师提供建议和帮助的人员履行保密义务。

6. 良好职业行为

良好职业行为原则要求注册会计师应当爱岗敬业，遵守相关法律法规，避免发生任何可能损害职业声誉的行为。如果某种行为很可能被一个理性且掌握充分信息的第三方认为将对良好的职业声誉产生负面影响，则这种行为属于可能损害职业声誉的行为。注册会计师在向公众传递信息以及推介自己和工作时，应当客观、真实、得体，不得损害职业形象。注册会计师应当诚实、实事求是，不得有下列行为：夸大宣传提供的服务、拥有的资质或获得的经验；贬低或无根据地比较他人的工作。

（二）注册会计师职业道德概念框架

职业道德概念框架是指解决职业道德问题的思路和方法，用以指导注册会计师识别、评价和应对各种可能对职业道德基本原则产生的不利影响。在运用职业道德概念框架时，注册会计师应当：运用职业判断；对新信息、事实和情况的变化保持警觉；实施理性且掌握充分信息的第三方测试。

职业判断涉及对与具体事实和情况相关的教育和培训、专业知识、技能的运用。在从事具体职业活动的过程中，当注册会计师运用概念框架，以对可采取的行动作出知情的决策，并确定这些决策在具体情况下是否适当时，注册会计师应当运用职业判断。当注册会计师在确定为获取对已知事实和情况的了解有必要采取的行动，以及就职业道德基本原则是否得以遵循形成结论时，同样应当运用职业判断。

理性且掌握充分信息的第三方测试，是测试检验注册会计师得出的结论是否客观公正的一种方法，是指注册会计师考虑：假设存在一个理性且掌握充分信息的第三方（不一定是注册会计师），在权衡了注册会计师于得出结论的时点可以了解到的所有具体事实和情况后，是否很可能得出与注册会计师相同的结论。

1. 识别对职业道德基本原则的不利影响

通常来说，一种情形可能产生多种不利影响，一种不利影响也可能影响多项职业道德基本原则。可能对职业道德基本原则产生不利影响的因素包括自身利益、自我评价、过度推介、密切关系和外在压力。《中国注册会计师执业准则》中对这些因素进行了定义，并且分别提供了产生不利影响的例子。

2. 评价不利影响的严重程度

注册会计师如果识别出存在对职业道德基本原则的不利影响，应当评价该不利影响的严重程度是否处于可接受的水平。其中可接受的水平是指针对识别出的不利影响实施理性且掌握充分信息的第三方测试后，很可能得出其行为并未违反职业道德基本原则的结论时，该不利影响的严重程度所处的水平。注册会计师应当从性质和数量两个角度出发，评价不利影响的严重程度，另外，注册会计师还应当考虑以下因素的影响：专业服务的性质和范围；新信息或事实和情况的变化；与客户或会计师事务所及其经营环境相关的条件、政策和程序。

3. 应对不利影响

注册会计师如果确定识别出的不利影响超出可接受的水平，应当采取以下应对措施：消除产生不利影响的情形；采取可行并有能力采取的单项或一系列防范措施将不利影响降低至可接受的水平；拒绝或终止特定的职业活动。

第四节　注册会计师审计法律责任

一、注册会计师审计法律责任概述

（一）法律责任的概念

注册会计师审计法律责任，是指注册会计师在执业过程中未能保持应有的职业谨慎，存在违约、过失和欺诈等行为，因而导致客户及其他利益相关者遭受损失，按照相关法律应当承担的责任。应有的职业谨慎，是指注册会计师在执业时应当保持应有的专业知识和技能，并遵循执业准则的要求。

（二）注册会计师审计法律责任的成因

1. 注册会计师自身原因

导致会计师事务所和注册会计师承担法律责任的根本原因是注册会计师存在违约、过失和欺诈等行为。具体行为见表5－2。

表5－2　　　　　　　　　　注册会计师承担法律行为的根本原因

注册会计师承担法律责任的原因	
违约	违约是指合同一方或多方未能履行合同条款规定的义务。对于注册会计师而言，是指在执业过程中未能达到审计业务约定书的要求在商定的期间内完成业务委托，或是违反相关保密协议等违约行为
过失	过失是指在执行业务时未能保持应有的职业谨慎。对于注册会计师的过失，一般将相同条件下其他合格注册会计师可以达到的谨慎作为评判标准。过失按照程度不同可以划分为普通过失和重大过失。普通过失，又称一般过失，是指在执业时缺乏合理的职业谨慎，即注册会计师没有完全遵循执业准则的要求。重大过失，是指在执业时缺乏最起码的职业谨慎，即注册会计师根本没有遵循执业准则的要求

注册会计师承担法律责任的原因	
欺诈	欺诈，也称作舞弊，是指故意利用欺骗手段坑害他人，从而谋取不正当利益的一种错误行为。欺诈与过失的最主要区别之一就是欺诈具有不良动机，同时这也是欺诈的重要特征。对于注册会计师而言，欺诈是指为达到故意欺诈或坑害他人的目的，明知委托单位的财务报表存在重大错报，却仍旧出具不恰当的审计报告

2. 注册会计师承担法律责任的成因

随着我国社会主义市场经济的发展，相关法律制度不断建立与完善，注册会计师所承担的法律责任逐渐加重，其社会原因主要包括以下几点：第一，政府监管部门持续强化投资者合法权益保护工作，进一步健全投资者保护的制度机制与监管体系，使得利益相关者更加积极地运用法律诉讼的方式来解决利益冲突，注册会计师受诉案件日益增多，面临"诉讼爆炸"的情形；第二，注册会计师的业务类型日益丰富，业务范围更加广泛，这导致注册会计师审计活动面临的风险不断增加，从而加重其法律责任的承担；第三，随着企业规模的扩大，生产经营活动日益复杂化，公司对社会公众的报告责任越发凸显出其重要性；第四，公司作为财务报表的发布者，其对审计人员应当承担相应法律责任的意识逐渐加强。

二、 国内外注册会计师审计法律责任

（一）美国注册会计师审计法律责任

美国注册会计师审计的法律责任主要来源于习惯法和成文法。成文法是指由国家立法机关依据法定程序制定的、表现为文字形式的法律文件，在成文法案件中，法院必须按照法律条文中的规定来严格审理案件。习惯法是指不依据法定程序而是法院直接从判例中引申出的相关法律文件，在习惯法案件中，法院可以不根据历史判例而另行创立新的法律。

1. 习惯法下注册会计师的法律责任

习惯法下注册会计师主要对客户和第三方承担民事责任。在习惯法下，注册会计师若没能按照合同条款的规定履行义务，就会因为违约或过失行为导致审计失败，即注册会计师没能发现财务报表中存在的重大错报，并发表了不恰当的审计意见；注册会计师若存在重大过失、涉嫌欺诈或欺诈行为，也要对委托人承担法律责任。注册会计师出现下列情况可能导致其对委托单位承担责任：没有保持应有的职业谨慎；共同过失，即注册会计师和委托单位双方的责任共同导致的审计失败；违反双方签订的保密协议。注册会计师承担对委托方的违约责任，必须符合下列条件：没能保持应有的职业谨慎；负有遵循谨慎的相关标准进行执业的责任；审计人员的过失行为是委托方遭受损失的直接原因；委托方有实际经济损失。在习惯法下，原告（即委托方）负有举证责任。

2. 成文法下注册会计师的法律责任

涉及注册会计师审计法律责任的美国成文法主要包括：《1933 年证券法》《1934 年证券交易法》《1995 年私人证券诉讼改革法案》以及《2002 年萨班斯—奥克斯利法案》。

《1933 年证券法》不仅以立法形式要求上市公司的财务报表必须进行注册会计师审计，并强制其向公众披露审计报告，同时也严格规定了注册会计师对第三方的法律责任。该法第 11（a）条款规定：注册说明书中的任何部分在生效时，若含有对重大事实的不实陈述，或漏报了规定应报的或者为使该说明书不被误解所必要的重大事实，任何证券购买者（除非可以证明原告在获取证券时已知重大事实的不实陈述或漏报情况）都有权对注册会计师提起诉讼。《1933 年证券法》与习惯法相比，对注册会计师提出了更严格的要求，主要表现为：举证责任由原告（证券购买方）转向被告（注册会计师），原告只需证明其遭受损失，无须证明注册会计师存在过失，而这部分举证责任已转向被告方；注册会计师只要存在普通过失行为，就需要对第三方承担法律责任。除此之外，《1933 年证券法》也对注册会计师的刑事责任进行了规定，第 24 条款规定，有意违反本法规定对重大事实进行不实陈述或漏报的注册会计师，一经确认应被判处不超过 10 000 美元的罚金或不超过 5 年的监禁或两者兼有。

在民事责任方面，《1934 年证券交易法》第 18（a）条款规定，所有上市公司必须向证券交易委员会（SEC）提交经注册会计师审计的年度和季度财务报表，任何人若在报表中对重要事实作出虚假或误导性陈述，都需要承担相应的法律责任，除非被告方能够证明其行为出于善意，且不知道作出的陈述是虚假或误导性的。《1934 年证券交易法》与《1933 年证券法》相比较，存在以下不同点：法律涉及的财务报表更多，注册会计师对每年的年度报表负有责任；在一定程度上减轻了注册会计师的法律责任，将其责任限定在重大过失或欺诈行为；部分举证责任转向原告方，原告需要证明依赖注册会计师已审财务报表与原告遭受损失之间存在直接因果关系，而注册会计师只需证明其行为出于善意（即无重大过失或欺诈行为）即可。在刑事责任方面，有意违反本法规定对重大事实作出虚假或误导性陈述的注册会计师，一经确认应被判处不超过 100 万美元的罚金或不超过 10 年的监禁或两者兼有。

《1995 年私人证券诉讼改革法案》与《1933 年证券法》以及《1934 年证券交易法》相比，主要作出以下两方面的修改：其一，将注册会计师原先承担的无限连带赔偿责任修改为"公允份额"比例责任；其二，改变了损失赔偿上限的确定方法，该法规定损失赔偿上限为证券买入或卖出价与相关错报信息或遗漏信息得到更正，并传播到市场后 90 天内平均收盘价的差额。

21 世纪初美国安然公司、世通公司等一系列会计丑闻事件爆发，促使美国立法机关通过并确立了《2002 年萨班斯—奥克斯利法案》，简称《SOX 法案》或《索克思法案》。法案以保护投资者权益为出发点，通过加重刑事责任、延长诉讼时效、细化处罚措施等方式来提高注册会计师违法成本，从而提升注册会计师行业规范运作水平。

（二）我国注册会计师审计法律责任

我国注册会计师因违约、过失或欺诈给被审计单位或其他利害关系人造成损失的，按照有关法律规定，可能被判承担行政责任、民事责任或刑事责任。这三种责任可单处，也可并处。行政责任，一般由违约、过失引起，对注册会计师而言，包括警告、暂停执业、罚款、吊销注册会计师证书等；对会计师事务所而言，包括警告、没收违法所得、罚款、暂停执业、撤销等。民事责任，一般由违约、过失、欺诈引起，主要是指赔偿受害人损失。刑事责任，一般由欺诈引起，是指触犯刑法所必须承担的法律后果，其种类包括罚金、有期徒刑以及其他限制人身自由的刑罚等。

随着我国社会主义市场经济体制的不断完善与发展，注册会计师的社会地位日益提升，在经济建设中起着无可替代的作用。注册会计师的审计活动作为一种客观公正、具有权威性的社会活动，其审计结论会对客户、第三方甚至社会经济秩序产生重大的影响，因此，建立与完善注册会计师法律责任制度，保障行业执业质量，防范和控制审计风险，就显得至关重要。我国涉及会计师事务所及注册会计师法律责任的相关法律法规主要有《中华人民共和国注册会计师法》《中华人民共和国公司法》《中华人民共和国证券法》《中华人民共和国刑法》等，具体有关规定将在本章第八节进行介绍说明。

第五节　注册会计师审计人员与机构

一、 注册会计师

注册会计师是指依法获得注册会计师证书并接受委托从事审计和会计咨询、会计服务业务的执业人员。注册会计师在执业时以事务所为单位开展审计业务活动，主要针对委托方公布的财务报表信息发表审计意见，并出具有关报告。注册会计师具有严格的资格准入门槛，对专业素养的要求极为严格，注册会计师职业道德基本原则中规定，注册会计师应当通过教育、培训和执业实践获取和保持专业胜任能力。下面主要从教育要求、考试及经验要求几方面对注册会计师的资格要求进行介绍。具体见表5–3。

表5–3　　　　　　　　　　　　　注册会计师资格要求

注册会计师资格要求	
教育要求	《注册会计师法》第八条规定，具有高等专科以上学校毕业的学历、或者具有会计或者相关专业中级以上技术职称的中国公民，可以申请参加注册会计师全国统一考试；具有会计或者相关专业高级技术职称的人员，可以免予部分科目的考试。 《中国注册会计师继续教育制度》和《中国注册会计师协会非执业会员继续教育制度》对继续教育的组织管理、内容与形式、学时确认与考核方式等进行了规定，强调注册会计师和非执业会员应当及时接受继续教育，提升专业技能和执业质量

注册会计师资格要求	
考试及经验要求	注册会计师全国统一考试分为两个阶段，即专业阶段考试和综合阶段考试，考生在通过专业阶段考试的全部科目后，才能报名参加综合阶段考试。专业阶段考试包括会计、审计、财务成本管理、经济法、税法、公司战略与风险管理6个科目；综合阶段考试涉及职业能力综合测试1个科目。专业阶段的单科考试合格成绩5年内有效。对在连续5个年度考试中取得专业阶段全部6门科目考试合格成绩的考生，注册会计师考试委员会（以下简称"财政部考委会"）颁发注册会计师全国统一考试专业阶段考试合格证书。对取得综合阶段科目考试合格成绩的考生，财政部考委会颁发注册会计师全国统一考试全科考试合格证书。取得全科考试合格证书者，但尚未从事审计业务工作两年以上的，可以向省级注册会计师协会申请注册为非执业会员；已具备两年以上审计业务工作经验的，可以申请注册为执业注册会计师。注册会计师协会应当将准予注册的人员名单报国务院财政部门备案，财政部发现注册不符合相关法律规定的，应当通知有关的注册会计师协会撤销注册

二、　会计师事务所

（一）会计师事务所的组织形式

会计师事务所是依法设立并独立承办注册会计师业务的机构。注册会计师承办业务，应当加入会计师事务所。随着注册会计师行业的不断壮大，会计师事务所发展出多种组织形式，主要包括独资、普通合伙制、有限责任公司制、有限责任合伙制等，我国会计师事务所的组织形式主要包括普通合伙制、有限责任公司制以及特殊普通合伙制。

1. 独资会计师事务所

独资会计师事务所，也称作个人会计师事务所，由具备注册会计师执业资格的个人独立开创，并承担无限责任。该组织形式的优点主要有：执业灵活且具有弹性，能够充分满足小型企业在代理纳税、代理记账等方面的业务需求；只存在一个所有者，规模较小，对执业人员的需求较小，因而事务所设立较为容易。该组织形式的缺点主要有：单一所有者承担无限责任，无力承办大中型企业的注册会计师业务；发展后劲不足。

2. 普通合伙制会计师事务所

普通合伙制会计师事务所，指由两位及以上注册会计师组成的合伙组织，合伙人以各自的财产对事务所的债务承担无限连带责任。该组织形式的优点是：为实现风险与收益间的平衡，会计师事务所加强专业化建设，扩大规模，不断增强抗风险能力。该组织形式的缺点是：通过合伙制的方式，建立一个跨地区、跨省、跨国界的大规模会计师事务所是一个很漫长的过程，事务所规模扩张较为困难；任意一位合伙人在执业过程中出现过失或欺诈行为，都可能对事务所整体造成严重的负面影响。

3. 有限责任公司制会计师事务所

有限责任公司制（Limited Liability Company，LLC）会计师事务所，也称作股份有限公司制会计师事务所，指由注册会计师认购事务所股份，并以其认购的股份为限对事务所的债务承担执业责任，事务所以全部资产为限对其债务承担责任。该组织形式的优点是：公司制形式有助于迅速吸纳注册会计师人才，建立规模型会计师事务所，承办大中型企业的注册会计师业务。该组织形式的缺点是：减弱了风险管理对注册会计师执业行为的约束力与威慑力，导致注册会计师缺乏风险意识，影响事务所的执业质量。

4. 有限责任合伙制会计师事务所

有限责任合伙制（Limited Liability Partnership，LLP）会计师事务所，指会计师事务所以全部资产为限对其债务承担责任，合伙人对个人执业行为承担无限责任，无不当执业行为的合伙人对其他合伙人的过失行为承担有限责任。该组织形式的最大特点是很好地融合了普通合伙制和有限责任公司制两者的优点，同时又改进了不足，因而已成为当前事务所组织形式的一种发展趋势。

5. 特殊普通合伙制会计师事务所

特殊普通合伙制是普通合伙制的一种特殊形式，特殊普通合伙制会计师事务所的性质和目标相当于西方的有限责任合伙制会计师事务所。该组织形式对各合伙人的执业责任进行划分，尽可能地保护合伙人的权益，《中华人民共和国合伙企业法》第五十七条规定，一个合伙人或者数个合伙人在执业活动中因故意或者重大过失造成合伙企业债务的，应当承担无限责任或者无限连带责任，其他合伙人以其在合伙企业中的财产份额为限承担责任；合伙人在执业活动中非因故意或者重大过失造成合伙企业债务以及合伙企业的其他债务，由全体合伙人承担无限连带责任。近年来，我国会计师事务所逐渐改制为特殊普通合伙制，并且取得了一定的成效。

6. 国际四大会计师事务所

国际会计师事务所是世界公认的规模最大、业务范围最广、雇员最多、影响力最大的会计公司，代表了全球会计最先进的水平和最高的质量。国际会计师事务所的前身，是几家主要承办审计、代理记账、破产清算、税务服务等业务的中小型事务所，随着事务所不断兼并、设立分所，其规模日益扩张，当前业务覆盖范围已十分广泛，主要包括合同谈判、风险咨询、管理顾问、财务咨询、公司改造等业务。目前，国际四大会计师事务所是指德勤（DTT）、普华永道（PwC）、安永（EY）以及毕马威（KPMG）。

（二）会计师事务所的设立与审批

《注册会计师法》规定，申请设立会计师事务所时，应当向省、自治区、直辖市人民政府财政部门（简称"省级财政部门"）报送相关文件资料，由其进行审查批准并报送国务院财政部门备案。国务院财政部门和省级人民政府财政部门，按属地原则依法监督和管理注册会计师和会计师事务所。根据《会计师事务所执业许可和监督管理办法》有关规定，会计师事务所的审批设立、备案及发证程序为：

（1）申请人向会计师事务所所在地的省级财政部门提交申请执业许可所需的相关材料。

（2）省级财政部门对申请材料进行审查。对申请材料齐全、符合法定形式的，应当受理申请，并将申请材料中有关情况在 5 日内予以公示；不予受理申请的，应当告知申请人需要补正的全部内容。

（3）省级财政部门通过财政会计行业管理系统对申请人有关信息进行核对，并自受理申请之日起 30 日内作出准予或者不准予会计师事务所执业许可的决定。

（4）省级财政部门作出准予决定的，应当自作出决定之日起 10 日内向申请人出具准予行政许可的书面决定、颁发会计师事务所执业证书，并予以公告。同时，应当自作出决定之日起 30 日内将有关决定情况报财政部备案。省级财政部门作出不准予会计师事务所执业许可决定的，应当自作出决定之日起 10 日内向申请人出具书面决定，并通知工商行政管理部门。

三、 注册会计师协会

注册会计师协会是由注册会计师组成的行业自律性组织，主要由中注协以及省、自治区、直辖市注册会计师协会（简称"省级注协"）构成。中注协成立于 1988 年 11 月，是在财政部党组领导下开展行业管理和提供服务的法定组织。中注协积极构建与完善注册会计师行业自律管理体系，加强服务、监督、管理、协调等职能的建设，其主要职责包括审批和管理协会会员；拟订执业准则与规则，并监督实施；制定规范指南和质量检查办法，对会计师事务所的执业情况和注册会计师的任职资格组织年检；制定注册会计师全国统一考试和后续教育的规划和计划，并组织实施；制定同业公平竞争的管理办法，协调行业内部与外部关系；代表我国注册会计师行业与国际会计组织开展经验交流与合作研究等。

中注协的宗旨是服务、监督、管理、协调，即以诚信建设为主线，服务本会会员，监督会员执业质量、职业道德，依法实施注册会计师行业管理，协调行业内、外部关系，维护社会公众利益和会员合法权益，促进行业科学发展。

中注协最高权力机构为全国会员代表大会，全国会员代表大会选举产生理事会。理事会选举产生会长、副会长、常务理事会，理事会下设 11 个专门（专业）委员会。常务理事会在理事会闭会期间行使理事会职权。协会下设秘书处，为其常设执行机构。

截至 2019 年 6 月 30 日，中注协有单位会员（会计师事务所）9 118 家，个人会员超过 26 万人，其中注册会计师 107 483 人、非执业会员 153 891 人，全行业从业人员近 40 万人。

第六节　注册会计师审计程序

注册会计师审计程序是指审计人员从审计工作开始到结束的整个过程中所采用的，用以获取审计证据以支持其发表审计意见的系统性工作步骤。审计程序一般包括三个阶段，分别是准备阶段、实施阶段和终结阶段。准备阶段审计工作主要包括：初步调查了解被审计单位的基本情况；初步评价被审计单位的内部控制情况；分析审计风险；签订审计业务约定书；编制审计计划。实施阶段是整个审计过程的中心环节，其审计工作主要包括：进驻被审计单位；对内部控制进行符合性测试；对财务报表进行实质性测试；获取审计证据。终结阶段审计工作主要包括：整理与评价收集到的审计证据；复核审计工作底稿；编制审计报告；后续跟踪。注册会计师审计程序具体见图 5 − 3。

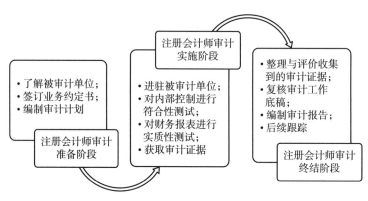

图 5 − 3   注册会计师审计程序

一、 注册会计师审计准备阶段

（一）了解被审计单位

1. 初步调查了解被审计单位的基本情况

注册会计师和会计师事务所在准备阶段最关键的决策之一就是确定是否接受客户的委托，这一决策关系到未来需要承担的审计风险及法律责任的大小，因此，注册会计师需要初步调查了解被审计单位的基本情况，进而辅助其进行决策并安排后续审计工作。应掌握的被审计单位内部因素包括：被审计单位的性质，被审计单位的目标、战略及相关经营风险，会计政策的选择及运用，财务状况的衡量和分析评价，内部控制情况等。应掌握的被审计单位外部因素包括：行业发展状况、法律环境以及监管环境等。

2. 初步评价被审计单位的内部控制

注册会计师需要初步评价被审计单位的内部控制，并在此基础上确定工作的重点。应当了解和评价的内容包括：被审计单位内部控制规章制度建立健全情况和执行情况，业务程序、职责划分的合理性等。

3. 分析审计风险

审计风险是指注册会计师没能发现被审计单位财务报表中存在的重大错报，并发表了不恰当审计意见的风险。根据风险导向审计模型，审计风险由重大错报风险和检查风险这两个决定性因素组成，具体关系如下列公式所示：

$$审计风险 = 重大错报风险 \times 检查风险$$

其中，重大错报风险是指财务报表在审计前存在重大错报的可能性。注册会计师应当从财务报表层次以及各类交易、账户余额和披露的认定层次对重大错报风险进行识别和评估。财务报表层次重大错报风险一般由控制环境缺陷造成，对财务报表整体产生广泛影响，进而影响多项认定，难以限于某类交易、账户余额、披露，因而注册会计师需要基于识别和评估结果采取总体应对措施。注册会计师识别和评估认定层次的重大错报风险，并依据审计风险要素之间的关系，确定可接受的检查风险水平，即在既定的审计风险水平下，评估的认定层次重大错报风险越高，可接受的检查风险水平越低，反之亦然。检查风险是指某一认定存在的错报单独或连同其他错报是重大的，但注册会计师未能通过实质性测试发现这种错报的可能性。注册会计师应当设计合理的实质性测试的性质、时间和范围，并有效实施，从而将检查风险降低至可接受的水平。

（二）签订审计业务约定书

审计业务约定书是指会计师事务所在接受客户委托的审计业务项目时提交给客户的，用以明确审计业务的委托关系以及相关约定事项的书面合约。一旦会计师事务所和被审计单位共同签订了审计业务约定书，该审计业务约定书即成为具有法律效力的合同。审计业务委托人与受托人应当就相关约定条款达成一致，并记录于审计业务约定书中，具体内容一般包括：财务报表审计的目标与范围；注册会计师的责任；管理层的责任；编制财务报表所适用的财务报告编制基础；注册会计师拟出具的审计报告的预期形式和内容，以及相关特定情况下的说明。

（三）编制审计计划

审计计划是指注册会计师为了达到预期的审计目标，完成审计业务，在实施审计程序前依据审计任务及相关情况编制的审计工作的预先规划。审计计划有助于更好地组织审计工作，促使审计人员获取充分、适当的审计证据，有效控制审计成本，确保审计工作的质量和效率。审计计划一般由总体审计策略和具体审计计划构成，总体审计策略用以确定审计工作的范围、时间安排和方向，并指导具体审计计划的制定，具体审计计划依据总体审计策略，对审计程序的性质、时间安排和范围进行详细的规划与说明。

二、 注册会计师审计实施阶段

（一）进驻被审计单位

在审计实施阶段，注册会计师需要进驻被审计单位，进一步了解审计情况。进驻后，审计人员应当与被审计单位的管理层及其他有关人员进行交流沟通，说明审计的目的、要求、内容等，取得被审计单位的信任、支持和配合。

（二）对内部控制进行符合性测试

对内部控制进行符合性测试是实施审计工作的基础。符合性测试，又称作遵循性测试或控制测试，是对内部控制制度设计和执行有效性进行的测试。注册会计师应当基于对被审计单位内部控制初步评价的结果，进一步对内部控制的可信赖程度进行检查与评价，并及时调整修订审计方案，确定下一审计环节的工作重点和范围等。

（三）对财务报表进行实质性测试

对财务报表进行实质性测试是审计实施阶段最重要的一个步骤。实质性测试，又称作实质性程序，是指在符合性测试的基础上，为获取充分、适当的审计证据，对被审计单位财务报表的真实性和财务收支的合法性进行全面或重点检查的过程。《中国注册会计师审计准则第1231号》规定，注册会计师实施的实质性测试应当包括下列与财务报表编制完成阶段相关的审计程序：将财务报表中的信息与其所依据的会计记录进行核对或调节，包括核对或调节披露中的信息，无论该信息是从总账和明细账中获取，还是从总账和明细账之外的其他途径获取；检查财务报表编制过程中作出的重大会计分录和其他调整。

（四）获取审计证据

审计证据指注册会计师通过设计和实施审计程序，获取的用以对被审计单位经营管理的实际情况作出判断、得出审计结论、形成审计意见的全部事实。从某种意义上讲，注册会计师进行审计的过程就是一系列获取、鉴定、综合审计证据的过程。审计证据主要包括构成财务报表基础的会计记录所含有的信息和从其他来源获取的信息。

三、 注册会计师审计终结阶段

（一）整理与评价收集到的审计证据

在审计终结阶段，注册会计师应当将执行审计业务中获取的个别的、分散的审计证据集中起来，按照审计目标和审计证据类型的不同，采取分类、排序、比较、取舍、汇总分析等方法，使其形成充分恰当、具有证明力的审计证据，并基于此对被审计单位的财务状况和经营成果进行评价，形成恰当的审计结论。从根本上来说，整理与评价执行审计业务中获取的审计证据的过程，就是注册会计师在法律法规、专业知识和技能等的基础上分析研究审计证据的过程。

（二）复核审计工作底稿

审计工作底稿指注册会计师对制定的审计计划、实施的审计程序、获取的相关审计证据，以及得出的审计结论作出的记录。通常来说，一张审计工作底稿是由一位注册会计师独立编制而成的，审计工作底稿的质量高低较大程度上受到注册会计师个人素质的影响，存在一定主观性，容易出现误差。因此，必须安排有关人员对已编写完成的审计工作底稿进行复核，从而保证工作底稿的规范性和审计结论的正确性。

（三）编制审计报告

审计报告指注册会计师根据审计准则的规定，在执行审计工作的基础上，对财务报表发表审计意见的书面文件，这是注册会计师审计工作的最终成果。注册会计师应当在整理分析审计证据、审计工作底稿等审计资料的基础上，形成审计意见，并按要求编制审计报告。审计报告的类型一般包括无保留意见、保留意见、否定意见、无法表示意见。

（四）后续跟踪

会计师事务所和注册会计师还应当在审计报告报出后，对影响审计报告的相关后续事实进行跟踪。在期后事项审计中，若期后事项对审计报告的影响程度达到重大影响时，注册会计师应当考虑修改审计报告。

第七节　注册会计师审计证据与审计工作底稿

一、注册会计师审计证据

审计证据指注册会计师通过设计和实施审计程序获取的用以对被审计单位经营管理的实际情况作出判断、得出审计结论、形成审计意见的全部事实凭证。从某种意义上讲，注册会计师进行审计的过程就是一系列获取、鉴定、综合审计证据的过程。

《中国注册会计师审计准则第 1301 号——审计证据》规定，注册会计师的目标是通过恰当的方式设计和实施审计程序，获取充分、适当的审计证据，以得出合理的审计结论，作为形成审计意见的基础。由此看来，审计证据必须具有充分性和适当性两个特征。充分性是对审计证据数量的衡量，注册会计师需要收集的审计证据的数量取决于审计证据的质量以及重大错报风险评估水平。适当性是对审计证据质量的衡量，即审计证据在支持审计意见所依据的结论方面具有的相关性和可靠性。审计证据的充分性和适当性必须同时具备，才能形成具有证明力的审计证据，帮助注册会计师作出准确的判断。

（一）审计证据的类型

注册会计师为了找出更具证明力的审计证据，提高审计工作效率，应当对审计证据进行分类。审计证据按照其表现形式，通常可以划分为实物证据、口头证据、书面证据以及环境证据。

1. 实物证据

实物证据是指用以核实被审计单位相关实物资产是否真实存在的证据。实物证据具有较强的证明力，可以确定库存现金、存货、固定资产等实物的存在性、特征和数量。但实物证据也存在局限性，它无法保证实物资产的质量、完整性以及所有权归属，因而需要注册会计师获取其他形式的审计证据进行补充。

2. 口头证据

口头证据是指被审计单位相关人员在注册会计师询问下作出的以口头答复形式存在的证据。由于被询问人员可能刻意隐瞒或遗漏有关情况，从而导致口头证据不准确，不具有较强的证明力，因而需要注册会计师进一步取证核实。即便这样，口头证据仍然在审计工作中被广泛运用，因为注册会计师可以借此挖掘出一些重要信息与线索，有助于进一步调查相关事项。

3. 书面证据

书面证据是指以书面文件形式存在的一类审计证据，例如会计凭证、会计账簿、财务报表、会议记录、公文、合同等。书面证据是审计证据中数量最多、来源最广泛、最基础的证据，因而需要注册会计师对其进行整理归纳，分析判别证据的真实性和有效性。书面证据通常可以划分为亲历证据、外部证据和内部证据。亲历证据是指注册会计师按照相关程序进行计算和分析所取得的证据，可靠性高，证明力强。外部证据是指由被审计单位以外的第三方提供的审计证据。外部书面证据主要包括两大类：第一类由第三方直接送交注册会计师，不存在被审计单位相关人员涂改伪造的可能，证据力较强，例如证明函件、证明书等；第二类由第三方提供，但由被审计单位持有，存在相关人员涂改伪造的可能，证据力低于第一类外部证据，例如发票、银行对账单等。内部证据是指由被审计单位自行编制并提供的证据。

4. 环境证据

环境证据，又称作状况证据，是指影响审计事项的各种环境事实。通常来说，环境证据不属于基本证据，不能对审计意见的形成产生直接影响，但环境证据有利于注册会计师了解被审计单位及被审计事项的环境和状况，判断所获取信息的总体合理性，因而是注册会计师发表审计意见所必须收集和掌握的资料。环境证据主要包括反映管理水平、管理条件、管理素质、内部控制状况的环境证据。

（二）获取审计证据的技术方法

获取审计证据是审计工作的核心，注册会计师可以单独或组合运用以下技术方法进行证据收集：检查、监盘、观察、询问、函证、重新计算、重新执行、分析程序等。

1. 检查

检查是注册会计师审查被审计单位的书面文件或实物资产以获取审计证据的一种取证方法。具体来说，检查包括检查记录或文件、检查有形资产两种方式。检查记录或文件是指注册会计师检查被审计单位内部或外部生成的，以纸质、电子或其他介质形式存在的记录和文件，所收集到的审计证据的可靠性取决于记录或文件的来源、性质以及内部控制的有效性。检查有形资产能够为资产存在性提供可靠依据，但无法确定资产的价值、权利和义务。

2. 监盘

监盘是指注册会计师亲赴现场，对实物进行监督盘点并适当抽查以获取审计证据的一种取证方法。注册会计师通过监盘一般可以获取实物证据，能够确定被审计单位实物的存在性、特征和数量，但无法保证实物资产的质量、完整性以及所有权归属。

3. 观察

观察是指注册会计师通过实地察看和调查被审计单位的环境和状况来获取审计证据，常用于对内部控制制度的执行、生产经营管理、仓库物资管理等情况的观察。注册会计师通过观察可以获取环境证据，有助于其判断审计证据的总体合理性，但是无法直接影响审计意见的形成。

4. 询问

询问是指注册会计师通过口头、书面等形式，从被审计单位内部或外部相关人员处获取各类信息，并就其答复进行评价的过程。注册会计师通常可以用询问的方式获取口头证据，在此基础上，还需要结合其他技术方法，以获取相关的审计证据，进一步调查求证。

5. 函证

函证是指注册会计师直接从被审计单位以外的第三方获取书面答复作为审计证据的一种取证方法。《中国注册会计师审计准则第1301号》规定，通过函证等方式从独立来源获取的相互印证的信息，可以提高注册会计师从管理层书面声明或会计记录中获取的审计证据的保证水平。函证主要可以划分为积极式函证和消极式函证，其中后者存在一定风险，说服力更低。

6. 重新计算

重新计算是指注册会计师通过手工或电子的方式对被审计单位有关文件或记录中的数据进行验算或重新计算。重新计算包括对原始凭证、会计记录中数据的验算，以及对相关项目的加总或其他运算。

7. 重新执行

重新执行是指注册会计师独立执行原本作为被审计单位内部控制组成部分的程序或控制。例如，注册会计师重新编写银行存款余额调节表，并与被审计单位编写的进行比较。

8. 分析程序

《中国注册会计师审计准则第1313号——分析程序》规定，分析程序，是指注册会计师通过分析财务数据与非财务数据之间以及不同财务数据之间的内在关系，对财务信息进行评价，同时还包括在必要时对识别出的、与其他相关信息不一致或与预期值差异重大的波动或关系进行调查。分析程序应当贯穿于审计准备、实施、终结等各个阶段。

二、 注册会计师审计工作底稿

审计工作底稿指注册会计师对制定的审计计划、实施的审计程序、获取的相关审计证据，以及得出的审计结论作出的记录。审计工作底稿是审计证据的载体，它将审计工作中采用的方法、步骤和获取的资料按照一定格式记录下来，可以作为注册会计师形成审计意见的直接依据。

（一） 审计工作底稿的作用

1. 审计工作底稿是编制审计报告的基础

审计工作底稿将审计工作中采用的方法、步骤、获取的资料以及所作的职业判断按照一定格式记录下来，是审计证据的载体。审计工作底稿不仅将注册会计师审计工作过程与审计报告连接起来，同时还在被审计单位的会计记录与审计报告之间建立纽带，可以作为注册会计师形成审计意见、编制审计报告的基础。

2. 有利于控制和考核审计工作质量

审计工作底稿真实地反映了注册会计师所执行的审计工作，明确记载了注册会计师是否有序实施了必要的审计程序、是否获取了充分适当的审计证据、是否合理运用了职业判断等相关情况，因此，审计工作底稿有助于注册会计师分析评价审计工作质量，并采取相应的控制措施，同时也有助于审计组织检查和考核审计工作质量，强化责任追究。

3. 有利于统筹协调审计工作

注册会计师在执行审计工作时，审计项目小组内部往往需要进行职责分工。审计工作底稿有利于小组成员间互相配合，提高工作效率；有利于负责人了解团队进度，合理统筹协调整体审计工作，并最终根据审计工作对财务报表及财务状况发表审计意见。

4. 有利于实施后续审计工作

一般来说，审计业务具有连续性，因而某一被审计单位当期审计工作底稿中记录的方法、步骤以及相关基本信息等，可以为该被审计单位后续审计提供重要的参考价值，此外，这些资料也能为相同性质的审计事项提供参考和借鉴，有助于提高工作效率。

（二） 审计工作底稿的内容

《中国注册会计师审计准则第 1131 号——审计工作底稿》规定，注册会计师编制的审计工作底稿，应当使得未曾接触该项审计工作的有经验的专业人士清楚了解：按照审计准则和相关法律法规的规定实施审计程序的性质、时间安排和范围；实施审计程序的结果和获取的审计证据；审计中遇到的重大事项和得出的结论，以及在得出结论时作出的重大职业判断。

在记录已实施审计程序的性质、时间安排和范围时，注册会计师应当记录：测试的具体项目或事项的识别特征；审计工作的执行人员及完成审计工作的日期；审计工作的复核人员及复核的日期和范围。

审计工作底稿可以以纸质、电子或其他介质形式存在，通常包括总体审计策略、具体审计计划、分析表、问题备忘录、重大事项概要、询证函回函和声明、核对表、有关重大事项的往来函件以及被审计单位文件记录的摘要或复印件。审计工作底稿一般不包括已被取代的审计工作底稿的草稿或财务报表的草稿、反映不全面或初步思考的记录、存在印刷错误或其他错误而作废的文本，以及重复的文件记录等。

注册会计师应当记录与管理层、治理层和其他人员对重大事项的讨论，包括所讨论的重大事项的性质以及讨论的时间、地点和参加人员。如果识别出的信息与针对某重大事项得出的最终结论不一致，注册会计师应当记录如何处理该不一致的情况。在极其特殊的情况下，如果认为有必要偏离某项审计准则的相关要求，注册会计师应当记录实施的替代审计程序如何实现相关要求的目的以及偏离的原因。

在某些例外情况下，如果在审计报告日后实施了新的或追加的审计程序，或者得出新的结论，注册会计师应当记录：遇到的例外情况；实施的新的或追加的审计程序、获取的审计证据、得出的结论，以及对审计报告的影响；对审计工作底稿作出相应变动的时间和人员，以及复核的时间和人员。

（三）审计工作底稿的归档与保存

审计工作底稿中记录了被审计单位的重要机密与信息，因而注册会计师需要在审计业务结束后，对审计工作底稿进行整理归档并妥善保管。《中国注册会计师审计准则第1131号——审计工作底稿》规定，注册会计师应当在审计报告日后及时将审计工作底稿归整为审计档案，并完成归整最终审计档案过程中的事务性工作。审计工作底稿的归档期限为审计报告日后60天内，如果注册会计师未能完成审计业务，则归档期限为审计业务中止后的60天内。

会计师事务所应当自审计报告日起，对审计工作底稿至少保存10年。如果注册会计师未能完成审计业务，会计师事务所应当自审计业务中止日起，对审计工作底稿至少保存10年。注册会计师不应在规定的保存期限届满前删除或废弃任何性质的审计工作底稿。

在完成最终审计档案归整工作后，如果注册会计师发现有必要修改现有审计工作底稿或增加新的审计工作底稿，无论修改或增加的性质如何，注册会计师均应当记录修改或增加审计工作底稿的理由、修改或增加的时间和人员，以及复核的时间和人员。

第八节　注册会计师审计相关法律

随着我国经济法治建设的不断推进，国家持续完善和细化法律法规体系以保证专业人员的执业能力，明确其应承担的法律责任。注册会计师的审计活动作为一种具有权威性的社会活动，其审计结论会对各个利益相关者的决策产生重要的影响，因此，明确审计人员的法律责任，强化审计行业监管，具有十分重要的意义。

我国注册会计师审计法律规范体系以《审计法》《注册会计师法》为主要核心，辅之以《刑法》《公司法》《证券法》等其他相关法律。《注册会计师法》立法实施主要是为了加强对注册会计师的规范化管理，规范其执业过程，促进行业健康发展，同时也维护国家与社会公众的利益，为社会主义市场经济高水平发展提供有力的法治保障。其中第二十条、第二十一条对注册会计师的职责进行了规定，第三十九条、第四十条、第四十二条对注册会计师和会计师事务所应承担的法律责任进行了规定，具体内容见表5-4。《公司法》立法实施主要是为了规范公司的组织和行为，维护利益相关者的利益，其中第二百零七条针对注册会计师提供虚假材料或存在重大遗漏的报告等情况所应承担的法律责任进行了规定，具体内容见表5-5。《证券法》立法实施主要是为了规范证券发行与交易行为，加强投资者权益保护，其中对会计师事务所等证券服务机构所应承担的法律责任进行了规定，具体内容见表5-6。《刑法》立法实施主要是为了惩罚犯罪，保护人民，其中第二百二十九条对注册会计师提供虚假证明文件罪和出具证明文件重大失实罪所应承担的刑事责任进行了规定，具体内容见表5-7。

表5-4   《注册会计师法》对注册会计师审计的相关规定

法律条目	具体规定
《注册会计师法》第二十条	注册会计师执行审计业务，遇有下列情形之一的，应当拒绝出具有关报告： （一）委托人示意其作不实或者不当证明的； （二）委托人故意不提供有关会计资料和文件的； （三）因委托人有其他不合理要求，致使注册会计师出具的报告不能对财务会计的重要事项作出正确表述的
《注册会计师法》第二十一条	注册会计师执行审计业务，必须按照执业准则、规则确定的工作程序出具报告。 注册会计师执行审计业务出具报告时，不得有下列行为： （一）明知委托人对重要事项的财务会计处理与国家有关规定相抵触，而不予指明； （二）明知委托人的财务会计处理会直接损害报告使用人或者其他利害关系人的利益，而予以隐瞒或者作不实的报告； （三）明知委托人的财务会计处理会导致报告使用人或者其他利害关系人产生重大误解，而不予指明； （四）明知委托人的会计报表的重要事项有其他不实的内容，而不予指明
《注册会计师法》第三十九条	会计师事务所违反本法第二十条、第二十一条规定的，由省级以上人民政府财政部门给予警告，没收违法所得，可以并处违法所得一倍以上五倍以下的罚款；情节严重的，并可以由省级以上人民政府财政部门暂停其经营业务或者予以撤销。 注册会计师违反本法第二十条、第二十一条规定的，由省级以上人民政府财政部门给予警告；情节严重的，可以由省级以上人民政府财政部门暂停其执行业务或者吊销注册会计师证书。 会计师事务所、注册会计师违反本法第二十条、第二十一条的规定，故意出具虚假的审计报告、验资报告，构成犯罪的，依法追究刑事责任
《注册会计师法》第四十条	对未经批准承办注册会计师业务的单位，由省级以上人民政府财政部门责令其停止违法活动，没收违法所得，可以并处违法所得一倍以上五倍以下的罚款
《注册会计师法》第四十二条	会计师事务所违反本法规定，给委托人、其他利害关系人造成损失的，应当依法承担赔偿责任

表 5 – 5 《公司法》对注册会计师审计的相关规定

法律条目	具体规定
《公司法》第二百零七条	承担资产评估、验资或者验证的机构提供虚假材料的，由公司登记机关没收违法所得，处以违法所得一倍以上五倍以下的罚款，并可以由有关主管部门依法责令该机构停业、吊销直接责任人员的资格证书，吊销营业执照。 承担资产评估、验资或者验证的机构因过失提供有重大遗漏的报告的，由公司登记机关责令改正，情节较重的，处以所得收入一倍以上五倍以下的罚款，并可以由有关主管部门依法责令该机构停业、吊销直接责任人员的资格证书，吊销营业执照。 承担资产评估、验资或者验证的机构因其出具的评估结果、验资或者验证证明不实，给公司债权人造成损失的，除能够证明自己没有过错的外，在其评估或者证明不实的金额范围内承担赔偿责任

表 5 – 6 《证券法》对注册会计师审计的相关规定

法律条目	具体规定
《证券法》第四十二条	为证券发行出具审计报告或者法律意见书等文件的证券服务机构和人员，在该证券承销期内和期满后六个月内，不得买卖该证券。 除前款规定外，为发行人及其控股股东、实际控制人，或者收购人、重大资产交易方出具审计报告或者法律意见书等文件的证券服务机构和人员，自接受委托之日起至上述文件公开后五日内，不得买卖该证券。实际开展上述有关工作之日早于接受委托之日的，自实际开展上述有关工作之日起至上述文件公开后五日内，不得买卖该证券
《证券法》第一百六十三条	证券服务机构为证券的发行、上市、交易等证券业务活动制作、出具审计报告及其他鉴证报告、资产评估报告、财务顾问报告、资信评级报告或者法律意见书等文件，应当勤勉尽责，对所依据的文件资料内容的真实性、准确性、完整性进行核查和验证。其制作、出具的文件有虚假记载、误导性陈述或者重大遗漏，给他人造成损失的，应当与委托人承担连带赔偿责任，但是能够证明自己没有过错的除外
《证券法》第一百八十八条	证券服务机构及其从业人员，违反本法第四十二条的规定买卖证券的，责令依法处理非法持有的证券，没收违法所得，并处以买卖证券等值以下的罚款
《证券法》第一百九十三条	违反本法第五十六条第二款的规定，在证券交易活动中作出虚假陈述或者信息误导的，责令改正，处以二十万元以上二百万元以下的罚款；属于国家工作人员的，还应当依法给予处分
《证券法》第二百一十三条	证券服务机构违反本法第一百六十三条的规定，未勤勉尽责，所制作、出具的文件有虚假记载、误导性陈述或者重大遗漏的，责令改正，没收业务收入，并处以业务收入一倍以上十倍以下的罚款，没有业务收入或者业务收入不足五十万元的，处以五十万元以上五百万元以下的罚款；情节严重的，并处暂停或者禁止从事证券服务业务。对直接负责的主管人员和其他直接责任人员给予警告，并处以二十万元以上二百万元以下的罚款
《证券法》第二百一十四条	发行人、证券登记结算机构、证券公司、证券服务机构未按照规定保存有关文件和资料的，责令改正，给予警告，并处以十万元以上一百万元以下的罚款；泄露、隐匿、伪造、篡改或者毁损有关文件和资料的，给予警告，并处以二十万元以上二百万元以下的罚款；情节严重的，处以五十万元以上五百万元以下的罚款，并处暂停、撤销相关业务许可或者禁止从事相关业务。对直接负责的主管人员和其他直接责任人员给予警告，并处以十万元以上一百万元以下的罚款

表 5 – 7 《刑法》对注册会计师审计的相关规定

法律条目	具体规定
《刑法》第二百二十九条	承担资产评估、验资、验证、会计、审计、法律服务、保荐、安全评价、环境影响评价、环境监测等职责的中介组织的人员故意提供虚假证明文件，情节严重的，处五年以下有期徒刑或者拘役，并处罚金；有下列情形之一的，处五年以上十年以下有期徒刑，并处罚金： （一）提供与证券发行相关的虚假的资产评估、会计、审计、法律服务、保荐等证明文件，情节特别严重的； （二）提供与重大资产交易相关的虚假的资产评估、会计、审计等证明文件，情节特别严重的； （三）在涉及公共安全的重大工程、项目中提供虚假的安全评价、环境影响评价等证明文件，致使公共财产、国家和人民利益遭受特别重大损失的。 有前款行为，同时索取他人财物或者非法收受他人财物构成犯罪的，依照处罚较重的规定定罪处罚。 第一款规定的人员，严重不负责任，出具的证明文件有重大失实，造成严重后果的，处三年以下有期徒刑或者拘役，并处或者单处罚金

第六章

财 政 审 计

《审计法》 对财政审计的概述

　　随着我国市场经济的进一步发展和财政体制的深入改革,《审计法》(2006 年修订)已经不能完全适应当前经济环境的需求,并且随着党和国家大政方针及发展战略的调整,我国对于国家审计提出了新的要求。因此,我国于 2021 年对《审计法》进行了修订,而财政审计作为国家审计的重头戏,《审计法》(2021)对财政审计更是提出了不少新的要求,例如,强调建立集中统一的审计监督体系、将决算草案审计列入法律、要及时反映经济社会运行中存在的风险等。这些都反映了新形势下财政审计的新任务。表 6 - 1 详细反映了《审计法》(2021)对于财政审计的相关规定。

表 6 - 1　　　　　　　　　　《审计法》(2021) 对于财政审计的相关规定

法律条目	具体规定
第二条	国家实行审计监督制度。坚持中国共产党对审计工作的领导,构建集中统一、全面覆盖、权威高效的审计监督体系。 国务院和县级以上地方人民政府设立审计机关。 国务院各部门和地方各级人民政府及其各部门的财政收支,国有的金融机构和企业事业组织的财务收支,以及其他依照本法规定应当接受审计的财政收支、财务收支,依照本法规定接受审计监督。 审计机关对前款所列财政收支或者财务收支的真实、合法和效益,依法进行审计监督

法律条目	具体规定
第四条	国务院和县级以上地方人民政府应当每年向本级人民代表大会常务委员会提出审计工作报告。审计工作报告应当报告审计机关对预算执行、决算草案以及其他财政收支的审计情况，重点报告对预算执行及其绩效的审计情况，按照有关法律、行政法规的规定报告对国有资源、国有资产的审计情况。必要时，人民代表大会常务委员会可以对审计工作报告作出决议。 国务院和县级以上地方人民政府应当将审计工作报告中指出的问题的整改情况和处理结果向本级人民代表大会常务委员会报告
第十八条	审计机关对本级各部门（含直属单位）和下级政府预算的执行情况和决算以及其他财政收支情况，进行审计监督
第十九条	审计署在国务院总理领导下，对中央预算执行情况、决算草案以及其他财政收支情况进行审计监督，向国务院总理提出审计结果报告。 地方各级审计机关分别在省长、自治区主席、市长、州长、县长、区长和上一级审计机关的领导下，对本级预算执行情况、决算草案以及其他财政收支情况进行审计监督，向本级人民政府和上一级审计机关提出审计结果报告
第二十一条	审计机关对国家的事业组织和使用财政资金的其他事业组织的财务收支，进行审计监督
第二十三条	审计机关对政府投资和以政府投资为主的建设项目的预算执行情况和决算，对其他关系国家利益和公共利益的重大公共工程项目的资金管理使用和建设运营情况，进行审计监督
第二十四条	审计机关对国有资源、国有资产，进行审计监督。 审计机关对政府部门管理的和其他单位受政府委托管理的社会保险基金、全国社会保障基金、社会捐赠资金以及其他公共资金的财务收支，进行审计监督
第二十五条	审计机关对国际组织和外国政府援助、贷款项目的财务收支，进行审计监督
第二十八条	审计机关可以对被审计单位依法应当接受审计的事项进行全面审计，也可以对其中的特定事项进行专项审计
第三十六条	审计机关进行审计时，有权检查被审计单位的财务、会计资料以及与财政收支、财务收支有关的业务、管理等资料和资产，有权检查被审计单位信息系统的安全性、可靠性、经济性，被审计单位不得拒绝

第二节　财政审计的概述

一、　财政审计的含义

我国《宪法》第九十一条规定：国务院设立审计机关，对国务院各部门和地方各级政府的财政收支，对国家的财政金融机构和企业事业组织的财务收支，进行审计监督。由此可见，财政审计是我国宪法所赋予审计机关的一项基本职能，这是政府审计的永恒主题和首要任务。

财政审计是指审计机关根据国家的法律和法规的规定，对国家财政支出以及相关经济活动的真实、合法和效益情况进行的监督检查。真实性是指反映财政收支、财务收支以及有关经济活动的信息与实际情况相符合的程度。合法性是指财政收支、财务收支以及有关经济活动遵守法律、法规或者规章的情况。效益性是指财政收支、财务收支以及有关经济活动实现的经济效益、社会效益和环境效益。同时，财政审计具有宏观性、整体性和政策性三大特点，其具体的阐述如表6-2所示。

表6-2 财政审计的特点

特点	具体内容
宏观性	政府的财政政策、财政体制、财政关系等国家宏观调控方面的情况都是财政审计所要涉及的方面
整体性	财政审计要求树立大财政审计格局，凡是涉及政府的所有的收入和支出，都是财政审计所监督的范围；同时，要求财政审计站在国家宏观层次对总体财政活动进行把握和评价
政策性	财政审计通过对预算执行、决算草案等财政收支的情况的审计，要揭露出在财政运行中的问题，提出相关的建议，推动相关政策的实施

财政审计的对象是国家财政收支。《审计法实施条例》规定：财政收支是指依照《中华人民共和国预算法》和国家其他有关规定，纳入预算管理的收入和支出，以及下列财政资金中未纳入预算管理的收入和支出：（1）行政事业性收费；（2）国有资源、国有资产收入；（3）应当上缴的国有资本经营收益；（4）政府举借债务筹措的资金；（5）其他未纳入预算管理的财政资金。而根据"凡是政府应该管的钱都是国家财政"的大财政观念，国家财政收支不仅包括国务院各部门和地方各级人民政府及其所属各部门的财政收支，还应当包括政府的债务收入、税收和非税收收入、社会保险费等政府负责管理的资金。因此，财政审计不光有财政预算执行审计和决算草案审计，还包括对重点专项资金审计、政府债务审计、公共工程项目投资审计、税收审计、海关审计、国外贷援款项目审计等。

二、 财政审计的意义

财政审计诞生之初，基本上是以国家经济工作的重点和财政改革的进程为出发点，对政府的财政收支进行事后监督。但是，随着我国财税体制改革的深入和市场经济的发展，财政审计由单一的监督整顿作用变得越来越多样化。最近几年，随着党和国家对国家发展的宏观战略的重新调整和部署，国家对财政审计提出了更高的要求。

党的十八届三中全会提出："科学的财税体系是优化资源配置、维护市场统一、促进社会公平、实现国家长治久安的制度保障。必须完善立法、明确事权、改革税制、稳定税负、透明预算、提高效率，建立现代财政制度，发挥中央和地方两个积极性。要改进预算管理制度，完善税收制度，建立事权和支出责任相适应的制度。"① 而财政审计作为一项必不可少的监督手段，在加强预算管理、完善中央财政制度、深化财政体制改革、推动国家治理能力现代化等方面都发挥了不可替代的作用。为此，《审计署"十四五"审计工作发展规划》中明确指出："以增强预算执行和财政收支的真实性、合法性和效益性，推进预算规范管理、建立现代财税体制、优化投资结构为目标，加强对预算执行、重点专项资金和重大公共工程投资等的审计。"

（一）整顿经济秩序，维护财政安全

《审计法》（2021）第三十条明确提出："审计机关履行审计监督职责，发现经济社会运行中存在风险隐患的，应当及时向本级人民政府报告或向有关主管部门、单位通报。"财政审计通过调查了解中央各部门和地方各级人民政府及其所属各部门的财政收支，了解国家经济发展的大政方针的落实情况，发现其中的问题，从而对深层次的体制、机制进行分析和评价，相应地提出相关整改的意见和建议，确保相关政策方针落到实处。同时，对于相关问题的发现和纠正，可以及时发现财政风险，维护国家财政安全。例如，通过对政府债务管理的审计，揭示地方政府债务存在的管理不健全、隐形债务增量过大、缺乏统一的债务规划和预算、债务资金违规使用等问题，以此防范化解地方政府的债务风险，减少地方财政风险。

（二）推动建立科学、现代的支付财政预决算制度

财政审计围绕财政预算执行过程和结果，每年对各级政府预算执行及决算草案进行审计，重点关注预算收入统筹、预算支出管理和财政支出标准化推进、预算编制的合规性和完整性、预算执行和绩效管理、政府财务报告体系建设及实施等情况，揭露其中的预算收支不标准、不完整、执行不严格、报告不全面等不规范的财政预决算行为，推动政府预算的透明化、公开化，提高决算的规范性，健全和规范向人民代表大会报告制度，提高公共财政管理的水平。

（三）保障和改善民生

政府的财政收支往往用于国计民生，政府的财政资金如果可以得到正确的使用，会使得相关民生事业得以发展，而财政审计恰恰是保障资金能够得到充分、合理利用的一项重要保证。例如，通过对重大公共工程投资和社保资金、公积金等社会保险费征管项目的审计，揭露公共投资项目落实不到位、社保费用征收混乱等问题对群众利益的影响，提出相

---

① 《财税体制改革：迈向现代财政制度》，中华人民共和国中央人民政府网站，http://www.gov.cn/xinwen/2014-07/03/content_2711299.htm，2014年7月3日。

关整改的建议，使"十四五"规划的目标和相关政策得以落实，提高基层公共服务的能力。

三、 财政审计大格局

随着现代化财税体系和体制的逐步建立与完善，原有的仅仅发挥整顿经济秩序、严格财经纪律的财政审计已经不能适应新的要求，如何推动财政审计在新时代的发展已经是各级审计机关面临的一个重要问题。构建大审计格局的观点为财政审计的发展指明了方向。2009年3月3日，在财政审计项目培训班上，刘家义审计长代表审计署党组首次提出了构建国家财政审计大格局的理念。探索建立以中央财政管理审计为核心，以中央部门预算执行审计、财政转移支付审计、财政专项资金审计、财政收入征管情况审计为基础的中央预算执行审计工作体系。[①] 这样改革的方向可以提高财政审计的宏观性、时效性和建设性，成为财政审计发展的重要方向。

（一） 财政审计大格局的内涵与特征

董大胜（2010）认为，构建财政审计大格局，是从完整的财政范围出发，在同一审计机关内部以及不同层级审计机关之间，对财政审计在确定一定时期具体审计目标、制定年度项目计划、编制各相关项目审计方案、现场审计实施组织协调、审计成果报告和信息利用等审计全过程进行统筹安排的审计组织和管理方式。

在审计大格局下，推动财政审计工作的深化应实现审计工作的"五个转变"：

第一，要从关注政府的预算资金转变为关注全面的财政性资金，即一般性的财政资金、预算外资金、各类社会保险费用、政府的债务和国有资本经营收益等；

第二，要从对财政的真实性和合法性审计转变为兼顾财政收支的真实性、合法性和效益性审计；

第三，从侧重解决微观层面的问题向注重研究宏观层面的问题转变，即通过揭露财政审计过程中的问题，分析造成该问题的体制、机制、制度等层面的原因，提出相关的解决方案，推动财政体制改革深入发展；

第四，审计组织架构的变化，要构建集中统一、全面覆盖、权威高效的审计监督体系，形成全国审计"一盘棋"的大格局；

第五，要从结果导向审计走向过程导向审计，由以往的关注单一环节的时点审计转变为关注财政资金从征收、预算编制、拨付执行到管理使用的全过程。

（二）《审计法》下的财政审计大格局

为了适应公共财政体制逐步建立和完善，推动建立科学现代的财税制度，《审计法》于2021年进行了修订，2022年1月1日正式实行。其中显示了财政审计大格局对深化财

---

① 毛爱敏、顾林林：《构建财政审计大格局　完善公共财政体制》，载于《中国审计》2011年第21期。

政审计的重要影响。

《审计法》(2021) 第四条指出，"审计工作报告应当报告审计机关对预算执行、决算草案以及其他财政收支的审计情况，重点报告对预算执行及其绩效的审计情况，按照有关法律、行政法规的规定报告对国有资源、国有资产的审计情况。必要时，人民代表大会常务委员会可以对审计工作报告作出决议"，新增了对决算草案和绩效的审计情况的审计，董大胜(2010) 认为，从人大批准预算到整个预算执行，直到决算草案报人大批准之前，这个期间都叫预算执行。决算草案既然作为预算执行的一部分，将其在法律层面列入财政审计的内容，更符合大财政审计格局下的财政性资金概念。同时对绩效草案编制的真实性、准确性进行评价，可以从专业的角度为人大常委会的审查提供相关的参考，提高人大对政府财政监督的专业化、科学化，最终推动政府预决算制度的规范和透明。

新增第三十条："审计机关履行审计监督职责，发现经济社会运行中存在风险隐患的，应当及时向本级人民政府报告或者向有关主管机关、单位通报。"这在法律层面对于财政审计的结果提出了更深层次的要求，要求财政审计对国家财政实行审计的过程中，不仅要反映相关财政支出的真实性问题，还要反映在财政收支下的国家政策的执行情况，及时反映影响经济发展的体制问题、制度问题、机制问题，这无疑对审计结果提出了更高的要求。

新增第五十二条："被审计单位应当按照规定时间整改审计查出的问题，将整改情况报告审计机关，同时向本级人民政府或者有关主管机关、单位报告，并按照规定向社会公布。各级人民政府和有关主管机关、单位应当督促被审计单位整改审计查出的问题。审计机关应当对被审计单位整改情况进行跟踪检查。"要求对审计的问题进行公布和跟踪检查，这说明了财政审计从关注查错转变为关注查错纠错，及时纠正在财政收支方面存在的相关问题，研究其深层次原因，推动财税体制的深化改革和发展。

第三节　财政预算执行与决算草案审计

一、 财政预算执行审计的法律依据

对于本级预算执行审计的监督和规范，我国的《审计法》和《中央预算执行情况审计监督暂行办法》做出了明确的规定。

《审计法》(2021) 在第十八条中指出："审计机关对本级各部门（含直属单位）和下级政府预算的执行情况和决算以及其他财政收支情况，进行审计监督。这在法律层面规定了审计机关对预算执行审计、决算草案审计的权利和职责。"

《中央预算执行情况审计监督暂行办法》（以下简称《暂行办法》）第四条规定："审计署依法对中央预算执行情况，省级预算执行情况和决算，以及中央级其他财政收支的真

实、合法和效益，进行审计监督。"

《暂行办法》对中央预算执行情况进行审计监督的主要内容也做出了明确的规定：一是财政部按照全国人民代表大会批准的中央预算向中央各部门批复预算的情况、中央预算执行中调整情况和预算收支变化情况。二是财政部、国家税务总局、海关总署等征收部门，依照有关法律、行政法规和国务院财政税务部门的有关规定，及时、足额征收应征的中央各项税收收入、中央企业上缴利润、专项收入和退库拨补企业计划亏损补贴等中央预算收入情况。三是财政部按照批准的年度预算和用款计划、预算级次和程序、用款单位的实际用款进度，拨付中央本级预算支出资金情况。四是财政部依照有关法律、行政法规和财政管理体制，拨付补助地方支出资金和办理结算情况。五是财政部依照有关法律、行政法规和财政部的有关规定，管理国内外债务还本付息情况。六是中央各部门执行年度支出预算和财政、财务制度，以及相关的经济建设和事业发展情况；有预算收入上缴任务的部门和单位预算收入上缴情况。七是中央国库按照国家有关规定，办理中央预算收入的收纳和预算支出的拨付情况。八是国务院总理授权审计的按照有关规定实行专项管理的中央级财政收支情况。

二、 本级预算执行审计

（一）本级预算执行审计含义

本级预算执行审计是指政府审计机关按照法律法规的规定，对于本级政府主管财政预算执行的部门和其他有关预算执行的部门，围绕财政预算执行的过程和结果，对筹集预算、分配预算和预算收支任务的完成情况的完整性、规范性、真实性进行审计监督。

在《审计法实施条例》中对预算执行审计的对象做了明确的阐述，审计机关对本级人民政府财政部门具体组织本级预算执行的情况；本级预算收入征收部门征收预算收入的情况；与本级人民政府财政部门直接发生预算缴款、拨款关系的部门、单位的预算执行情况和决算；下级人民政府的预算执行情况和决算；以及其他财政收支情况，依法进行审计监督。经本级人民政府批准，审计机关对其他取得财政资金的单位和项目接受、运用财政资金的真实、合法和效益情况，依法进行审计监督。

《审计法》（2021）第十九条规定："审计署在国务院总理领导下，对中央预算执行情况、决算草案以及其他财政收支情况进行审计监督，向国务院总理提出审计结果报告。地方各级审计机关分别在省长、自治区主席、市长、州长、县长、区长和上一级审计机关的领导下，对本级预算执行情况、决算草案以及其他财政收支情况进行审计监督，向本级人民政府和上一级审计机关提出审计结果报告。"而相关审计报告应当包括下列内容：

（1）本级预算执行和其他财政收支的基本情况；

（2）审计机关对本级预算执行和其他财政收支情况作出的审计评价；

（3）本级预算执行和其他财政收支中存在的问题以及审计机关依法采取的措施；

（4）审计机关提出的改进本级预算执行和其他财政收支管理工作的建议；

（5）本级人民政府要求报告的其他情况。①

（二）本级预算执行审计的时间和范围

1. 本级预算执行审计的时间

根据我国预算管理制度的规定，年度政府预算编制完成并按法定程序批准后，直至年度决算编制完毕并按法定程序批准之前，属于预算执行时间。在此情况下，预算执行情况既可以是年度部分预算执行过程的情况，如1~6月的预算执行情况；也可以是全年的预算执行情况。但是《审计法》（2021）中规定："政府要向人民代表大会常务委员会做出预算执行情况的审计报告，而且这种报告往往是要求每年报告。"这就需要对年度预算执行情况进行全过程、全方面的审计监督。况且从政府加强预算收支管理需要的角度出发，也应该是对预算执行全过程及其结果的监督。因此，预算执行审计的时间为对全年预算执行情况的审计，如图6-1中所示，即从人民代表大会批准预算后到人民代表大会审查年度财政决算之前的时间范围，在此期间涉及政府财政性资金的收支活动都属于预算执行审计的范围。

预算执行审计时间范围

人民代表大会批准预算　　　　　　　　　　　　　　人民代表大会审查年度财政决算

图6-1　预算执行审计的时间范围

2. 本级预算执行审计的范围

本级预算执行情况审计可以根据本级预算的组成、本级预算执行的组织机构、本级预算资金运行的过程进行界定。

（1）根据本级预算的组成部分确定。

《预算法》中规定，政府的全部收入和支出都应当纳入预算。其对预算的范围进行了明确的界定，即预算包括了一般公共预算、政府性基金预算、国有资本经营预算、社会保险金预算。其中一般公共预算还包括中央一般公共预算和地方一般公共预算，中央一般公共预算包括中央各部门的预算和中央对地方的税收返还、转移支付预算。地方各级一般公共预算包括本级各部门的预算和税收返还、转移支付预算。各部门预算由本部门及其所属各单位预算组成。所以依据本级预算的组成部分划分，本级预算执行情况的审计范围包括本级政府预算执行情况和部门预算执行情况。

（2）根据本级预算执行的组织机构界定。

我国预算执行组织机构和各机构的职责是，财政部门在本级政府的领导下，负责具体组织本级预算的执行。税务、海关、国库等国家指定的专门管理机关，参与组织预算执行

---

① 详见《审计法实施条例》。

工作。其中，税务机关主要负责国家税收的征收管理，以及本级政府交办的其他预算收入和征收管理；海关主要负责关税和进口环节税的征收管理，以及保税货物的监管；国家指定中国人民银行经理国家金库业务，主要负责预算收入的收纳、划分和报解以及库款支拨工作。本级政府各主管部门在本级政府领导下，在同级财政部门的指导下，负责本部门的财政收支计划和单位预算执行工作。① 因此，依据本级预算执行的组织机构对本级预算执行审计范围进行界定，既包括了本级各部门的预算执行情况，也包括了税务、海关、国库等管理机关参与组织预算执行情况。

（3）根据本级预算资金的运行过程界定。

政府财政行为的运行过程总体而言是政府获取财政收入并将其分配给政府及其有关部门使用的过程。具体而言，这一过程可分为筹集资金、分配资金、拨付或转拨资金、使用资金和批复决算五个阶段。在筹集资金阶段，政府通过征税、发行公债等手段获取预算收入；在预算资金的分配阶段，财政部门要根据本级人大批准的预算向本级政府和有关部门单位批复预算；在预算资金的拨付或转拨阶段，本级财政部门要向本级各部门拨付预算资金，本级各部门要向所属预算单位转拨预算资金；在预算资金的使用阶段，基层预算单位应按照预算以及相关法律法规的规定使用预算资金；在批复决算阶段，财政部门要根据人大批准的决算向本级各部门批复决算。依据本级预算资金的运行过程进行界定，预算执行情况审计的范围包括：筹集预算收入情况、批复支出预算支出情况、拨付或转拨预算资金情况、预算资金的使用情况和决算批复情况。

总而言之，本级预算执行审计的范围就是财政审计大格局下对本级政府下一切财政收支情况的审计，但是正如表6-3所示，具体的划分依据不同，本级预算执行审计又产生不同的范围划分。

表6-3　　　　　　　　　　　　本级预算执行审计的范围划分

依据	具体划分
本级预算的组成部分	本级政府预算执行情况和部门预算执行情况
本级预算执行的组织机构	本级各部门的预算执行情况；税务、海关、国库等管理机关参与组织预算执行情况
本级预算资金的运行过程	筹集预算收入情况、批复支出预算支出情况、拨付或转拨预算资金情况、预算资金的使用情况和决算批复情况

（三）本级预算执行审计的主要内容

审计机关对本级预算收入和支出的执行情况进行审计监督的内容包括：

（1）财政部门按照本级人民代表大会批准的本级预算向本级各部门（含直属单位）

---

① 《预算执行情况审计时间和范围的界定》，岳阳市审计局网站，http://www.yueyang.gov.cn/sjj/8724/content_323834.html，2014年3月11日。

批复预算的情况、本级预算执行中调整情况和预算收支变化情况；

（2）预算收入征收部门依照法律、行政法规的规定和国家其他有关规定征收预算收入情况；

（3）财政部门按照批准的年度预算、用款计划，以及规定的预算级次和程序，拨付本级预算支出资金情况；

（4）财政部门依照法律、行政法规的规定和财政管理体制，拨付和管理政府间财政转移支付资金情况以及办理结算、结转情况；

（5）国库按照国家有关规定办理预算收入的收纳、划分、留解情况和预算支出资金的拨付情况；

（6）本级各部门（含直属单位）执行年度预算情况；

（7）依照国家有关规定实行专项管理的预算资金收支情况；

（8）法律、法规规定的其他预算执行情况。①

在本级预算资金的运行过程中，财政部门、税务部门、海关部门、国库及其他相关部门都会参与其中，而这些部门在本级预算资金执行过程中的职责不同，本级预算执行审计据此又可以细化为以下内容。

1. 对财政部门的审计

（1）预算批复情况。

预算批复情况的审计是指审计部门对财政部门向政府各部门批复预算的情况和年终的调整变化情况进行审计。其主要内容一般包括：检查财政部门的预算批复是否按照人大批准的要求进行下发；核实年终的调整数额是否符合人大的批准、其使用方向是否发生重大变化；财政部门自身保留的待分配的预算是否符合要求、数额是否恰当，对于使用超收部分的预算支出，其是否符合相关法律要求，是否得到人大的批准等。

（2）预算收入情况。

预算收入情况的审计是指审计机关对财政部门直接组织的非税收性收入的征管情况和预算收入的退库情况进行审计。对于预算收入情况的审计，应主要关注以下内容：一是对于各项收入是否都是按照相关的法律法规征收并入库，是否存在瞒报或者转移预算收入的情况；二是对于企业的亏损补贴退库是否存在弄虚作假夸大亏损的情况，保证企业亏损补贴退库的真实性和规范性；三是国有企业所得税退库的文件依据是否规范、完整，金额是否准确，确保不存在用非法手段转移预算资金的情况；四是预算收入退库资金是否存在截留、挪用等非法行为等。

（3）预算支出情况。

预算支出情况的审计是指审计机关对财政部门所办理的本级预算的支出情况进行的审计。其一般包括：审计监督预算的实际支出数与列报数是否一致；核对用于支持农业、教育、医疗等产业发展的专项资金的投入是否真实完整；核查财政部门的财政支出是否严格按照人大批准的预算计划使用，是否存在无计划、无预算、超计划、超预算的拨款行为；

---

① 详见《审计法实施条例》。

是否存在违规向不属于预算拨款范围的单位拨款等。

（4）补助地方支出情况。

补助地方支出情况的审计是指对中央财政部门向地方政府、企业的税收返还、体制补贴、专项补助、结算补助和其他补助的年终决算情况进行的审计。主要关注：核实补助项目的真实性，是否有准确的文件依据，相关资金支出是否真实，是否采用了恰当的支出方法；对于多个补助支出项目，是否存在项目间资金分配不合理的问题；是否存在利用非法手段为本机关谋取资金的问题；是否存在将预算支出列为年终结算支出的问题等。

（5）部门、企业决算批复情况。

主要是对财政部门及其职能机构批复各部门行政事业经费决算和企业财务收支决算情况进行审计。

（6）预算资金平衡情况。

预算资金平衡情况的审计是指审计部门对本年的预算收支平衡情况和资金平衡情况进行审计。一般包括：核实财政赤字和债务规模的真实性，是否存在人为调控的问题；核实财政赤字和债务规模是否按照预算要求，有无突破预算限制；是否存在通过预算收入的预留，对预算支出的虚列等方式，对预算收支情况进行造假，使得预算内资金转出；核实资金结存的真实性，检查暂存暂付资金是否及时清理等。

（7）财政转移支付资金情况。

财政转移支付包括中央对地方的转移支付和地方上级政府对下级政府的转移支付，以为均衡地区间基本财力、由下级政府统筹安排使用的一般性转移支付为主体。[①] 有自上而下的纵向转移、横向转移和纵向和横向转移混合三种模式。一般包括税收返还、体制补助、结算补助、一般性转移支付、重点用于公共服务领域的专项补助和其他补助。

由于各种制约因素，我国现阶段的财政转移支付制度仍不甚规范。因此在审计过程中要重点关注财政转移支付资金的规范性、完整性、真实性、有效性。第一，财政转移支付项目的设置是否是合法合规，是否经过了法定的审批程序；第二，关注财政转移支付的项目、结算情况是否是完整和真实的；第三，财政部门是否为本部门、本系统内部使用转移支付安排资金；第四，对于专项转移支付资金的支出情况是否达到预计的要求。

2. 对税务系统的审计

（1）税收政策执行。

对税收政策执行情况的审计主要是指对税务部门对国家税收政策的贯彻执行情况进行审计监督。一般关注：税务机关是否按照相关法律要求及时、准确地征收税额；是否严格按照法律要求，是否存在税务机关私自改变税收政策，扩大免税范围的问题；是否存在地方政府干预税收影响上一级政府税收的情况等。

（2）税收征收管理。

税收征收管理审计主要是指对税务部门执行《中华人民共和国税收征管法》及各项具体税收法律、行政法规和部门规章的情况进行审计。一般包括：税务部门是否能按照相关法律

---

① 详见《中华人民共和国预算法》。

规定严格征税，是否采用规定的税收征管办法来征税；是否存在完成税收计划后不征或缓征税款的问题；税收征管后是否按照国家规定入库；是否按照国家规定的范围征税等。

（3）税收提退。

税收提退主要是指税务机关依照相关法律法规将税款退还给纳税单位和个人，或者从税款中提取一定款项的过程。税收提退的审计主要是对税务部门执行税收提退政策及管理使用情况进行审计。一般包括：核实税务部门是否按照相关法律规定执行税收提退，是否存在违规办理税收提退的情况；有无存在为本部门、本系统违规办理税收超收分成或增长分成退税的问题；是否存在多提退滞补罚收入和代征、代扣手续费的问题等。

（4）税收征管制度的运行。

税收征管制度运行情况的审计主要是审查各项税收政策和征管制度是否合理、完善，有无因相关税收征管制度出现漏洞而造成税收流失或以权谋私现象的发生。

（5）税收收入计划完成情况。

税收收入计划完成情况的审计主要是对税务系统负责征收的各项税收的征收数额、入库数额、财政部门的列报数额以及企业主管部门决算汇总数额等进行审计分析。一般包括：核实税务系统征收数额、入库数额、列报数是否真实完整；是否存在超收或缺收情况，出现超收或缺收情况的主要原因；分析税收收入增长是否合理，是否与经济发展的水平相适应，分析高于或低于经济发展水平的主要原因。

3. 对海关系统的审计

（1）关税、进口环节税及其他税费征管。

对关税、进口环节税及其他税费征管情况的审计主要是审核海关机关对于相关税费的征收是否依照相关规定依法、足额征收，审核海关机关是否足额、依法完成相关税收任务；对于缓税、退税情况是否依法办理；是否存在海关机关私自隐瞒、挪用税收收入，私自征收罚款等情况。

（2）关税及进口环节税的减免。

关税及进口环节税减免情况的审计主要是对各级海关执行国家关税减免政策的情况进行审计监督。主要审查海关部门是否严格按照相关法律规定对税收进行减免；是否存在违规操纵关税的优惠条件、优惠范围和优惠期限的问题。

（3）保税货物监管。

保税货物监管的审计主要是对海关办理的保税货物、保税仓库的监管以及各种到期加工贸易合同核销情况等进行审计。一般包括：审核进入保税仓库的各类保税货物是否有完备的手续，有无将非保税货物存入保税仓库；保税仓库中的保税货物是否账实一致；各类加工贸易合同是否按照相关法律规定核销；已经获准进口的货物的文件是否完整合规等情况。

4. 对国库的审计

（1）预算收入缴纳。

预算收入缴纳的审计主要是，审查各项预算收入是否及时、准确地收入国库，是否存在预算收入入库金额错误或者延时入库的情况，并及时查找出现问题的相关原因。

（2）预算收入划分。

预算收入划分的审计主要是，审查国库的入库金额是否按照国家财政管理体制的规定和上级财政机关确定的级次，将预算收入进行正确的划分；是否存在预算收入划分至错误层级的问题。

（3）预算收入退库。

预算收入退库的审计主要是对国库办理预算收入退库的规范性、真实性情况进行审计监督。一般包括：对国库预算收入退库项目是否经过规范的审批流程；退库项目是否符合退库范围要求；预算退库资金数额是否真实、规范，是否存在弄虚作假的情况；国库的退库款是否直接交于申请单位，是否存在有其他部门截留、挪用以谋取私利的情况；国库办理的预算收入退库有无财政机关自批自退的情况。

（4）预算资金拨付。

预算资金拨付的审计主要是针对国库部门预算拨付情况的规范性、真实性、完整性问题进行的审计监督。一般包括：核实预算资金拨付是否按照相关规定办理，其相关的文件依据是否完整、规范；预算资金拨付后是否按照款项用途使用，是否存在私自改变资金支出用途的情况；核实国库部门是否存在违规向非预算资金拨付单位拨付资金的情况；核实国库部门的预算资金拨付是否按照国库存款情况进行拨付。

5. 对本级部门单位的审计

（1）预算批复。

本级部门的预算批复审计是指在核实财政部门的预算批复情况后，对各个预算单位的所属部门批复预算情况进行审计。主要核实主管部门对其所属的预算单位是否及时、按照要求批复预算；预算批复资金是否按照要求用途使用，有无私自将待分配预算资金转为其他用途使用的问题等。

（2）转拨资金情况。

本级部门转拨资金的审计主要是审核主管部门是否严格按照预算计划和相关制度要求转拨资金，是否存在不按时转拨资金；主管部门是否私自挪用、使用转拨资金；是否存在违规向非预算单位转拨资金的问题。

（3）预算资金使用。

本级部门预算资金使用的审计主要是监督预算资金使用单位是否按照预算计划和相关财政制度使用预算资金，是否存在私自改变预算资金使用用途的情况；预算资金的支出数额是否按照预算计划，是否在预算计划的范围和标准下使用；是否存在私自挪用财政专项资金的情况；预算资金支出是否达到了预期的要求等问题。

（4）部门或单位上缴预算收入。

部门或单位上缴预算收入情况的审计是指审计部门监督有预算收入上缴任务的部门是否按照相关规定按时、准确地上缴预算收入；所上缴的预算收入是否按照规定纳入正确的预算级次、科目，是否按照规定的方式及时、足额地上缴国库等问题。

（5）政府性债务收支情况。

政府性债务收支是指对政府以各种方式从国内外取得借款的本息偿还及使用情况审

计。对于政府性债务收支情况的审计，主要关注以下内容：

一要及时关注政府举债的规模，既要关注已有的债务也要关注即将举债的规模，要确保对已有的债务是否及时清偿，同时要关注政府新举债的数目及原因，全面、彻底揭露地方政府的显性、隐形债务。

二要关注政府债务的偿还能力，通过分析政府的负债结构、债务依存度、偿债能力等指标，分析政府的债务偿还能力，分析相关的债务风险。

三要关注政府债务资金使用的绩效，重点关注是否存在举债资金与项目建设进程用款不匹配；举债资金是否按照计划使用，有无私自挪用、截留资金；是否存在举债资金闲置等问题。

三、 对下级政府预算执行审计

（一） 对下级政府预算执行审计的内涵

对下级政府预算执行审计主要是指审计机关依照国家法律、行政法规对下级政府预算执行的真实性、合法性和效益性进行监督。对下级政府预算执行审计不同于本级预算执行审计，下级政府预算执行审计是一种"上审下"的审计模式，其审计主体是上级的审计机关，其审计期限没有严格规定，可以根据工作的需要进行划分。这样"上审下"的对下级政府预算执行审计与"同级审"的本级预算执行审计相互配合，对我国构建集中统一、全面覆盖、权威高效的审计监督体系有着重要的作用。

（二） 对下级政府预算执行审计的主要内容

对下级政府预算执行审计要注重检查下级政府设计预算执行的全过程，主要包括对税收、非税收收入、财政收入退库、财政支出、财政结算资金等的审计。

1. 税收审计

（1）税收计划执行及完成情况。

主要对上级政府和国家规定的各项税收计划的完成情况进行审计监督。重点关注：上级布置的各项税收计划指标是否及时完成，针对其中的超收和缺收问题分析原因；审查税收计划完成的真实性，是否存在违规虚列收入的现象。

（2）税收政策执行情况。

主要是对地方税务机关对国家税收法律、法规和各项规章制度的执行情况进行审计监督。主要关注：地方税务机关是否存在违规征税，是否擅自扩大征税的范围和额度，是否擅自规定从销售收入中征收各种基金、地方附加费的问题；对于免税项目是否严格执行，是否存在擅自扩大免税的范围、项目，延长免税的期限等问题。

（3）税收征管情况。

主要审计地方税务机关是否能够依照税收征管范围的规定及时、足额、合法地组织税收情况进行审计监督。主要关注：地方税务机关是否存在擅自更改征税额度和征税范围的问题；是否存在将上级财政收入混入本级财政收入的问题；是否存在漏征错征，从而影响中央或上级财政收入的问题；征收的税款是否及时、足额入库，相关税款入库的层级划分是否正确。

（4）税收提退情况。

主要是对地方税务机关办理的各类税收提退业务是否在规定的范围内、按照应有的程序执行的情况进行审计监督，确保税收提退情况的合规性、真实性。

2. 非税收入审计

非税收入，是指除税收以外，由各级国家机关、事业单位、代行政府职能的社会团体及其他组织依法利用国家权力、政府信誉、国有资源（资产）所有者权益等取得的各项收入。具体包括：行政事业性收费收入；政府性基金收入；罚没收入；国有资源（资产）有偿使用收入；国有资本收益；彩票公益金收入；特许经营收入；中央银行收入；以政府名义接受的捐赠收入；主管部门集中收入；政府收入的利息收入；其他非税收入。[①]

对下级政府的非税收入情况的审计，主要关注：下级政府是否按照国家规定将非税收入收入及时、足额地上缴地方财政，是否存在私自截留、挪用非税收入的问题；对于已经上缴财政的非税收入，地方财政部门是否及时纳入预算管理，是否存在将上缴收入在预算外进行核算，以逃避监管的问题。

3. 财政收入退库情况审计

地方政府的退库项目一般包括：国有企业按规定的计划亏损补贴；各类型先征后退政策下的增值税、消费税、企业所得税等各项税收；以及由于工作疏忽而发生的技术性差错需要办理的退库等。因此，对下级政府的财政收入退库情况的审计也应该关注这些领域。对企业计划亏损补贴退库情况的审计要重点关注企业的计划亏损补贴是否符合国家的相关规定，是否存在利用企业计划亏损补贴解决其他问题的情况；是否存在自行降低亏损补贴项目标准的问题等。

对先征后退各项税收的退库情况的审计，要重点关注先征后退的退库情况是否符合国家规定；是否有真实完整的文件依据来支持退税；退税的层级是否符合相关国家财政管理体制的规定。对退库后预算收入项目更正的审计，主要关注：财政部门更正预算收入科目的依据是否真实合法，是否存在以差错更正为名，挖挤中央财政或上级财政收入的问题。

4. 财政支出审计

对下级政府财政支出情况的审计主要包括检查各项财政支出是否真实列报；财政支出用于执行法律和财政政策的情况；对转移支付资金的管理和使用情况的真实性、合法性情况的监督。

5. 财政结算资金审计

财政结算资金包括：体制结算，专项拨款结算，企业事业单位上划、下结算，因国家采取的财经政策措施而影响财力变动所需要的单项结算和上下级垫付往来款的结算。

---

① 详见《政府非税收入管理办法》。

对财政结算资金的审计主要关注涉及财政总结算资金的文件依据是否准确、数据是否可靠、结算办法是否合规；是否存在采用不正当手法，为本系统增加经费等问题。

6. 结转下年支出审计

结转下年支出是预算安排的支出结余，按照专款专用的原则结转下年继续使用的资金。由于结转下年支出是否真实、合理、合规，对财政结余以至下年政府对财政资金的安排会产生直接影响，因此审计结转支出是否符合国家的政策规定，也是对下级政府预算执行和决算审计必不可少的内容。

四、 同级决算草案审计

（一） 同级决算草案审计的法律依据

《预算法》（2015）第七十七条规定，国务院财政部门编制中央决算草案，县级以上地方各级政府财政部门编制本级决算草案，经国务院审计部门和本级政府审计部门审计后，才能报国务院和本级政府审定。这是我国首次在《预算法》中将决算草案审计列入，为同级财政决算草案审计提供了明确的法律依据。

《审计法》（2021）第四条规定，国务院和县级以上地方人民政府应当每年向本级人民代表大会常务委员会提出审计工作报告。审计工作报告应当报告审计机关对决算草案审计情况。这是首次在《审计法》层面将决算草案审计纳入其中，从法律层面对审计范围进行了明确的界定和固化，解决了《预算法》和《审计法》的同级财政决算审计规定出入而带来的审计实务混乱的问题。另外，《预算法》（2015）中仅仅指明了"决算草案审计要经过审计部门的审计"却未规范审计结果的报告形式，但是《审计法》（2021）中明确规定了"审计工作报告应包含决算草案审计的情况"，这对决算草案审计的报告形式和审计后发表意见的形式做出了明确的规定。

（二） 同级决算草案审计的概述

1. 同级决算草案审计的内涵

决算草案，是指各级政府、各部门、各单位编制的未经法定程序审查和批准的预算收支及结余的年度执行结果。[①] 同级财政决算草案审计是指审计机关依法对同级财政部门所编制的财政决算报表的各个项目内容进行审计监督，评价决算草案编制的完整性和真实性并发表相关审计意见，同时对相关预算执行活动的合法性和效益性做出评价的审计行为。

2. 同级决算草案审计的内容

《预算法》（2015）第七十九条对本级决算草案审计的重点审查内容做出了明确规定，其中包括：预算收入情况；支出政策实施情况和重点支出、重大投资项目资金的使用及绩

---

① 详见《预算法实施条例》。

效情况；结转资金的使用情况；资金结余情况；本级预算调整及执行情况；财政转移支付安排执行情况；经批准举借债务的规模、结构、使用、偿还等情况；本级预算周转金规模和使用情况；本级预备费使用情况；超收收入安排情况，预算稳定调节基金的规模和使用情况；本级人民代表大会批准的预算决议落实情况；其他与决算有关的重要情况。

针对重点审查内容，同级财政决算草案审计也可以对以下内容进行审计。

（1）对决算草案的编制过程和程序进行审查。

对决算草案的编制过程和程序的审计主要是审查相关的编制过程、编制程序是否符合相关规定，编制、报送时间是否及时。审计机关在审计过程中要关注决算草案的编制过程、编制方法是否按照相关的通知和规定进行；审查在决算草案编制过程中是否存在相关制度或操作方法不完善、机构之间不协调、违规报送的问题；审查财政部门在编制过程中是否对不符合相关规定的事项进行及时、正确的纠正；审查决算报表编制体系是否完整，是否存在本级债务、对外投资等未在决算草案中反映的问题等。

（2）对决算草案编制内容进行审查。

对决算草案编制内容的审计主要审查决算草案编制内容的完整性和真实性。审查决算草案编制的内容是否存在漏报、错报问题；是否将所有的收入和支出全部都编入决算草案，是否存在通过退库、收入挂账等跨年度调节税收收入的问题，是否存在财政部门虚列、多列财政支出造成当年财政决算支出虚增的问题；审查决算草案各个科目归类的准确性，确保不存在因科目归类导致的决算草案内容不清晰的问题；审查决算草案内容的完整性，是否包括了资产负债表在内的全部报表内容。

（3）对决算草案调整事项进行审查。

对决算草案调整事项的审计主要是审查决算草案是否对其中各种差异变更情况进行完整的列报和充分的披露，是否能够全面反映预算数、调整数和决算数；审查决算草案中发生的重大变更事项是否有充分的依据和书面的说明，是否存在有些科目预算执行中变化较大但未作出细化说明等问题。

第四节　部门财政预算与决算草案审计

《审计署"十四五"发展规划》中提出，要加强部门预算执行及决算草案审计。围绕部门预算的完整性、规范性、真实性，重点关注预算执行、中央八项规定精神落实以及财经法纪执行等情况，对各级党政工作部门、事业单位、人民团体等部门预算执行和决算草案5年内至少审计1次，重点部门和单位每年安排审计，深入揭示预算执行中各类违规和管理不规范问题，促进各预算单位规范管理，增强预算约束。

《审计法实施条例》规定，审计机关对本级人民政府财政部门具体组织本级预算执行的情况，本级预算收入征收部门征收预算收入的情况，与本级人民政府财政部门直接发生预算缴款、拨款关系的部门、单位的预算执行情况和决算，下级人民政府的预算执行情况和决算，以及其他财政收支情况，依法进行审计监督。

一、 部门财政预算执行审计

（一）部门财政预算执行审计的概述

部门预算执行审计是指审计机关按照本级人民代表大会审查和批准的年度财政预算，依法对各个预算单位在预算执行过程中筹集、分配和使用财政资金的情况、组织政府预算收支任务的完成情况和其他财政财务收支的真实性、合法性和效益性进行审计监督。

（二）部门预算执行审计的内容

由于部门预算执行审计涉及的部门、单位多，各部门、各单位具体收支内容和财务管理制度有所不同，因而对不同部门和单位的审计内容也会有一些差异。但总体上可以划分为：

1. 部门预算的编制和批复情况

对部门预算编制情况的审计主要是审查预算编制是否真实、合法、完整，即部门预算的编制是否按照相关法律法规的规定，准确完整地反映了部门预算的全部收支情况，此外还要关注部门预算的编制是否采取了科学、有效的程序和方法。对部门预算批复情况的审计主要是审查各预算部门向所属单位批复预算是否及时、合规。审查是否在批复本部门预算 15 日内向所属单位批复预算情况；是否存在随意调整预算科目和项目，调增、调减预算金额，影响部门预算批复真实性的问题等。

2. 部门预算的分配和拨付情况

对部门预算的分配情况的审计主要是审查部门预算分配结构是否合理，是否能够按照相关规定和标准对部门预算进行合理的分配；审查部门预算分配是否完整，是否按照相关规定将本级和所属单位的所有资金都纳入部门预算管理之中；审查预算分配内容是否正确，是否存在违规补助或者将非预算支出纳入部门预算范围之内的情况。对部门预算拨付情况的审计主要是审查预算资金拨付情况的合规性，是否严格按照拨付资金情况拨付，是否存在超预算、无预算、挤占、挪用预算资金的问题；审查部门是否严格按照预算层级拨付资金，有无存在超级次或者向非预算单位拨款的问题；审查部门是否按照项目的进度拨款，是否存在资金拨付不及时，滞拨、截留、克扣应拨付资金，影响项目进度的问题等。

3. 部门预算支出情况

部门预算支出划分为基本支出和项目支出两大类。基本支出是为了保障机构正常运转、完成日常工作任务而安排的预算支出。而项目支出是为完成特定的行政工作任务或事业发展目标，在基本支出预算以外安排的专项支出。因此对于部门预算支出情况的审计也要分为对部门预算基本支出情况和对部门预算项目支出情况的审计。

对部门预算基本支出情况的审计主要包括：审查部门预算基本支出是否真实，是否按照相关的规定和标准申请基本预算支出资金，是否存在虚报人员冒领用预算资金的问题；

审查部门基本支出是否严格按照预算执行，是否存在随意更改基本支出的用途，将基本支出预算资金用于非预算单位或者其他违规用途，是否存在部门挪用、挤占专项资金用于基本支出等问题；审查部门基本支出使用的效益性，基本支出是否能够有效、合理地使用，是否存在对基本支出挥霍浪费等问题。

对部门预算项目支出情况的审计主要包括：审查部门项目的真实性和合理性，审查部门项目是否按照相关的规定进行立项申报，相关部门是否对项目进行了相关的审核，考核项目的可行性和合理性；审查部门预算项目支出的使用情况，审查是否严格执行项目预算，项目结束是否存在结余资金，项目收支情况是否进行了科学的核算；审核部门预算项目支出使用的效益性，审查在项目结束后项目资金使用是否能够达到预期的社会效益和经济效益，评价项目支出的经济性、效率性和效果性。

4. 部门收入情况

部门及所属单位的收入包括一般财政预算拨款收入、纳入预算管理的政府性基金收入、预算外资金收入和其他收入。对部门收入情况的审计主要包括审查部门收入取得的合法性，部门及所属单位是否能够如实申报、申请预算资金；审查相关收入的纳税情况，对于部门所属单位应纳税的收入应当及时、足额纳税，部门及所属单位是否存在偷税、漏税、隐瞒或转移收入等问题；审查部门及所属单位对收入的管理情况，部门及所属单位的各项收入应全部纳入部门预算，是否会存在预算收入记录不完整，私设"账外账""小金库"等问题。

5. 部门非税收入征缴情况

部门的非税收入包括履行执收执罚，负责征收和管理相关的行政事业性收费收入、罚没收入、国有资本经营收益、国有资源（资产）有偿使用等国家非税收入。

对部门的非税收入征缴情况的审计主要审查非税收入征收是否合法，是否严格执行了"收支两条线"制度。审查非税收入项目设立的合法性，审查各类型行政事业性收费、罚款是否有相关的法律法规，有无存在私设收费项目、乱收费、乱罚款的问题；审查非税收入的收费范围和标准是否严格按照国家规定的征收范围和标准征收，是否存在超范围、超标准，将非征税项目纳入征税项目或者出现应征未征的问题。对"收支两条线"① 制度的执行情况的审计，主要审查对非税收入的管理情况，对纳入预算管理的非税收入是否及时纳入国库，对尚未纳入的非税收入是否及时足额缴入规定的账户；要核实部门支出是否存在部门使用非税收入进行相关支出，造成国家非税收入流失等问题。

6. 部门国有资产管理情况

部门及所属单位国有资产包括由财政性资金形成的资产、国家划拨给的资产、按照国家规定组织收入形成的资产，以及接受捐赠和其他法律确认为国家所有的资产。

对部门国有资产管理情况的审计主要包括对国有资产的取得、管理使用和处置的全面审查。对国有资产取得情况的审计主要关注：该项国有资产取得的渠道是否合法、正确，是否有完整的文件依据，是否存在违规占用企业或者其他经济组织资产的行为；审查国有

---

① "收支两条线"是指中央对地方年度预算，采取收支脱钩，分别计算收入留解比例和支出指标的办法。

资产的配置是否合理，是否符合国家法律和法规、政策和原则的规定，有无存在超标配置、浪费国家资源等问题。

对部门国有资产的管理和使用情况的审计，主要审查部门是否建立了健全的国有资产管理和使用制度，是否对资产进行了统一的登记和管理，并定期对资产进行了盘点，确保能够真实、准确地报告国有资产情况；审查部门是否存在私自将国有资产对外担保、租用、投资等问题；审查国有资产的使用效益，审查是否存在国有资产长期低效运转、闲置或者存在不当的损失和浪费等问题。

对部门国有资产处置情况的审计，主要审查国有资产的处置是否有完整、合法的文件依据，有无存在部门私自转让、售卖国有资产，使得国有资产流失的问题；审查国有资产的处置程序是否合规，有无存在违规评估、暗箱操作、低价转让国有资产等问题。

7. 部门政府采购情况

政府采购主要是指各级国家机关、事业单位和团体组织，使用财政性资金采购依法制定的集中采购目录以内的或者采购限额标准以上的货物、工程和服务的行为。①

对部门政府采购情况的审计，主要审查部门编制政府采购预算的情况，审查部门是否按照相关法律法规和年度预算编制的要求，完整编制政府采购预算；审查部门执行采购制度的情况，是否存在擅自增减政府采购目录的货物、工程和服务的问题；审查部门执行采购方式和程序的情况，审查政府是否采用了公开招标、邀请招标、竞争性谈判、询价、单一来源方式，审查招标整体流程的合规性，有无存在违规开展政府采购，违规操作、弄虚作假、损害国家和采购人利益等问题。

8. 部门其他财务管理情况

主要审查部门以及所属单位负债情况，按规定偿还各项负债和负债核算情况；审核机构划转撤并或单位清算财务管理的情况，包括全面清理各项财产、债权、债务，按规定办理国有资产移交、接收、划转手续，妥善处理各种遗留问题等，以及审查部门及所属单位其他财务收支及管理情况。

二、 部门决算草案审计

（一）部门决算草案审计的概述

部门决算是政府决算的重要组成部分。部门决算草案审计主要是指审计机关以各部门编制的年度决算草案为基础，对其进行审计并发表审计意见，确保部门年度决算草案的真实性、合规性的审计行为。

（二）部门决算草案审计的内容

在部门预算执行审计的基础上，部门决算审计主要对各项决算收支和部门决算编制管

---

① 详见《中华人民共和国政府采购法》。

理情况进行审计，主要内容包括：

1. 年终财务清理、结算的情况

主要审查部门以及所属单位按规定清理、核对年度收支数字和各项缴拨款项、各项往来款项、各项财产物资情况，以及年终结账情况等。

2. 编制决算草案的情况

主要审查部门及所属单位是否按照相关规定编制决算草案，是否将所有收入、支出和结余情况都列入决算草案；决算草案所列项目是否真实、完整，符合相关会计要求；审查决算草案中是否存在漏报、错报等问题。

3. 部门决算草案反映的资金使用效益情况

主要审查部门及所属单位资金使用的经济性、效率性和效果性，是否存在浪费资金的情况；资金使用是否能够达到预期的社会效益和经济效益等。

4. 部门决算草案反映预算执行审计结果的情况

主要审查预算执行审计发现的问题在决算中得到相应调整和纠正的情况；审查预算执行审计中未予以审计或虽经审计但情况仍未查实的重要事项等。

（三）部门决算审计与预算执行审计的关系

本质而言，部门决算审计属于预算执行审计工作的一部分，两者都是对政府财政财务收支活动的真实性、合法性和效益性进行的审查。部门预算执行审计与部门决算工作可以相互促进，两者有机结合，为解决政府部门在财政资金管理过程中出现的问题提供了有效的途径。但是两者也有着鲜明的区别，具体表现如表6-4所示。

表6-4 部门决算审计与部门预算执行审计的区别

部门决算审计	部门预算执行审计
部门决算审计的主体是上级审计机关	部门预算执行审计的主体是本级审计机关
部门决算审计是对地方政府在财政总决算或财政预算收支结果查验的基础上，对审计结果的真实性和合法性进行的合理评价，旨在揭示地方政府在进行财政决算编制时出现的问题	部门预算执行审计是统计在执行预算过程中财政资金的筹集、分配和调用情况以及其他财政收支情况、任务完成情况等，旨在揭示预算执行过程中出现的问题
部门决算审计采用的是逆查法，即根据下级政府编制的年度财政总预算，对各部门、各单位编制的决算数据进行逆查	部门预算执行审计采用的是顺查法，根据人民代表大会批准的年度财政审计预算对财政资金的流向进行顺查，对资金流向各个环节中预算的使用和管理情况进行审计，确保预算的使用和管理合法、合理
部门决算审计针对下级政府在财政决算编制中出现的违规违纪问题所反映的问题是既定存在的，而且是造成一定影响的，因此部门决算审计往往具有较高的权威性和震慑性，能够引起相关部门的足够重视	部门预算执行审计是对部门预算收支在预算年度中实现过程所进行的监督与评价，针对审计过程中出现的问题，相关部门需要及时从完善管理制度、健全管理机制等方面提出针对性的建议和意见

第五节　地方政府债务审计

随着近些年来我国经济的迅速发展，我国地方政府的投资需求迅速增长，相应的地方政府债务也在原有的基础上迅速扩张，但是由于地方债务的来源有很多，包括内债、外债、直接举债形成的债务、政府担保形成的隐性风险债务等，而且债务资金的使用管理部门很复杂，地方政府债务的偿还是地方政府，而债务资金的使用则是相关职能部门或融资部门，一个部门很难总结和反映一个地方债务的存量、增量和结构情况等。地方债务往往存在较高的风险隐患，这样的隐患一旦爆发将对地方经济的发展造成非常严重的阻碍。因此，为了避免这种现象的发生，我们需要对地方政府债务进行审计监督。

一、　政府债务审计的概述

（一）地方政府债务审计定义

政府债务审计是审计机关对地方政府、经费补助事业单位、公用事业单位、政府融资平台公司和其他相关单位为通过融资举债等方式筹措资金，如举借银行债务、政府担保债务、部门单位债务等进行审计。

（二）地方政府债务的范围

（1）地方政府负有偿还责任的债务，是指地方政府（含政府部门和机构）、经费补助事业单位、公用事业单位、政府融资平台公司和其他相关单位举借，确定由财政资金偿还，政府负有直接偿债责任的债务。一是地方政府债券、国债转贷、外债转贷、农业综合开发借款、其他财政转贷债务中确定由财政资金偿还的债务；二是政府融资平台公司、政府部门和机构、经费补助事业单位、公用事业单位及其他单位举借、拖欠或以回购等方式形成的债务中，确定由财政资金（不含车辆通行费、学费等收入）偿还的债务；三是地方政府粮食企业和供销企业政策性挂账。

（2）地方政府负有担保责任的债务，是指因地方政府（含政府部门和机构）提供直接或间接担保，当债务人无法偿还债务时，政府负有连带偿债责任的债务。一是政府融资平台公司、经费补助事业单位、公用事业单位和其他单位举借，确定以债务单位事业收入（含学费收入）、经营收入（含车辆通行费收入）等非财政资金偿还，且地方政府（含政府部门和机构）提供直接或间接担保的债务；二是地方政府（含政府部门和机构）举借，以非财政资金偿还的债务，视同政府担保债务。

（3）其他相关债务，是指政府融资平台公司、经费补助事业单位和公用事业单位为公益性项目举借，由非财政资金偿还，且地方政府（含政府部门和机构）未提供担保的债务

（不含拖欠其他单位和个人的债务）。政府在法律上对该类债务不承担偿债责任，但当债务人出现债务危机时，政府可能需要承担救助责任。①

二、　政府债务审计的内容

（一）举债资金的存量和增量情况

对举债资金的存量和增量情况的审计，一方面要关注存量债务的问题，即对于已有的债务特别是一些历史性陈债是否做好清欠工作；另一方面要关注增量债务的问题，要摸清新增债务底数，摸清政府债务的成因及规模，摸清贷款的总体规模和用途，全面、彻底揭示地方政府的显性债务、隐性债务以及或有债务等。

（二）负债结构和偿还能力情况

通过对负债结构和偿还能力情况的审计，要揭示债务管理中存在的风险。主要关注各级次、各年度地方政府负有偿还责任的债务、负有担保责任的债务和其他相关债务的规模、结构、来源等情况，根据负债结构、债务依存度、偿债能力等指标，从成本、效益和风险等多方面分析债务风险。

（三）举债资金使用绩效情况

对举债资金使用绩效情况的审计，主要是揭露资金使用方面存在的问题。结合部门预算执行审计、投资审计与经济责任审计等项目，关注部门使用举债资金的效益情况，揭示是否存在举债资金与项目建设进程用款不配套、举债手续不规范、资金投向不符合规定用途、举债资金闲置，影响资金使用效益等问题。审计部门要对贷款资金进行跟踪监督和定期检查，确保专款专用，提高资金使用效益。上述是针对政府债务审计主要内容的阐述，归纳起来如图 6-2 所示。

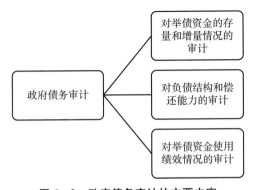

图 6-2　政府债务审计的主要内容

---

① 详见《国务院办公厅关于做好地方政府性债务审计工作的通知》。

第六节　税收、非税收入和社会保险费征管审计

《审计署"十四五"审计工作发展规划》中指出，针对税收、非税收入和社会保险费征管审计。要围绕税务、海关等部门职责履行和权力运行，重点关注税费征管真实性和完整性、税费优惠政策落实、口岸通关便利化、进出境货物监管、征管风险防范，以及收入征管制度改革推进等情况，推动健全收入征管制度，提升收入征管质效，完善税务海关执法制度和机制，规范执法行为。

一、税收收入审计

（一）税收审计概述

税收审计是指审计机关依照国家法律和法规对海关、税务系统收入征管情况进行审计监督。税收审计要重点监督检查依法征收、税制改革，以及结构调整、科技创新、大众创业、环境保护等方面税收优惠政策落实情况及效果，推动清费立税，完善地方税体系，促进建立税种科学、结构优化、法律健全、规范公平、征管高效的现代税收制度。①

税收审计作为财政审计中一门相对独立的专业审计，其审计的对象和内容主要是对税务系统的全面审计，一般具有以下职能：

第一，税务审计具有监督职能。税务审计审查税务机关是否严格贯彻我国的税收政策，认真履行税收征管职责，及时、足额地征收相关税费。是否在税务系统内部存在违规、违法行为，是否存在工作效率低下等影响国家税收征收等问题；

第二，税收审计具有评价职能。审计机关在对税务机关的审计完成后会提出相关审计和批评意见。这些评价意见对于发现税收机关内部的管理问题，改善税收工作，提高行政效率有着积极的意义；

第三，税收审计有鉴证的职能。审计机关在对被审计税务机关的各项活动和信息资料按照政府审计准则、规范、程序和财税法规进行审查后，对其活动和资料的真实性、合法性和效益性做出可信赖的、公正的证明。

（二）税收审计的范围与内容

1. 税收审计的范围

根据《审计法实施条例》的规定，税收审计的对象是国家税务局系统和地方税务部

---

① 详见审计署：《"十三五"国家审计工作发展规划》。

门。按照我国现行的财税管理体制和审计体制的规定，国家税务局系统负责征收中央税和中央与地方共享税，属于中央审计机关即审计署的监督范围；地方税务机关主要负责征收地方各税和部分中央与地方共税，属于地方审计机关的监督范围。根据需要，审计署也可以对地方税务机关进行审计。

2. 税收审计的内容

（1）税收计划完成情况审计。

税收计划是国家财政预算的主要组成内容，是指税务机关根据当前经济发展、社会发展的要求以及当前经济税源的情况，对当前的税收收入进行预测并编制的收入计划。

对税收计划完成情况的审计主要审查税务部门对税收计划的完成情况，分析出现税收超收或短收问题的原因，审查分析税收计划完成的真实性，是否存在税务部门通过虚增税收、虚假列报等方式完成税收计划，税务部门征收的各项税收征收数、国库入库数、财政部门的列报数是否一致。

（2）税源管理情况审计。

税源管理涵盖了税款征收的全过程，包括税前监控、税款征收、税款减免、税款入库、税款稽查等内容。

税源管理情况审计的内容主要包括：审查税务部门对纳税人进行登记管理工作是否合规，是否存在因管理或工作疏忽造成对纳税人登记工作多登、漏登、错登等问题；审查税务部门对纳税人的监管情况，是否对纳税人失实申报纳税额、偷税漏税等情况进行严格、有力的监管；审查税务部门在企业申报的基础上，对应征税金、入库税金、企业欠缴税金、税收减免等税源组成内容的核算是否合规，核算结果是否真实，有无人为留有余地而瞒报、少报税源等问题。

（3）税收政策执行情况审计。

对税收政策执行情况的审计主要是审查地方政府和税务部门是否按照国家税收政策及时、足额地征收税款。其内容主要包括：审查地方政府和税务部门有无私自改变税收征收的项目和标准，少征税款；审查地方政府和税务部门对税收减免情况的执行情况，是否存在将非免税项目纳入免税项目的问题，是否存在地方政府和税务部门私自扩大减免税范围，增加减免税项目等问题；审查有无层层下放减免税审批权限，将属于国家和省级的权限下放到基层政府和税务部门。

（4）税收征管制度执行情况审计。

税收征管制度执行情况审计主要是审查税务部门对于《税收征管法》的执行情况，是否能够严格按照法律规定征管税收。审查在税务登记制度下是否按照规定为所有纳税人办理了税务登记并颁发相关证件，核实具体的税务登记内容是否全面、清楚，审查税务登记内容发生变化时是否及时变更或注销登记等；审查地方税务部门是否存在违规改变征税方法，造成税收收入流失的问题；审查税务部门对于发票的印制、领购、开具、取得、保管、缴销的管理和监督是否完善，是否存在因为发票管理问题造成的税收流失问题；审查税务机关的税务检查制度是否完善，对于税务违法行为的处理是否符合相关规定，是否存在以罚代税、以罚代刑的问题。

（5）税款退库情况审计。

税款退库情况审计主要是审查税务部门对税收退库的执行情况。主要内容包括：审查税收退库的合规性，是否存在私自自行增加退库项目或者提高退库标准的问题；审查税务部门办理退库的预算级次是否符合财政体制的规定，有无混淆预算级次、多退上级财政收入的问题；审查税款退库项目审批文件的完整性，是否存在审批文件不完整却执行审批手续等问题。

（6）税收报表审计。

税收报表主要是指税收会计报表和税收统计报表。税收会计报表是以会计账簿为依据，以货币为计量单位，反映会计报告期间税收资金运动情况的书面报告。税收统计报表是税务机关收集和整理税收统计资料的一种方法。两者对于发现税务机关在税收征管方面的问题有着重要的作用。

对税收报表进行审计，主要审查税收报表的完整性，报表是否齐全、完整，有无漏表、漏项；各项报表数字是否真实，各项数字是否根据相关账簿的数字填列，汇总报表是否与基层单位报表的汇总数字一致；各报表数字的平衡关系是否正确；各报表之间的数字勾稽关系是否合理、是否成立。

二、 海关审计

（一）海关审计概述

1. 海关审计的含义

中华人民共和国海关是国家进出关境的监督管理机关。海关负责监管进出境的运输工具、货物、行李物品、邮递物品和其他物品（以下简称"进出境运输工具、货物、物品"），征收关税和其他税、费，查缉走私，并编制海关统计和办理其他海关业务。[①]

海关审计，是指审计机关对海关总署以及其所属的各级海关的关税和其他税费的征收管理活动，以及和税费征管有直接关系的海关监管活动进行的审计监督。总体而言，海关审计包括关税和进口环节税收情况审计、关税和进口环节税收减免情况审计和保税货物监管情况审计。

2. 海关审计的职能

（1）推动海关依法履职，强化海关税收征收。

关税以及进口税收入是我国税收收入的一个重要组成部分。随着我国与世界各国经济交流的日益密切，海关进出口业务不断增多，关税和海关代征的收入逐年增加。但在进出口活动中，各种违反国家规定、逃避海关监督、偷税漏税的行为还比较严重；有的海关执法不严，造成国家税收流失的问题也时有发生。加强海关审计监督、防范违规行为、促进

---

① 详见《中华人民共和国海关法》。

严格执法，对保证国家财政收入具有重要作用。

（2）维护政令统一严肃，发挥关税杠杆作用。

国家通过制定不同的关税税率和实施各种不同的征收、减免政策，合理调节对外经济贸易中的各种国际经济关系和国内经济关系。加强海关审计监督，制止和纠正各种有法不依、执法不严、违法不究以及随意变通国家统一政策的行为，有利于维护国家关税法律法规和政策的统一性以及严肃性，充分发挥关税调节经济的杠杆作用。

（3）维护国内市场秩序，保障我国经济利益。

促进海关认真执行国家进出口政策，加强对进出口货物的监管，充分发挥海关监管在维护我国政治经济利益中的作用。作为发展中国家，对民族工业实行保护十分必要，关税以及进出口政策就是非常重要的保护措施。加强对关税的审计监督，促进海关加强对进出口货物的监管，严厉打击走私贩私行为，维护国内市场的正常秩序，有利于促进和保护我国经济的发展。

（二）海关审计的内容

海关系统的关税收入作为我国中央财政收入的一个重要内容，我们要对海关系统税收征收的全环节进行审计监督，其中包括了对关税和进口环节税征收情况的审计、对关税和进口环节税减免情况的审计、对保税货物的审计。

1. 关税和进口环节税征收情况审计

（1）关税征收情况审计。

关税征收包括了海关收单审单、货物估价、税则归类、确定完税价格、计算税款、开出税款缴款书和税款入库等诸多程序。关税征收情况审计主要突出表现在对货物估价、税则归类和单证审查三个环节。

对海关货物估价情况的审计，首先要根据国家最新的估价规定，审查海关使用的估价体系是否合理、合规；其次要根据国家和被审关区进出口业务特点，重点审查国内外市场价格差异较大的重点敏感货物，确定其估价是否合理；审核报关单所列货物品种、价格和数量等多项内容，是否与发票以及合同一致，有无报价不实、虚报货物数量或谎报货物品名的问题。

海关税则是指国家制定和公布的对进出关境货物征收关税的税率分类表。税则归类是指海关部门按照规则规定，将每一份进出口商品列入税目，按照相关规定计算税率。针对税则归类情况的审计，审计机关要审查海关在计算征收关税时，是否严格按照税则的规定征收关税，是否存在因税则归类错误使用错误税率，导致关税多征或少征的问题。

对海关审查报关单情况进行审计，主要审查海关报关单的正确性、完整性，审查报税单与具体货物是否符合；审核进出口货物的报关单是否完整、填制是否正确；审查报关单是否存在混用、错用的现象，是否将保税的粉红色报单用于非保税项目。

（2）进口环节税征收情况审计。

进口环节税是指，在进口货物、物品海关放行后，进入国内流通领域，由海关负责征收或代征的应征国内税，如进口商品需依法缴纳的消费税、增值税等。针对海关征管进口环节税情况的审计，主要包括：对海关确定的进口环节增值税计税价格的审计、对海关确定的进口环节消费税征收范围和计税依据的审计、对进口环节税收征收范围和计税依据的审计。

对海关确定的进口环节增值税计税价格的审计，要关注进口环节增值税是否按照《中华人民共和国进出口关税条例》的规定确定计税价格，在审计时，要着重审查海关有无将关税计入计税价格或抵扣税款少征增值税的问题。

对海关确定的进口环节消费税征收范围和计税依据的审计，要审查海关有无故意缩小应税范围、将应纳消费税的产品视同一般产品未征收消费税的问题；有无少征收关税税额的问题。

对进口环节税收征收范围和计税依据的审计，审计机关要审查进口环节税征收范围和计税依据是否按相关规定正确确定。

2. 关税和进口环节税减免情况审计

关税和进口环节税（简称"进口税收"）减免是指海关根据国家政策和税法有关规定，按照关税管理权限，对享受关税优惠待遇的进出境货物减免税收的制度。根据《海关法》规定，我国现行进口税收减免分为法定减免、特定减免、临时减免三种类型。我们在审计过程中，也要重点关注这三种减免的审计。

（1）针对法定减免的审计。

法定减免是指在《海关法》《进出口关税条例》和《关税税则》等关税基本法中列明予以减免的税款。《海关法》规定，下列进出口货物、进出境物品，减征或者免征关税：无商业价值的广告品和货样；外国政府、国际组织无偿赠送的物资；在海关放行前遭受损坏或者损失的货物；规定数额以内的物品；法律规定减征、免征关税的其他货物、物品；中华人民共和国缔结或者参加的国际条约规定减征、免征关税的货物、物品。

在对法定减免情况的审计时，主要审计各地海关部门是否在法律规定的范围内批准减免税进口货物的种类，减免的税额是否在法律规定的范围之内。

（2）针对特定减免的审计。

特定减免是指为特定地区（保税区和出口加工区）、特定企业（主要是外资投资企业，包括外资企业、中外企业、中外合作企业）、特定用途（国内投资项目、利用外资项目、教科用品项目、残疾人专用品）而产生的进出口货物专门制定的减免税。由于特定减免税的内容繁杂，政策变动频繁，税额较大，是审计的重点。

对特定减免的审计主要是审查海关部门是否能够严格按照特定减免的相关规定来执行减免。主要包括：

对特定区域减免税的审计，要审核进口货物的单位是否位于国家规定的经济特区或其他特定区域，是否存在海关部门将来自非特定区域的进口货物纳入特定减免范围内的情况；审查对特定减免的额度是否符合国家规定；审查进口货物是否属于特定区域企业自用，是否存在海关部门将非自用货物实行特定减免的问题。

对特定项目减免税的审计，要审查进口货物是否在特定项目减免税的范围内，是否存在将非减免税项目纳入其中的问题；审查进口货物的单位是否符合相关规定，是否存在将非合规单位的货物纳入减免税范围的情况；审核进口货物减免税的文件依据是否完整、合规，是否存在文件依据不完整但办理减免税的问题；审查进口货物是否用于国家规定的用途或制定的项目，是否存在将减免税货物倒卖，偷逃进口税收的问题。

（3）针对临时减免的审计。

临时减免税是指，在法定关税减免和特定关税减免以外，国家为了照顾某些纳税义务人特殊的、临时的困难或因政治经济需要而临时批准的减税免税。

对临时减免的审计，主要内容包括：审查享受减免税的进出口货物是否有完整的文件和证明材料，海关部门是否对相关文件按照国家规定进行审查批准；审查海关部门是否严格按照国务院批准的减免税范围执行，是否存在私自扩大减免关税范围的问题。

3. 保税货物审计

保税货物，系指已经入境但经海关特许缓办进口纳税手续或者存放后再复运出口的货物。专门存放经海关核准的保税货物的仓库称为保税仓库。[①] 保税货物监管是指国家对国外进口的货物暂缓征收进口税收，由海关监管，于规定时间内，在海关许可的场所储存、加工、装配后复运出境，或批准内销并办理进口纳税手续。保税货物监管制度包括加工贸易保税货物监管制度、保税区监管制度、保税仓库监管制度、保税工厂监管制度和保税集团监管制度等。保税货物监管制度的核心是货物加工进口，防止擅自内销或走私，偷逃国家税收。

（1）对加工贸易保税货物监管情况的审计。

海关对加工贸易保税货物的监管主要依靠加工贸易进口料件银行保证金台账制度。加工贸易进口料件银行保证金台账制度是指经营加工贸易单位（包括经批准可以从事来料加工业务的生产企业）凭海关核准的手续，按合同备案料件金额向指定银行申请设立加工贸易进口料件保证金台账，加工成品在规定期限内全部出口，海关核销后，由银行核销保证金台账的制度。而加工贸易保税货物监管情况审计的主要内容包括：审查海关是否严格审核企业的有关资料，是否按照相关规定，确定申报单位的加工贸易资格、经营范围；审查海关是否依法对企业的进口货物予以放行，是否存在越权放行国家限制经营的进口货物的问题；审查海关的加工贸易合同批准情况，是否存在未经授权的合同或认为压低合同备案金额向银行签发联系单的问题；审查海关对于核销逾期合同是否按照规定停止新合同备案，是否存在未核销老合同同时备案新合同的情况，是否存在对同一合同多次延期，导致保税物料脱离监管，造成税收流失隐患的问题。

---

① 详见《中华人民共和国海关对保税货物和保税仓库监管暂行办法》。

（2）对保税区监管情况的审计。

保税区主要是指靠近边境、交通便利的地方，通过设置封闭式的隔离设施划分一定的区域，形成的对保税进口货物进行监督的特定区域。对保税区监管情况的审计，主要审查：海关是否按照规定对从保税区运往非保税区的货物办理补税手续；海关对保税区内生产企业进口料件运往非保税区进行委托加工的监管是否合规，是否按照规定办理登记备案和核销手续；海关对保税区内生产企业之间互相转让、买卖、借用进口机器、设备和料件的事项，是否按照规定办理备案手续；海关对保税区内外贸易企业代理进口货物的监管是否合规、严密等。

（3）对保税仓库监管情况的审计。

对保税仓库监管情况的审计，主要审查：海关是否按照规定发行《保税仓库注册登记证书》，是否按照规定程序严格审查申请人提交的营业执照、《保税仓库申请书》和经贸主管部门的批件等申请材料，有无对不符合条件的申请单位核发登记证书的问题；海关是否按期核查保税仓库报送的保存货物的收、付、存等情况，对查出问题的处理是否合规；海关对储存期满仍未转为进口也不复运出境的保税货物，是否按规定进行变卖等处理；海关是否按照规定对保税仓库所存货物的短少部分办理补税手续等。

（4）对保税工厂监管情况的审计。

对保税工厂监管情况的审计，主要审查：海关是否依照国家规定核发《加工贸易保税工厂登记证书》，有无对不具有进出口业务经营权或承接进口料件加工复出口法人资格的单位发行登记证书；海关对保税工厂不能加工出口部分的进口货物，是否严格按规定办理补税手续；海关是否按规定期限，按时核查经营单位的原材料储存保管、加工、成品出口以及内销等情况，并对发现的问题进行处理。

（5）对保税集团监管情况的审计。

对保税集团监管情况的审计，主要审查：海关是否按照国家规定核发《进料加工保税集团登记证书》；海关是否严格查验牵头企业报送的有关文件，办理保税集团合同登记备案手续，签发《进料加工登记手册》；海关对保税集团保税进口料件的监管是否合规、严密，进口料件是否存入指定的保税仓库，是否专料专用，进口料件与国内料件混合加工时，牵头企业是否事先向海关申报进口料件的比例和数量；海关是否按期及时对保税集团进口料件的储存、使用加工以及有关产品的实际流向等情况进行核查，是否严格审核牵头企业报送的登记手册和出口专用报关单等有关单证，并按规定办理核销手续；海关是否严格对内销的加工产品办理补税征税手续，对保税进口料件期满仍未加工复出口的产品是否严格按规定处理。

以上为海关审计的主要内容，归纳总结如图 6-3 所示。

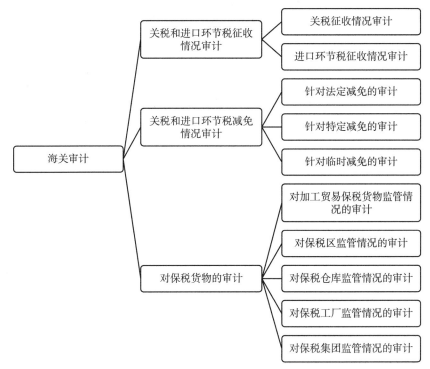

图 6-3 海关审计的主要内容

三、非税收入审计

（一）非税收入审计的概述

政府非税收入，主要是指除税收以外，由各级政府、各级机关、事业单位、代行政府职能的社会团体及其他组织依法利用政府权力、政府信誉、国家资源、国有资产或提供特定公共服务、准公共服务取得并用于满足社会公共需要或准公共需要的财政资金。[①] 具体包括：行政事业性收费收入；政府性基金收入；罚没收入；国有资源（资产）有偿使用收入；国有资本收益；彩票公益金收入；特许经营收入；中央银行收入；以政府名义接受的捐赠收入；主管部门集中收入；政府收入的利息收入；其他非税收入。社会保障基金、住房公积金不纳入政府非税收入管理范围。

政府非税收入作为财政收入的重要来源之一，现阶段已经成为地方政府收入的重要组成部分。但是非税收入涉及的项目、管理部门众多，会造成一般预算、基金预算和财政专户预算的征管混乱，容易导致地方政府的非税项目收费、集资缺乏约束与监督。因此我们需要对政府的非税收入进行审计监督。

政府非税收入审计，主要是指对上述所说的非税收入项目进行审计监督。对非税收入

---

① 详见《关于加强政府非税收入管理的通知》。

进行审计，对增加财政收入、确保国家财政预算收支平衡、严肃财政纪律、规范收费行为等都有着重要的意义。

（二）非税收入审计的内容

政府非税收入作为政府财政收入的一部分，需要对政府非税收入的取得及其使用安排与使用效果进行全程监督控制。

1. 非税收入收缴情况审计

对非税收入收缴情况的审计，主要关注非税收入收缴的合规性、执收单位上缴财政情况、非税收入上缴国库情况、非税收入纳入预算管理情况。

非税收入收缴合规性的审计，要关注非税收入项目是否有明确的征收或收取依据，是否存在缺乏相关文件违规乱收费、乱罚款、乱摊派的问题；征收或收取的文件依据是否符合国家规定的审批权限，有无地方政府及其相关部门越权审批的问题；征收或收取的标准是否与规定的标准相一致，有无自行提高标准收费，或者擅自减免的行为；关注为政策性目标而设立的政府性基金、行政事业收费等非税收入项目征收的合理性，是否存在政策目标已经实现或者不符合当前要求但项目仍然存在的问题。

执收单位上缴财政情况的审计，应该关注执收单位是否严格执行"收支两条线""收支脱钩"情况，是否将非税收入上缴财政统筹安排。关注执收单位有无直接收费自收自用、滞留收入未及时足额上缴财政等情况，重点揭示将非税收入用于部门经费支出、人员资金福利，甚至设立"小金库"、挪用侵占等问题。

非税收入上缴国库情况的审计，主要关注非税收入是否能够及时、足额地上缴国库。从审核财政部门非税收入汇缴专户的资金收、支、余入手，结合地方年度财政决算收入完成情况，分析地方财政部门是否存在调节财政收入进度和年度规模的问题。此外，审核非税收入汇缴等相关财政资金账户，还应从资金流向和账账核对入手，关注财政资金的安全性，审查地方政府及其财政部门有无挪用、出借非税收入资金的行为，防范财政资金安全风险。

非税收入纳入预算管理情况的审计，应审核财政部门非税收入汇缴专户的资金流向，是否按规定上缴国库，有无将非税收入转入财政专户后安排支出，或者直接在汇缴专户安排使用的情况，以及审核财政部门办理此类支出的审批程序等。

2. 非税收入管理、支出情况审计

对非税收入管理、支出情况的审计，要重点关注是否严格执行"收支两条线"的规定，及时上缴非税收入，是否存在将收入滞留在本部门延期上缴或者不缴入财政专户，或者存在挪用非税收入，造成我国非税收入流失的问题；关注国有资产占用费、资源性收入、国有资产经营收入管理问题，是否存在因为管理不当造成国有资产流失的问题；关注罚没物资及暂扣款、暂扣物品的管理情况，对罚没物资是否严格按照国家规定执行，是否存在以权谋私随意罚没的问题，审查罚没物资和暂扣物资的依据是否合法、完整，审查单位是否严格管理这些款物，是否存在随意处置，导致国有资产流失的问题；关注非税收入支付的效益性问题，是否在资金使用过程中出现成本支出效益低下、资金闲置或资金投向不合理等问题。

四、 社会保险费审计

（一）社会保险费审计概述

社会保险基金是由养老保险基金、失业保险基金、医疗保险基金和其他社会保险项目的基金构成的。而我国目前已建立的社会保险基金主要有企业职工基本养老保险基金、失业保险基金、城镇职工基本医疗保险基金、农村社会养老保险基金、企业职工工伤保险基金、企业职工生育保险基金等。

《审计法》（2021）第二十四条规定，审计机关对政府部门管理的和其他单位受政府委托管理的社会保险基金、全国社会保障基金、社会捐赠资金以及其他公共资金的财务收支进行审计监督。对社会保险费的审计，是指审计部门对政府部门管理的和社会团体受政府部门委托管理的社会保险资金财务收支的真实、合法、效益进行的审计监督。而社会保险费审计，主要是指审计机关对政府部门管理的和社会团体受政府部门委托管理的社会保障资金财务收支的真实、合法、效益进行的审计监督。

（二）社会保险费审计的内容

关于社会保险费审计应该覆盖社会保险基金的各个方面，但主要涉及社会报销基金的征收、支出和管理方面的审计。

1. 基金征收审计

审计社会保险管理部门、社会保险经办机构是否按法定的项目和标准，及时、足额征收社会保险费，是否存在违规改变社会保险费征收项目或标准的问题；审查社会保险管理部门、社会保险经办机构是否存在擅自提高或者降低社会保险费的征收比例，是否存在任意减免征收社会保险费的问题；审查社会保险管理部门、社会保险经办机构是否存在违规转移基金收入，私设"小金库"的问题；审计企业是否存在故意隐瞒工资总额，造成漏缴社会保险费的问题；审计企业是否存在故意拖欠或拒绝缴纳社会保险费等问题。

2. 基金支出审计

审计社会保险管理部门、社会保险经办机构是否能够及时、足额支付社会保险，是否存在故意拖欠或者截留的问题；审查社会保险管理部门、社会保险经办机构是否按照规定的标准和范围支付，是否存在故意扩大支付范围、扩大支付范围的问题；审计社会保险管理部门、社会保险经办机构是否存在虚假列支、转移资金、挤占挪用等侵蚀社会保险基金的问题；审核社会保险基金的领取人员是否真实、合法，是否存在虚领社会保险金的问题。

3. 基金管理审计

审查各级政府、财政部门、社保管理部门、社保经办机构和其他单位、个人有无以各种形式将社会保险基金用于对外投资、经商办企业、自行或委托金融机构放贷、参与房地产交易、弥补行政经费和平衡财政预算，为企业贷款担保、抵押等问题；审计社会保险管理部门、社会保险经办机构的年度决算和相关会计账簿、凭证是否真实合法；审查社会保险管理部门、社会保险经办机构是否建立了健全、有效的内部控制体系；审查社会保险基金是否完整、安全，是否能够按照预期保值、增值，相关保值、增值手段是否合规、合法。

第七节　公共工程投资审计

审计署《"十四五"审计工作发展规划》中提出，对重大公共工程投资审计。要围绕重大公共工程项目预算执行、决算和建设运营，重点关注交通、能源、水利等行业专项规划落实，项目建设管理、资金筹集及管理使用、生态环境保护、建设用地和征地拆迁等情况，持续开展北京冬奥会、川藏铁路等基础设施建设跟踪审计，促进国家"十四五"规划纲要确定的重大工程项目及相关政策落实，提高投资绩效，推动投融资体制改革。

一、　公共工程投资审计的含义

公共工程投资项目可分为狭义和广义，狭义的公共投资项目特指政府作为投资主体在基础设施和自然垄断行业进行的物质性公共投资形成的项目。广义的公共投资项目则是指所有为社会提供基础性和公共性商品或服务的公共基础设施、公共服务而设立的投资项目。

公共工程投资项目审计是指政府审计机关对于政府部门投资的建设项目的管理活动进行检查，评价其是否合乎经济性、效率性和效果性，是否符合公共管理责任的要求，以促进其改善公共管理，提高公共投资效果的审计活动。

二、　公共工程投资审计的范围

《审计法》（2021）中第二十三条规定，审计机关对政府投资和以政府投资为主的建设项目的预算执行情况和决算，对其他关系国家利益和公共利益的重大公共工程项目的资金管理使用和建设运营情况，进行审计监督。政府投资和以政府投资为主的建设项目主要包括：全部使用预算内投资资金、专项建设基金、政府举借债务筹措的资金等财政资金的；未全部使用财政资金，财政资金占项目总投资的比例超过50%，或者占项目总投资的比例在50%以下，但政府拥有项目建设、运营实际控制权的。审计机关对前款规定的建设项目的总预算或者概算的执行情况、年度预算的执行情况和年度决算、单项工程结算、项目竣工决算，依法进行审计监督；对前款规定的建设项目进行审计时，可以对直接有关的设计、施工、供货等单位取得建设项目资金的真实性、合法性进行调查。①

三、 公共工程投资审计的内容

公共工程投资项目具有建设周期长、消耗大、参与单位多的特点，而且其投入产出一般是分阶段完成的。因此公共投资审计需要对投资项目的各个环节进行全面、有效的审计监督。主要包括对投资项目的管理、建设项目的管理、工程价款结算、建设项目财务收支以及固定资产投资绩效进行全面的审计。

（一）投资项目计划管理审计

国务院投资主管部门、行业投资主管部门和地方各投资主管部门分别对政府投资项目、财政补助资金进行审批，并根据此编制和下达投资计划。② 对政府投资计划管理进行审计需要审查以下方面：检查各投资主管部门是否建立科学的决策规则和程序；是否及时组织编制本级国民经济和社会发展的长期规划；是否严格执行项目审批程序；是否合理安排投资计划；是否对项目实施有效监管等。

（二）建设项目管理审计

对建设项目管理的审计主要关注用于建设的国家财政资金是否得到有效的利用。主要内容包括：审查相关建设项目是否有完整的文件依据，相关文件依据是否合法，是否经有关部门的批准；审查建设项目的相关资金来源是否正当，资金的拨付是否及时、足额；审查建设项目是否按照规定的招标方式和招标程序进行，开标、评标、定标是否坚持公开、公正、公平的原则，参与投标的单位是否具有相关资质、技术等；审查对项目招投标的后续监督，审查合同的内容是否完整、规范，签订的程序是否完整，审核是否严格执行了合同的内容，是否存在违法分包、层层转包等问题。

（三）工程价款结算审计

工程价款结算审计作为建设项目审计中一项非常重要的内容，不仅是节约工程造价、降低工程费用的重要手段，也是规范工程价款结算、节约工程投资、防止国有资产流失、查出贪污腐败的重要方法，包括建设项目概预算编制审计、建设安装工程费审计和征地拆迁的审计三部分。

建设项目概预算编制审计主要包括：审计建设项目总概算书，审计建设项目的总概算是否按照设计文件要求编制了建设项目全过程所需要的建设费用预算，审查总概算中所列的建设项目是否完整，设计文件的项目是否有遗漏，设计文件外的项目是否列入，是否符合建设项目前期决策批准的项目内容。审计单位工程综合概算和单位工程概算。审计单项

---

① 详见《审计法实施条例》。
② 详见《国务院关于投资体制改革的决定》。

工程综合概算和单位工程概算，重点审计在概算书中所列的各项费用的计算方法是否得当，概算指标或概算定额的标准是否恰当，工程量计算是否正确。审计其他工程费用，重点审计其他工程费用的内容是否真实，在具体的建设项目中是否有可能发生，费用计算的依据是否恰当，费用之间是否重复等内容。

对建筑安装工程费审计，主要审查的项目有：工程项目立项审批情况，工程项目建设情况，项目环境保护情况，工程质量情况。对工程项目立项审批情况的审计，主要审查项目立项审批程序是否合规，项目是否符合国民经济发展规划、产业政策、行业发展建设规划的要求等。对公共项目建设情况的审计，主要审查项目建设是否按照设计文件和概预算安排的工程项目施工，有无超预算、超标准建设非生产性设施项目或建设概算外项目的问题等。对项目环境保护情况的审计，主要审查工程项目是否通过环境影响评价审批；是否符合环境保护的要求，有无存在在项目建设过程中污染环境的问题。对工程质量的审计，重点审计建设单位是否存在健全的质量管理体系，且其是否得到了有效的执行；各种质量检查验收资料是否齐全、有效、合规；审查建设项目的长度、宽度、强度，厚度等是否符合工程质量的要求，其结算是否合规，有无偷工减料、虚报冒领工程款等问题。

在对征地拆迁的审计过程中应重点关注征地拆迁补偿安置方案是否经过了规定的审批和执行，方案是否严格按照征收补偿的标准进行，是否存在为加快项目进度，违规提高补偿标准的问题；其次，要重点关注征收补偿资金拨付的准确性和及时性。审查建设单位和地方政府对征收补偿资金是否及时、足额下发，是否存在地方政府故意滞留、截留、挤占和挪用资金的问题。

（四）建设项目财务收支审计

建设项目财务收支审计是检查建设财务收支的真实性和合法性，主要包括以下几个方面：对建设项目资金来源、管理和使用情况的审计；对建设项目支出的审计；对基本建设收入的审计；对结余资金、债权债务的审计；竣工决算报表审计等。

对建设项目的资金来源、管理、使用情况的审计。审计机关要审查资金来源是否符合国家财经制度规定，是否有挤占、挪用其他资金的问题；有指定用途的资金，是否做到了专款专用；拨款是否按照规定入账；资金在使用过程中是否有被各级管理部门和建设单位截留、挪用的情况；资金有无闲置、使用效益不高的问题；有无项目资本抽逃等问题。

对建设项目支出审计，指对建设项目全过程中发生的财务支出项目的完整性、准确性、合规性进行审查。主要审查的项目有：对材料的采购、保管、领用和核算情况，建筑安装工程投资情况，设备投资情况，待摊投资情况，应核销基本建设支出情况，预留尾工投资情况，交付使用资产情况和其他投资情况。

对基本建设收入的审计。基本建设收入是指建设单位在基本建设过程中取得的临时性或一次性收入，对基本建设收入的审计包括：审查取得的收入是否合法，是否存在在违反国家规定的情况下取得相关基本收入的情况；审查所得收入是否全部入账，有无私设"小金库"问题；审查收入的纳税和分成情况是否符合国家相关规定。

对结余资金、债权债务的审计主要审查库存物资、债务债权是否及时清理；报废的物资损失和坏账损失的审批手续是否齐全，清理收入是否全部入账；审查结余资金是否按照相关规定处理。

对竣工结算报表审计，主要包括审查竣工决算报表是否按规定的期限编制，竣工报表是否在办理验收后 1 个月内报送有关部门；审查竣工决算各种报表是否填列齐全，有无漏报、缺报，已报决算各表中项目的填列是否正确完整，各表之间是否具有勾稽关系，应一致的数额是否相符；审查报表中有关的概算数和计划数是否与批准的概算数和计划数相一致；审查竣工决算表中的主要项目金额是否与其历年批准的财务决算报表中的主要项目金额相符；审核竣工决算报表编制说明是否真实。

（五）固定资产投资绩效审计

由于政府固定资产投资的服务性和公共性的属性，评价和衡量项目的效果不能只看其自身的经济效益，更应该从宏观效益、社会效益以及生态效益方面去评价项目的投资绩效。因此，需要对固定资产绩效进行审计监督，评价政府投资活动中资源配置的经济性、效率性、有效性，促进有关部门和单位改善经营管理、提高效益的审计活动。

固定资产投资效益审计主要关注投资项目所达成的经济效益、社会效益、生态环境效益是否符合预期，对于未达成的目标要分析原因，提出整改措施；在项目投放使用后，审计机关需要对项目进行跟踪审计，审查是否能够达到预期的使用效益；审查项目是否建立了完备、有效的内部控制和内部监督体系；审查投资项目资金使用和管理的真实性、合法性，项目配套资金的拨付是否足额、及时，资金的使用是否按照规定的范围和标准执行，是否存在闲置资金或者资金使用效益不高的问题。

图 6-4 是针对上述公共工程投资审计内容的一个总结。

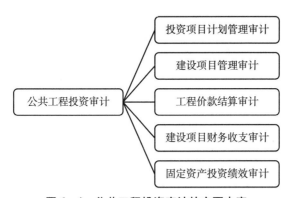

图 6-4 公共工程投资审计的主要内容

四、 重点专项资金审计

《审计法》（2021）第二十九条规定：审计机关有权对与国家财政收支有关的特定事项，对有关地方、部门、单位进行专项审计调查，并向本级人民政府和上一级审计机关报告审计调查结果。而重点专项资金往往包括扶贫、教科文卫、农林水等关乎国计民生的重点领域，因此对于重点专项资金的审计至关重要。

《审计署"十四五"审计工作发展规划》中指出，重点专项资金审计，围绕重点领域预算绩效管理，重点关注科技、文化、网络安全和信息化等专项资金分配、管理和使用情况，以及相关的政策目标实现情况，推动中央与地方政府事权和支出责任划分改革，促进完善转移支付制度和重点专项资金提质增效。

（一）重点专项资金审计的概述

财政专项资金是指国家或者有关部门或上级部门下拨给行政事业单位有专门制定用途或特殊用途的资金。这些资金往往都要求进行单独核算、专款专用，不得挪作他用，并要求单独保障结算的资金。专项资金有三个特点：一是来源于财政或上级单位；二是用于特定事项；三是需要单独核算。

重点专项资金审计是指审计机关对重点专项资金收支的真实性、合法性和效益性进行的审计监督活动。

随着经济发展和政府财力的提高，专项资金支出在财政支出中的比重越来越大，专项资金的安排成为政府加强管理、推动各项事业的发展和进行宏观调控的重要手段，也成为政府、人大和社会关注的焦点。因此，有效开展重点专项资金的审计，能够及时了解政府专项项目的实施情况，及时纠正其中的问题，有效提高财政专项资金的使用效益，保证国民经济和社会的健康发展。

（二）重点专项资金审计的内容

1. 专项资金项目计划的下达和执行情况

对专项资金项目计划的下达和执行情况的审计主要是审查专项资金的主管部门是否能够按照国家批准的计划下达投资项目的专项资金；审查专项主管单位是否能够按照项目计划认真执行，是否存在擅自调整项目内容、时限、规模等问题。

2. 专项资金的分配、拨付和使用情况

对专项资金的分配、拨付和使用情况的审计主要是审查各级财政部门是否能够按照计划筹集、落实配套资金，是否存在通过虚假报表、虚开发票、虚列支出等方式搞虚假配套的问题；审查专项资金的分配是否按照规定的方法和程序进行；专项配套资金是否能及时、足额拨付给用款单位，有无存在截留、挤占、挪用，通过配套资金"吃回扣"回流资金等问题；审查对于上级拨付的专项资金是否及时、足额入账，是否存在"账外账""小金库"等问题；审查用款单位是否按照计划开工完工，按照批准的项目和规定用途使用专项资金。

3. 专项资金财务管理情况

对专项资金财务管理情况的审计，主要审查用款单位对专项资金的管理是否实现了专人专账、专户管理；审查专项资金的使用范围，有无存在违规扩大专项资金使用范围，将一些不合理的费用列入专项资金支出中，是否存在通过虚估工程量或虚增造价的方式套取专项资金等问题。

4. 项目实施和效益情况

对专项实施和效益情况的审计，主要审查项目的设计、项目计划的制定实施是否合理、合规，相关项目的设计是否得到了有关部门的批准；在项目的实施中是否存在重大浪费及质量隐患等问题；审核完工验收项目是否能够达到预期的经济效益、社会效益和生态效益，有无存在因管理不善等原因造成资源浪费或出现事故隐患等问题；如果完工验收项目效益不能达到预期，应分析相关原因，并结合实际提出改进意见。

第八节 国外贷援款项目审计

审计署《"十四五"审计工作发展规划》中提出：对于国外贷援款项目审计，要围绕我国政府与国际金融组织和外国政府签订协议约定的职责，在项目执行期内每年开展1次审计，重点关注国外贷援款项目财务收支、项目执行和绩效情况，以及债务管理情况，促进提高项目质量和外资使用效益，推动实现高水平对外开放。

一、 国外贷援款项目审计的概述

国外贷援款项目主要是指国际组织、国际金融机构、外国政府及其机构，向我国政府及其部门提供的贷款、援款及赠款项目，向我国金融机构和企事业单位提供的、由我国政府及其部门担保的贷款项目，向受我国政府委托管理有关基金、资金的社会团体提供的援助和赠款项目，以及其他国外贷援款项目。[①]

国外贷援款项目审计，是指在国外贷援款项目协定生效后的建设期和项目竣工验收后的使用期内，审计机关依法对项目和项目执行单位财务收支的真实、合法和效益，进行的审计监督。国外贷援款项目审计的目的是，证实财务报告和有关会计资料的真实性，维护国家利用外资法律、法规、规章、制度的严肃性和我国的国际信誉，促进项目执行单位和政府主管部门积极、合理、有效地利用外资，提高外债偿还能力，促进国家利用外资政策、产业政策、国民经济和社会发展计划的落实。[②]

二、 国外贷援款项目审计的内容

（一）国外贷援款项目财务报告编制方式和有关会计资料的管理情况

审计机关对国外贷援款项目财务报告编制方式和有关会计资料的管理情况进行审计

监督主要是审核财务报告和会计资料的完整、真实和合规性。主要关注项目财务报告是否按照相关会计制度、国际会计准则编制，是否存在重大差异，对于重大差异是否按照相关准则要求在财务报表中进行说明；审查财务报表中各会计项目数据之间是否符合勾稽关系；审查会计报表的真实性，是否与相关的会计账簿、证明文件、实物资产等一致。

（二）国外贷援款项目资金来源情况

审查项目提款证明文件的真实性和完整性，相关文件是否经过严格的审批，是否存在涂改、伪造提款证明文件等问题；审查是否按照项目协定或外资转贷协定及时、足额向下级项目单位拨付已提取外资，是否存在挪用、转移、挤占外资资金的问题；审查项目融资情况，是否按照项目协定，及时、足额筹集、拨付、核算项目资金；审计还贷准备金账户的设置、使用和管理情况，是否按照规定及时、足额纳入还贷准备金，是否存在违规转移资金、私设"小金库"的问题。

（三）国外贷援款项目资金运用情况

审核项目建设成本的真实性和合规性，是否将各项支出用于项目协定规定的目的和范围，相关证明文件是否合规、完整；审查承发包合同和结算程序的真实性和完整性，是否存在将工程违规转包或者提高结算定额问题；审查是否存在违规扩大支出范围、提高开支标准、随意改变外资用途的问题；审查还贷准备金支出的合规性和合理性，是否存在假借名目挪用、挤占项目资金等问题，审查还本付息后的余额是否能够有效、安全地保值增值；审查外汇支出项目的真实性和合规性，是否能在办理外汇业务时和年末按照规定汇率转为人民币记账，相关会计处理是否正确，是否存在私自套取、转移或者私自买卖外汇等问题。

（四）国外贷援款项目的外币周转金（专用）账户情况

审查外资专用账户的开户资金、回补资金、利息收入和其他收入是否能够及时、准确入账；审查外资专用账户各项支出的合规性，是否将外资使用到项目协定规定的用途，资金拨付是否及时、足额拨付。

（五）国外贷援款项目管理和资金使用效益情况

审查项目是否建立了完整有效的项目管理系统，是否存在相关的内部控制系统、外债债务管理系统和防范外汇风险机制；审查项目是否能够按照预先设定的建设目标或计划执行，对超目标或落后建设项目分析其中的原因；审查项目概（预）算确定的成本指标、定额的执行情况；审查项目建设的经济效益、社会效益、环境效益和外债偿还能力。

以上为国外贷援款项目审计的主要内容，归纳如图6-5所示。

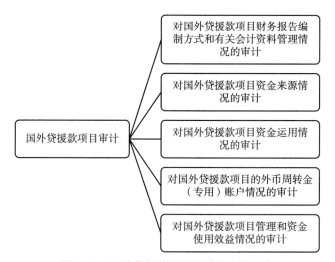

图 6 – 5 国外贷援款项目审计的主要内容

第七章

绩效审计法律法规

《审计法》（2021）对绩效审计的规定

长期以来，财政审计监督在维护经济正常运行、促进经济发展、推动我国建设法治社会方面有着突出作用。然而，随着社会主义市场经济的发展和国家治理能力的提高，我国经济社会发展模式进入了新常态，在这一大环境背景之下，财政审计监督要继续发挥其应有的作用，就应进行相应的变革，转变财政审计监督的方向、方法和重点。财政审计在监督部门财务收支和经费运用是否正确的同时，应更侧重于对经济行为产生的绩效做出审计评价，以促进我国经济社会的协调长远发展，这就是新时期财政审计监督的新举措——绩效审计。在我国，虽然并没有专门的绩效审计的法律法规，但其在许多法律法规中都有体现，表7-1展现了绩效审计在《审计法》（2021）中的具体体现。

表7-1　　　　　　　　《审计法》（2021）对绩效审计的相关规定

法律条文	具体规定
《审计法》（2021）第二条	国家实行审计监督制度。坚持中国共产党对审计工作的领导，构建集中统一、全面覆盖、权威高效的审计监督体系。 国务院和县级以上地方人民政府设立审计机关。 国务院各部门和地方各级人民政府及其各部门的财政收支，国有的金融机构和企业事业组织的财务收支，以及其他依照本法规定应当接受审计的财政收支、财务收支，依照本法规定接受审计监督。 审计机关对前款所列财政收支或者财务收支的真实、合法和效益，依法进行审计监督

法律条文	具体规定
《审计法》（2021）第三条	审计机关依照法律规定的职权和程序，进行审计监督。 审计机关依据有关财政收支、财务收支的法律、法规和国家其他有关规定进行审计评价，在法定职权范围内作出审计决定
《审计法》（2021）第四条	审计工作报告应当报告审计机关对预算执行、决算草案以及其他财政收支的审计情况，重点报告对预算执行及其绩效的审计情况，按照有关法律、行政法规的规定报告对国有资源、国有资产的审计情况。必要时，人民代表大会常务委员会可以对审计工作报告作出决议
《审计法》（2021）第二十三条	审计机关对政府投资和以政府投资为主的建设项目的预算执行情况和决算，对其他关系国家利益和公共利益的重大公共工程项目的资金管理使用和建设运营情况，进行审计监督

第二节　绩效审计概述

一、绩效审计的概念及范围

绩效审计没有统一的定义，许多国际组织和绩效审计领先的国家均对绩效审计有着不同的定义。美国审计总署 1994 年的《政府审计准则》中对绩效审计的定义如下："绩效审计就是客观地、系统地检查证据，以实现对政府组织、项目、活动和功能进行独立的评价的目的，以便为改善公共责任性，为实施监督所采取纠正措施的有关各方进行决策提供信息。"根据《审计长法 1997》和公认审计事务准则，澳大利亚审计署将绩效审计定义为："独立、公正、系统地对一个单位管理运行情况的检查，以评价管理活动是否经济、效率、效果。"1986 年，在澳大利亚悉尼召开的最高审计机关第十二届国际会议发表了《关于绩效审计、公营企业审计和审计质量的总声明》。在该声明中，绩效审计被定义为：对公营部门管理资源的经济性（Economy）、效率性（Efficiency）和效果性（Effectiveness）（即"3E"）所作的评价与监督。经济性审计是指审计机关对被审计单位的资源占用和耗费是否节约和经济进行的审查。效率性审计是指对资源的投入和产出之间的关系进行审查，重点关注被审计单位的经济活动是否经济有效，查明审计活动低效率的原因。效果性审计是指对被审计单位预期目标的实现情况进行审查，评价被审计单位的经济活动是否达到预期的要求。随着西方审计目标的不断发展，在"3E"审计的基础上，又出现对经济活动的公平性（Equity）和环境性（Environment）两个审计目标进行分析、评价的审计行为，称为"5E"审计。

我国《审计法》和《国家审计准则》主要是针对财务审计，虽然在许多条文中涉及

"对效益进行审计监督",但目前还没有专门的法律法规来规范绩效审计。由于绩效审计在我国处于初步发展阶段,因此绩效审计的范围应当抓住重点,选择群众关心、政府关注、社会影响大和财政较大的项目,主要包括:

(一)公共财政绩效审计

公共财政绩效审计是指国家审计机关按照审计法律法规的要求评价政府在履行分配社会公共资源、调控宏观经济活动、监管社会职责时的公共财政投入的经济性、管理的效率性和实现预期目标的效率性。

(二)公共投资绩效审计

公共投资是指以使用公共资金和公共资源向社会提供公共产品和服务为目的的政府资本性支出,主要包括由政府投资形成以及政府与社会资本合作建设的社会经济建设项目。涉及国家战略安全和公共利益的重大公共工程和基础设施项目及科技、教育等,均属于公共投资的范畴。通过对公共投资资金所达到的经济、效率和效果程度或利用资源的经济性、效率性和效果性进行审核评估,确定其是否进行了有效管理,资金使用是否得当,是否促进政府投资资金的合理、有效使用,是否加强对权力的制约和监督,促进项目社会效益和经济效益的充分发挥。

(三)金融绩效审计

金融绩效审计是指审计机关对金融机构以及金融监管机构的综合性审计工作。通过金融绩效审计,进一步强化金融监管和风险防范,提高金融资产质量。

(四)经济责任审计

经济责任审计是指由独立的审计机构和审计人员依据党和国家的方针、政策,财经法令、法规、制度以及计划、预算、经济合同等,对经济责任关系主体经济责任的履行情况监督、审查、评价和证明的一种审计方式。

(五)环境绩效审计

环境绩效审计是由国家审计机关、内部审计机构和社会审计组织依法对被审计单位的环境管理系统以及在经济活动中产生的环境问题和环境责任进行监督和评价,以实现对受托责任履行过程进行控制的一种活动。

二、 绩效审计的目标

审计目标是指审计人员通过审计活动所期望达到的目的和要求,也是指导审计工作的指南。审计目标是审计与外部环境的纽带,它直接反映社会环境的需求,影响和制约审计的外部环境的变化,会对审计目标提出调整要求,进而引起审计实践的变革。同时,审计目标对审计人员的审计责任也有直接影响，有什么样的审计目标就有什么样的审计责任。

根据最高审计机关国际组织对绩效审计相关方面的规定，许多国家将绩效审计的目标概括为以下三点：

（1）评价并改善政府项目、中央政府和有关机构的运作，为政府和议会提供相关信息；

（2）确立被审计单位的公共经济责任；

（3）采用一定程序对绩效审计提出报告。

我国的绩效审计的目标可以总结为：

（1）审计单位是否经济、高效或有效执行有关政策进行独立审计检查。

（2）对被审计单位和审计对象实现既定目标的程度和所造成的各种影响进行报告，为决策机构提供相关的评价意见。

（3）发现并分析审计对象在经济性、效率性、效果性方面存在问题的迹象或绩效不佳的领域，以帮助被审计单位进行整改。

三、 绩效审计的程序

从世界范围来看，美国和澳大利亚的绩效审计程序较为成熟。美国绩效审计的程序大致分为五个阶段：第一，初步调查阶段。了解项目实施单位的环境及基本情况；第二，检查监督管理系统，确定审计评价标准体系和初步审计目标；第三，制定初步审计计划，确定审计范围；第四，实施详细检查，获取充分、适当的审计证据；第五，生成审计报告，得出审计结论。澳大利亚的绩效审计主要分为四个阶段：第一，准备阶段。掌握被审计单位的基本信息和环境，预估所需要的审计资源，评价审计风险。第二，计划阶段。根据准备阶段掌握的信息，制定总体审计策略和具体审计计划。第三，实施阶段。制定恰当的绩效审计评估的标准，并进行专业评价。第四，报告阶段。出具绩效审计报告，解释发现的问题，提出改进建议。我国绩效审计主要有审计计划、审计准备、审计实施、审计报告和后续审计阶段。绩效审计程序见图7-1。

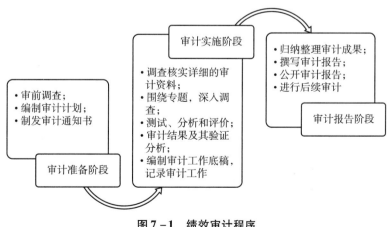

图7-1 绩效审计程序

（一）审计准备阶段

除了上级审计机关授权项目或政府、人大等部门的指令项目外，大部分审计项目都是由审计机关自主确定的。在选择绩效审计项目时，应考虑以下两个方面：首先，搜集被审计单位基本情况的相关资料，了解它们的主要业务活动和资源情况，同时，还需要充分考虑人民代表大会、上层审计机关、政府以及媒体和公众的要求与意见，从基础上制定绩效审计规划。其次，在计划的基础上，制定相应的审计工作计划表，根据现有的资源合理安排审计工作。

准备阶段的主要工作包括审前调查、编制审计计划、制发审计通知书等。

1. 审前调查

审前调查是指在下发审计通知书之前，就审计的内容范围、方式和重点，到被审计单位及相关单位调查了解其基本情况，以掌握第一手资料。审前调查的目的是为编制具体审计计划提供基础。审前调查的方法主要包括：法律文件及政府方针政策文件、近期的审计报告和评估结果、科学研究和相关调查、项目可行性研究报告和机构章程、年度报告和管理层会议纪要、与被审计单位的管理层或治理层讨论的文件等。审前调查应该兼顾成本和效益，选择最合适的调查方式。

2. 编制审计计划

审计计划又称审计方案，主要分为总体审计策略和具体审计计划，主要包括审计目标、审计范围、重要性、风险评估、审计方案、审计资源分配和审计证据等。一般审计计划由审计工作方案和审计实施方案组成，但由于绩效审计项目的范围较广，内容更加多变，需要编制更加复杂的审计计划，可进一步分为：审计项目计划大纲、项目实施计划和项目现场作业计划等。

3. 制发审计通知书

审计机关在审前审查和制定审计计划的基础上，了解审计工作，明确审计过程中需要注意的重大事项及可能产生的影响，制定详细的审计工作时间表和资金预算情况表，并出具及时、完善的审计方案，向被审计单位发出审计通知书。审计通知书应该详细说明绩效审计的内容、范围、时间安排和审计依据，同时对被审计单位配合审计工作开展需要进行的工作给予说明，最后还应向被审计单位说明这次政府绩效审计的审计成员及时间安排，让审计工作透明化进行。

（二）审计实施阶段

审计实施阶段是指审计人员将审计实施方案付诸实施的过程，目的是对被审计单位和项目的组织、活动产生的低经济效益原因进行查证分析，进而为提出高质量的审计建议提供现实依据。主要包括调查、取证、评价和分析等多项工作。

1. 调查核实详细的审计资料

审计人员进入被审计单位或审计项目中，通过访谈、问卷、抽样、案例研究听证会等方式取得一手资料，深入了解被审计单位或审计项目，验证获取资料的真实性。

2. 围绕专题，深入调查

绩效审计项目一般较为复杂，在进行深入调查的过程中，根据审计方案规定的重点及实地调查确定专题典型并进行现场调查。审计人员对于审计调查结果整理要做到详尽有序、主次得当，最好以问题式调查表的形式罗列出来，以便应对审计工作中的调查取证。

3. 测试、分析和评价

在掌握大量的资料后，审计人员运用一定的方法对数据资料进行对比、测试，进而通过归纳、综合分析和对照标准，揭示矛盾，找出差距。审计人员测试、分析的方法主要包括：第一，实地观察法。审计人员通过深入被审计单位内部，实地观察审计工作运行情况，在实践中检验审计方案的可行性。第二，程序分析法，按照既定的标准和合理的控制模式对管理程序进行检验，以确定其合理性和有效性。第三，资料分析法，运用现有的数据和资料进行分析，达到评估审计活动是否有效的目的。第四，问卷调查法，对被审计单位内部和外部人员进行问卷调查以了解被审计单位审计活动之间的相互关系。第五，业务活动测试，通过在被审计单位内实行活动测试，以此验证调查取证的有效性，同时为下一步审计工作提供更可靠的证据。

4. 审计结果及其验证分析

审计人员通过综合分析评价，运用一定的方法得出审计结果，找出问题所在。在此基础上，审计人员和审计专家组成员向被审计单位相关人员提出改进措施和意见，并在实践中对提出的意见进行可行性测试。

5. 编制审计工作底稿，记录审计工作

审计实施阶段完成后，审计人员必须做好工作底稿的记录，并根据审计专题进行小结，综合审计项目初评意见。对工作底稿进行整理分析，最终形成完整的审计工作底稿。

（三）审计报告阶段

绩效审计程序中的报告阶段是指审计实施阶段后，审计组根据实施阶段检查评价的情况与问题提出改进建议和措施，编写审计工作的总结报告，进而获取被审计单位的声明书做出审计决定。

1. 归纳整理审计成果

在审计工作任务完成后，审计人员对审计证据进行归类整理，与绩效审计评价体系对比，从中找出影响公共资金使用绩效的问题和薄弱环节，形成绩效审计结果和初步绩效审计结论，为撰写审计报告奠定基础。

2. 撰写审计报告

绩效审计报告是审计人员在绩效审计工作结束时发表审计意见，作出审计评价和提出审计建议的一种书面文件，是绩效审计项目成果的体现，是审计方与有关各方沟通的重要媒介。虽然《国家审计基本准则》和《审计机关报告编审准则》对审计报告的编审程序、内容和格式进行了明确规定，但关于绩效审计报告尚未形成一套规范的格式。审计报告通常包括摘要、被审计单位事项的背景、被审计单位的项目实施情况、审计发现情况、审计结论、发现的违法违规问题及处理处罚意见、审计结论和被审计单位的反馈意见。

3. 公开审计报告

绩效审计报告应向审计社会公开，在保证不泄露国家机密的情况下，审计组应将绩效审计报告中关于被审计对象的目标实现情况和偏差，以及被审计单位的反应向社会公开，其他内容也须尽可能公开。绩效审计报告公开的形式主要包括：审计署主办的纸质媒体、审计署及地方审计机关网站、年度中期或期末汇编各地绩效审计报告

4. 进行后续审计

后续审计阶段是指在审计结论下达后对被审计单位执行审计结论的情况进行审查评估的过程，主要为了检验审计结果是否正确，审计建议是否被采纳，审计效果是否显著。后续审计阶段主要有两个步骤：第一，确保被审计单位采纳了审计报告中的意见和措施，并对行动的效果做出评价。第二，负责监管和督促被审计单位执行审计报告，当出现执行不力的情况时，审计人员应及时向相应主管部门进行情况反馈，切实保证审计意见的落实。

四、 绩效审计的产生与发展

（一）西方绩效审计的产生与发展

"绩效审计"这一概念首见于1948年3月阿瑟·肯特在美国《内部审计师》杂志上发表的《经营审计》一文。据相关文献记载，最早有关绩效审计的论著，当属美国管理咨询师威廉·伦纳德于1962年撰写的《管理审计》（William P. Leonard，1962）。随后，也有一些述及该方面的文章和专著，但在20世纪70年代以前，各国绩效审计开展没有得到法律明确规定，实践中仅零星开展，并没有得到社会广泛接受。20世纪70～80年代，政府绩效审计在一些国家逐步形成规范，形成以经济性、效率性和效果性为核心的"3E"绩效审计体系。同时，构建一套公允、客观的绩效审计评价指标体系成为这一时期的关键命题。各个国家通过制定绩效审计评价指标体系和颁布绩效审计相关法律法规推进绩效审计的发展。随着以市场性和公共责任为导向的新公共管理运动的发展，90年代以来，公共部门的管理方式发生许多变化，绩效审计作为一种独立的审计形式逐步被国际社会所认可。

1. 美国绩效审计的产生与发展

美国是西方最早进行政府绩效审计的国家。绩效审计在美国政府审计的实践中产生并逐步形成规范。美国政府绩效审计产生的理论基础是受托经济责任关系的产生。20世纪30年代，西方资本主义国家主张全面干预经济的凯恩斯主义兴起，由此带来政府职能迅速扩张，公共开支急剧增加，占用了巨额的财政资金，同时随着民主政治体制的进步，公众要求评估政府绩效、减少和优化政府职能、强化经济责任的呼声越来越高。20世纪60年代，美国会计总署就将注意力转向经济性、效率性和效果性审计（"3E"审计）。1972年，美国会计总署根据立法所赋予的权限制定了《政府的机构、计划项目、活动和职责的审计

准则》，正式将"3E"审计立法化和规范化。通过美国会计总署的机关刊物《观察报告》可以看出，政府审计人员86%以上的工作量为绩效审计的内容，"3E"审计已变成政府审计最主要的工作。

美国会计总署1994年修订的《政府的机构、计划项目、活动和职责的审计准则》将绩效审计定义为："绩效审计就是客观地、系统地检查证据，以实现对政府组织、项目、活动和功能进行独立的评价的目标，以便改善公共责任性，为实施监督的、采取纠正措施的有关各方进行决策提供信息。"2003年，美国《政府审计准则》中将绩效审计定义为："绩效审计是指对照客观标准，客观系统地收集和评价证据，对项目的绩效和管理进行独立的评价，对前瞻性的问题进行评估或对有关最佳实务的综合信息或某一深层次问题进行评估。"2004年，美国审计总署名称从 General Accounting Office 变为 Government Accountability Office，体现了美国审计工作的重心逐步由财务审计到责任审计的转变。美国绩效审计的"3E"模式打破了传统政府审计的范围限制，制定了较为完善的绩效审计规范，对世界范围内政府绩效审计的开展起到了巨大的推动作用。

2. 英国政府绩效审计的产生与发展

英国绩效审计工作的开展历史较为悠久，但以法律形式确认为英国国家审计署的工作是在1983年以后。1983年，英国《国家审计法》明确提出建立国家审计署。国家审计署隶属于议会下院，主要职责一是依《国库及审计部门法》对政府机关财务报表进行审计与鉴证，为财务审计；二是对各机关使用公有财物及政府经费作出经济性、效率性及效益性检查与评估，为绩效审计。2003年，在英国国家审计署出版的《绩效审计概要》中对绩效审计的经济性、效率性和效果性作出了明确的规定："经济性，是指在适当考虑质量的前提下，尽量减少获得和使用的资源的成本，即少支出；效率性，是指商品、服务和其他结果及其所使用的资源之间的关系，即一定的投入所能得到的最大产出，简而言之，支出合理；效果性，是指项目、计划或其他活动的预期结果和实际结果之间的关系。"英国的绩效审计在美国"3E"审计的基础上得到进一步发展，但与美国"3E"审计不同的是，英国绩效审计在审计工作中将经济性、效率性和效果性三个方面结合起来进行评价。

3. 澳大利亚政府绩效审计的产生与发展

澳大利亚早在1901年的《审计法》中就对绩效审计作了明确规定。但绩效审计的真正开展却是在20世纪80年代以后。随着澳大利亚绩效审计的不断发展，澳大利亚国家审计署先后编制了《澳大利亚国家审计署绩效审计手册》《绩效审计业务指南》，从而使绩效审计日益成熟，并走上规范化的轨道。1979～1986年，进行了包括口岸检疫行政管理审计在内的34个绩效审计项目。1991～1992年度，绩效审计工作量在全部工作量中所占比重超过30%。澳大利亚的绩效审计分为两种类型：效率审计和项目绩效审计。效率审计主要检查个人或机构履行职能或开展活动的经济性、效率性和评价上述经济性和效率性程序的充分性。项目绩效审计的范围较效率审计窄，它是对更为有效地管理资源和增强经济效益的行政管理过程的审查，并不对政策的效果和适当性进行审查。澳大利亚国家审计署有一套比较成熟的绩效审计程序。

4. 加拿大绩效审计的产生与发展

加拿大政府审计并没有绩效审计，但其综合审计中的货币价值审计与英美两国的绩效审计基本相同。1977 年颁布《审计长法》后，将审计长的工作范围拓展到审查经济性、效果性和效率性，货币价值和审计逐渐成为审计长的主要工作内容。

(二) 我国绩效审计的产生与发展

1. 我国绩效审计的初步探索时期

1983 年，随着中华人民共和国审计署的成立，绩效审计在我国逐步开始发展。当时的国有企业缺乏活力，物质消耗高，产品质量差，损失浪费严重，经济效益低下，国有企业经营状况不容乐观。因此，政府提出要把全部经济工作转移到以提高经济效益为中心的轨道上来，以保证经济体制改革的顺利进行，并决定由审计机关开展自上而下的经济效益审计。1991 年，全国审计工作会议要求："各级审计机关要确定一批大中型企业进行经常审计，既要审计财务收支的真实性、合规性，又要逐步向检查有关内部控制制度和经济效益方面延伸，并作出适当的审计评价，推动经济效益的提高。"① 这是我国首次提出政府绩效审计的概念。随着全国审计工作会议的开展，全国一些审计机关开始进入较大范围的经济效益审计试点，主要以深圳和青岛的政府绩效审计为代表。1994 年 8 月 13 日颁布了我国第一部《审计法》，对审计监督的职责、权限和内容等作出了详细的规定。1998 年，国务院将党政干部经济责任审计作为审计署的一项新设专门职能。1999 年，中共中央办公厅和国务院办公厅对县级以下党政领导干部任期经济责任审计的相关内容作出了具体的规定。上述绩效审计法律法规的出台推动了我国绩效审计实践的发展。

2. 我国绩效审计的发展时期

随着建立精干、廉洁的服务型政府的提出，普通民众参政议政，获取知情权、参与权、监督权的意识和诉求越来越强烈，普通民众也越来越关注公共资源的获取、分配、使用和效果的全过程。2003 年 7 月 1 日，审计署颁布《2003 至 2007 年审计工作发展规划》，提出"积极开展效益审计，促进提高财政资金的管理水平和使用效益"，我国政府审计的工作重点由财务审计逐步过渡为财务审计和绩效审计并重，为我国政府绩效审计的全面推进打下了坚实的基础。

3. 我国绩效审计全面推进阶段

审计署在《2006 至 2010 年审计工作发展规划》中提出，将"全面推进效益审计，促进转变经济增长方式，提高财政资金使用效益和资源利用效率、效果，建设资源节约型和环境友好型社会"。从审计内容和审计方式上坚持"两个并重"② 成为完成该项任务的保障。2008 年，审计署在《2008 至 2012 年审计工作发展规划》中进一步提出，"全面推进

---

① 《企业经济效益审计研究》，中国内部审计协会网站，http://www.ciia.com.cn/cndetail.html? id = 20002，2010 年 10 月 21 日。

② "两个并重"为坚持财政财务收支的真实合法审计与效益审计并重，每年投入效益审计的力量占整个审计力量的一半左右；坚持审计与专项审计调查并重，每年开展的专项审计调查项目占整个项目的一半左右。

绩效审计，促进经济转变方式，提高财政资金和公共资源配置、使用、利用的经济性、效率性和效果性，促进建设资源节约型和环境友好型社会，推动建立健全政府绩效管理制度，促进提高政府绩效管理水平和建立健全政府部门责任追究制度，到 2012 年，每年所有的审计项目都开展绩效审计"。由此可见，政府绩效审计逐步走向全面推进的阶段。

2008 年，时任审计署审计长刘家义在中国审计学会五届三次理事会暨第二次理事论坛上作了题为"以科学发展观为指导推动审计工作全面发展"的讲话。刘家义提出，财政审计应紧紧围绕"管理、改革、绩效"六个字来开展工作，推进财政体制改革，推进财政绩效预算的建立，推动问责机制的健全。上述讲话体现了以人为本的根本目的和国家审计署领导人全面推进政府绩效审计的决心和行动。2011 年，6 月 30 日，审计署根据《国民经济和社会发展第十二个五年规划纲要》，结合审计工作实际，印发了《审计署"十二五"审计工作发展规划》，该规划要求"全面推进绩效审计，促进加快转变经济发展方式，提高财政资金和公共资源管理活动的经济性、效率性和效果性，促进建设资源节约型和社会友好型社会，推动建立健全政府绩效管理制度，促进提高政府绩效管理水平和建立健全政府部门责任追究制"。2016 年 5 月 17 日，为全面贯彻落实党的十八大和十八届三中、四中、五中全会精神，深入贯彻习近平总书记系列重要讲话精神，根据《国民经济和社会发展第十三个五年规划纲要》，审计署结合全国审计工作实际，制定了《"十三五"国家审计工作发展规划》，指出要着力推动提高发展质量和效益，把绩效审计理念贯穿审计工作的始末，综合分析经济效益、社会效益和环境效益，促进加快转变经济发展方式。我国政府绩效审计得到了一定的发展，但由于绩效审计在我国起步较晚，还未形成一套系统、规范的法律体系。

五、　绩效审计的意义

（一）开展绩效审计是建立高效廉洁政府的需要

高效廉洁的政府，是现代化民主社会的基本特征。在以市场经济为中心的今天，在政府各部门以经济工作为中心的情况下，如果能对工作中的经济性、效率性和效果性进行经常性审计监督，那么，官僚主义和腐败现象就会少一些，经济决策就会更准确，国家的经济损失就会更少，社会效益也会大大提高。目前在公共资金的使用上存在着不重视经济效益，不算经济账，甚至严重浪费的现象，有限的资金没有得到合理有效的使用，使政府的效能下降，并为某些腐败分子提供了方便。尽快开展绩效审计，有利于监督政府工作的效益，有利于建立清正廉洁的政府。

（二）开展绩效审计是有效利用有限资源的需要

随着国家在社会经济生活中的作用日益显著，公共支出占国民生产总值的比重不断上升，中央政府和地方政府所承担的经济责任的范围已大大扩展。国家公共开支的成倍增长和公营企业规模的不断扩大，特别是随着人口的增长，经济资源越来越不能满足社会的需要，政府的生长基础和社会的发展机会愈来愈受限制。虽然目前我国的经济增长速度依然令世界刮目相看，我们也拥有得天独厚的自然资源和人力资源，但是如若按照可持续发展战略的要求，在这种高经济增长的背后，是否隐藏着对宝贵自然资源和人力资源的某种挥霍？对政府受托责任的考评应该定位在投资绩效上。投资不仅包括经济资源，也包括人力资源、自然资源等；绩效不仅包括经济效益，还包括环境的保护、社会的安定、民心的凝聚力等。

（三）开展绩效审计是维护人民群众利益的根本需要

现代社会是民主化的社会，是人民当家作主的时代。政府受人民之托，理所当然应为人民办事。在民主社会，政府负有以最经济、最有效的办法使用管理各项资源，并使各项资源的使用最大限度地达到预期目的的责任。因此，尽快开展绩效审计，是维护民主与法治建设、建立现代化强国所必备的一个有力措施。

第三节　绩效审计的方法

绩效审计方法，有广义和狭义之分。从广义上说，绩效审计方法是指在审计工作中为了实现绩效审计目标而采用的工作模式、程序、措施和手段的总称，它包括绩效审计工作组织实施的方法、审计取证方法和审计工作质量与成果的考核方法等。从狭义上说，绩效审计方法主要包括两大类：一为绩效审计方法模式（框架），一为绩效审计具体方法。本书主要介绍绩效审计的具体方法。在实践中，绩效审计项目通常较为复杂，获取审计证据和得出审计结论的程序较为烦琐，因此，选择合适的审计方法是实施绩效审计的有效保证。绩效审计的具体方法参照图 7-2。

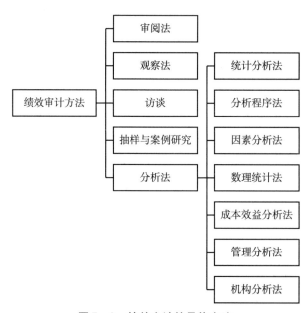

图 7-2　绩效审计的具体方法

一、　审阅法

审阅法是通过对书面文件资料进行审查、阅读而取得证据的一种方法，是审计工作中常用的核心方法之一。在绩效审计中，审计人员可以根据需要，查阅被审计单位的报表、账册、财务收支计划、内部管理制度、重要会议记录、文件合同，调阅相关的审计档案、统计资料等。对文件资料的审阅和研究，有助于审计人员掌握有用的信息和数据，但必须紧密围绕审计目标，并需要对所用文件的可靠性作出适当评估。在使用审阅法进行绩效审计时，需要保证以下两点：第一，保证审计人员查阅任何资料的权利，规定被审计人员配合审计工作的义务；第二，要求被审计单位出具书面保证，保证提供的资料真实、可靠。

二、　观察法

观察法是通过实地观察来取得审计证据的一种方法。这一方法主要应用于调查被审计单位的经营环境、内部控制制度的遵循情况和财产物资的管理等方面。运用这种方法，审计人员可以对被审计单位形成感性的认识，了解被审计单位内外部环境，为更好地开展审计工作奠定基础。为了增强审计证据的说服力，在实地观察中可以同时采用录音、录像、拍照等方式来取得审计证据。通常来说，虽然观察法较为简单，但根据成本效益原则，观察法是实施实质调查的首选方法。

三、　访谈

访谈法是通过召开座谈会或个别访谈而取得证据的一种方法。访谈有多种方式，可以通过电话进行访谈，可以面对面进行访谈，也可以通过信函、网络的方式进行访谈。访谈的对象既可以是被审计单位的领导和干部职工，也可以是被审计单位的上级主管部门、有关监管部门、组织人事部门及其他相关部门。运用这种方法，审计人员可以在更广的范围内收集信息，拓宽审计思路，发现重点关注领域。但应注意的是，访谈获取的证据一般不能作为事实性证据的唯一证据，也就是说，访谈获取的证据还需要经过审计人员的进一步证实。采用访谈法获取审计证据时，应当注意以下几点：第一，根据《审计法》第三十四条规定："审计机关有权要求被审计单位按照审计机关的规定提供财务、会计资料以及与财政收支、财务收支有关的业务、管理等资料，包括电子数据和有关文档。被审计单位不得拒绝、拖延、谎报。"因此，开展绩效审计的审计人员有权对被审计单位及个人进行调查；第二，规范访谈技术，形成审计规范，从而指导审计人员开展绩效审计工作；第三，审计人员对于访谈中获取的信息应当进一步验证其真实性。

四、　抽样与案例研究法

在绩效审计中，由于审计资源有限，审计人员经常采用抽样调查的方法来获取审计证据。抽样调查法通过从总体中选取一定量的样本，根据对选取样本的调查来推断总体情况，获取有关被审计事项的信息。运用抽样调查方法，通常可以获取被审计事项的一般性总体信息（即一般性统计数据）。为了获取更多的深层信息，一般需要通过案例研究的方法对抽样调查的方法进行补充。通过将一般统计数据与深入的案例研究相结合，审计人员可以获取充分的抽样推断信息，从而可以得出比较准确的审计结论。

五、 分析法

与传统财务审计不同的是，绩效审计没有严格的审计准则可供遵循。绩效审计吸收了管理咨询中专业分析的合理成分，同时严格保证审计人员的独立性、客观性。绩效审计沿用了一部分传统财务审计的方法，比如审阅法、观察法、抽样法等，但也有自身独特的方法。绩效审计在收集审计资料和评价审计事项过程中，更主要地运用了分析和评价法。分析法进一步可以分为若干种，如统计分析法、成本效益分析法、因素分析法、分析程序法等。

（一）统计分析法

统计分析法是指采用数理统计的方法，对研究对象的规模、速度、范围和程度等数量关系的分析研究，认识和揭示事物间的相互关系、变化规律和发展趋势，以达到对事物预测和解释的一种研究方法。统计分析的方法有很多，如时间序列分析、回归分析、相关分析、敏感性分析等。但最主要的分析方法是回归分析法。回归分析法是对两类或多类经济数据之间的因果关系进行分析，推导出相应回归方程，然后以此回归方程来推算自变量与因变量的变化规律。回归分析法的实质是从观察数据中找出自变量与因变量之间的相关关系。统计分析方法相对于调查来说，不易操作，要求审计人员具备一定的技术和能力，但准确性强，结论相对可靠。回归分析可以同时检验几个变量之间的关系，与趋势分析法和比率分析法相比，可以提供更加丰富的资料。这种方法需要审计人员具备一定的统计知识，但是随着计算机应用的普及，可以利用专门的统计软件来进行复杂的回归分析，使审计人员更容易应用这一方法。

（二）分析程序法

分析程序法是指审计人员通过对与审计事项有关的重要金额、比率、结构或者趋势进行比较和分析，从中发现异常变动和异常项目的审计方法。分析程序主要有四种类型：一是比较分析。就是将与审计事项有关的若干个可比数据（包括某一相关数据、经济数据、经营数据、非经济数据、预算或计划、多期数据、行业数据等）进行对比，找出同一时期、同一性质的若干数量之间的差异，从而对公共资金筹集、管理或使用情况进行总结，发现问题，合理评价。比较分析法是对绝对数所做的比较。二是比率分析。就是通过计算各种比率来分解、剖析被审计项目绩效。比率分析法是对各种比率的比较，如常见的速动比率、流动比率、存货周转率等财务指标以及其他各种技术指标。三是结构分析。所谓结构分析法，是指对某项信息各个组成部分所占的比例进行分析。例如，对企业各类产品占生产总量的比例进行分析，可以确定各个货种的盈利能力，也可以用于判断被审计单位当期的经营是否符合组织的发展战略。四是趋势分析。就是对与被审计项目有关的若干期财务或者非财务数据进行比较和分析，从中找出规律或发现异常变动。趋势分析法，是指对两个或两个以上的历史数据进行对比分析，以便计算出它们增减变动的方向、数额，以及变动幅度，包括绝对数趋势分析和相对数趋势分析。

（三）因素分析法

因素分析法，是将影响投入和产出的各项因素列举出来，分析所有影响收益及成本的内外因素，计算投入产出比，进行综合分析的一种方法。即查找产生影响的因素，并分析各个因素的影响方向和影响程度。

（四）数理统计法

数理统计法主要有主成分分析、因子分析、聚类分析、判别分析等。主成分分析法是把原来多个变量划为少数几个综合指标的一种统计分析方法，从数学角度来看，这是一种降锥处理技术；因子分析法是从指标的独立性角度筛选指标，根据因子载荷的大小来挑选指标，留下载荷较大者；聚类分析法是从指标的代表性角度筛选指标，先采用系统聚类法将指标聚为一定数目的类别，然后选择每一类中的代表指标作为入选指标，以每类中平均相关系数较大而类间平均相关系数较小的指标为代表指标；判别分析法是预先根据理论与实践确定等级序列的因子标准，再将待分析的变量指标安排到序列的合理位置上的方法。

（五）成本效益分析法

成本效益分析法，是将一定时期内项目的总成本与总效益进行对比分析的一种方法。即通过分析成本和效益（效果）之间的关系，以每单位效益（效果）所消耗的成本来评价项目效益（效果）。针对支出确定的目标，在目标效益额相同的情况下，比较支出所产生的效益及所付出的成本，通过比较分析，以最小成本取得最大效益为优。

（六）管理分析法

之所以运用管理分析的分析方法，主要是由于在我国绩效审计中，因管理不到位，缺乏基本的管理常识和程序性步骤造成了管理部门和管理人员的自然懈怠。审计机关应当根据实际情况和问题的严重程度制定相应的《管理评价指南》等绩效审计相关文件。

（七）机构分析法

机构分析法是瑞典政府审计局在绩效审计初步阶段使用最多的一种方法，主要内容包括：第一，了解被审计单位的工作是否与国家上级部门或议会的方针政策一致；第二，检查被审计单位的工作状况和能力；第三，对被审计单位的内部控制进行评价。运用机构分析法进行绩效审计时，可以从以下两个方面着手：第一，功能分析。对被审计单位的各个功能进行分析，主要包括计划、组织、实施、评价等功能；第二，制度分析。对被审计单位的各项规章制度进行分析，从整体上分析机构工作的最终效果。

第四节 绩效审计评价指标

政府绩效审计评价指标是衡量被审计单位绩效的标准。审计署在《2008 至 2012 年审计工作发展规划》中明确提出"认真研究，不断摸索和总结绩效审计经验和方法，2010 年建立财政绩效审计评价体系，2012 年每年所有的审计项目都开展绩效审计"。在此规划的指导下，必将推动我国绩效审计更加广泛和深入地发展。但从实际审计工作情况来看，开展绩效审计过程中遇到种种难题，其中最大的难题在于由于政府审计的范围广泛，涉及的被审计单位的类型较为复杂，并没有形成一套统一、合适的绩效审计评价指标。为保证我国绩效审计的顺利开展，构建具有指导意义、可操作性强的评价指标体系是当前绩效审计研究的重点。

一、 绩效审计评价指标的标准

政府绩效审计的审计内容十分广泛，在设计评价指标时应该遵循一定的原则，从而使各评价指标相互独立、相互联系、相互制约，形成完整的评价指标体系。

（一）可靠性

可靠性是指在相同的环境和条件下，不同的审计人员用同样的评价指标，能够得出同样的结论。

（二）相关性

相关性是指评价指标体系应能够反映信息使用者的需求，评价结论应与使用者的需求密切相关。

（三）代表性

代表性是指评价标准体系能够涵盖被审计单位或项目的整体特征、目的和宗旨，尤其是在特定的环境和条件下，要涵盖绩效的所有重要事项和方面。

（四）可比性

可比性是指在相同或类似的被评价事项之间，在不同的审计年度期间，应用的标准应该是一致的，具有可比性。

（五）可获得性

可获得性是指在制定绩效评价标准时，要考虑成本效益原则，要求绩效评价指标能够以可接受的成本获得。

（六）可操作性

主要是指评价标准必须简明、具体，便于审计人员实际操作使用。

（七）灵活性

灵活性是指绩效审计评价标准体系要与审计目标和审计环境相适应，不能生搬硬套。①

二、绩效审计评价指标特点及作用

（一）绩效审计评价指标的特点

第一，概念明确。概念明确是指绩效审计评价指标的含义需要有明确规定。

第二，边界清晰。边界清晰是指绩效审计评价指标的范围需要有明确规定。

第三，数量具体。数量具体是指绩效审计评价指标的指标值是量化的，便于计算。

第四，方法统一。方法统一是指绩效审计评价指标指标值的计算方法和计算单位需要统一。

（二）绩效审计评价指标的作用

1. 导向作用

绩效审计评价指标的建立和利用，会引导责任主体重视评价方面，按照评价的标准开展工作。

2. 描述作用

描述审计绩效发展状态和特征，反映审计绩效的发展状况和程度，以作为评价绩效审计的依据和基础。

3. 分析作用

绩效审计评价指标能够反映绩效在某一方面的发展程度和发展水平，对绩效具有分析作用。

4. 激励作用

绩效审计评价指标能够对审计绩效责任主体产生激励作用，推动良好绩效的产生。

---

① 肖霞：《政府绩效审计评价指标体系的探索与构建》，中华人民共和国审计署网站，https：//www. audit. gov. cn/n6/n41/c17578/content. html，2010 年 2 月 10 日。

三、 绩效审计评价指标

由于绩效审计涉及的被审计单位的类型较为复杂，因此制定一套放之四海而皆准的绩效审计评价指标体系较为困难，但可以建立一个统一的思路框架，列出大致的评价方向，便于审计人员在实际审计工作中选择合适的绩效审计指标进行绩效评价。我国绩效审计指标主要为政府绩效审计指标。本书将从公共资源耗费审计评价指标、政府管理绩效审计评价指标和项目绩效审计评价指标简单介绍绩效审计评价指标。

(一) 公共资源耗费审计评价指标

政府是由其组成部门构成的一个组织体系，也可以看作一个系统，这个系统通过对一定的物质资源和人力资源的耗费，提供一定的产品——公共服务和行政管理。因此政府绩效审计评价指标可以从投入和产出两个角度来建立。

从投入角度来说，主要通过公共资源耗费审计评价指标的建立，以考查政府行为成本，包括人力、财力和物力的占用。政府拥有社会公共资源的强制分配权，政府远景规划及年度财政决算需要将财政收入分配于不同的社会发展领域。而财政用于新建、扩建、改建、重建固定资产等基本建设支出往往是公共资源耗费的主要形式，其对国民经济体系的形成，巩固发展国民经济扩大再生产的顺利进行，补充国民经济各物质生产部门所需资金和投资具有重要意义。

(二) 政府管理绩效审计评价指标

政府提供公共产品满足公共管理和服务的需要才是政府本质职能，因此在保障合理预算的公共支出后，对政府服务效益的考查应作为效益审计的重点。也即从产出的角度考察政府业绩。政府业绩包括政府为社会经济活动提供的服务数量和质量、政府管理目标的实现情况、政策制定水平与实施效果、政府管理效益、政府管理社会效果等。包括经济发展评价指标、社会发展评价指标和生态环境评价指标。

1. 经济发展评价指标

在衡量政府经济管理能力的效益审计指标中，可设计以下几类指标：

宏观经济发展：经济发展速度（如工业总产值增长率、农业总产值增长率等）、人均国内生产总值（GDP）、财政收入占国民经济比重、社会总投资增长率、国有资产保值增值率等指标反映了地区或部门整体的经济运行状况，是考核政府经济绩效的重要指标。

政府调控能力：政府职能转变的改革使得政府调控经济的职能日益突出，作为该项职能的重要指标，调整和优化产业结构是提高国民经济整体素质和国际竞争力的重要手段；法规环境、招商引资和市场监管是政府治理经济的软指标；乘数效应则反映的是政府投资对社会总投资的拉动能力，挤出效应则相反。这些指标反映了政府管理经济的能力。

居民生活水平：国民经济发展目标就是提升人民生活水平，同时，经济的发展也会带动物价水平变动，从而影响居民的消费能力，因此居民生活水平指标也必须纳入政府经济效益的考查中。这类指标主要包括居民人均可支配收入、物价上涨指数等。

2. 社会发展评价指标

政府作为国家的管理者和社会生产的引导者，在评价其效益时仅仅关注经济的发展是远远不够的，还必须考虑其所带来的社会效益。可设计以下几类指标：

社会发展状况：职工失业率、恩格尔系数、基尼系数和公用设施保有量等指标反映社会发展综合经济效益。

人口质量水平：人口的增长直接影响社会的供需状态，人口自然增长率、平均受教育程度等是反映政府绩效的标准；而城镇居民的收入状况、消费状况和家庭财产平均数反映居民生活质量的水平。

3. 生态环境评价指标

随着社会的不断发展，人们对环境和可持续发展的关注程度越来越高，因为这关系着经济和社会的未来发展，因此，评价政府绩效不能孤立环境因素。可设计以下几类指标：

环境治理状况：废水废气废物的排放量、环境污染经济损失、水土流失面积等反映地区环境破坏程度，对经济发展有负面影响。

可持续发展能力：农业人口比重、废水废气治理率、水土流失治理率、水资源利用率、矿产储量、森林覆盖率等，这些指标反映社会可持续发展能力和政府对环境的治理成效。

（三）项目绩效审计评价指标

从审计评价的角度，我们不仅要评价政府管理绩效，还应评价其项目绩效，这里的项目绩效并非一般意义上的项目绩效，它泛指从产出的角度对政府及其部门、项目的社会服务效果进行绩效评价。项目审计评价的特殊性决定了对于项目绩效的评价应主要从项目的效果入手，即应当从经济效益和社会效益两方面来评价。

1. 经济效益评价指标

经济效益评价指标主要包括净现值、内含报酬率、投资利润率和投资贷款偿还期等指标。

净现值：根据已完项目投产后现金流入量与实际投资额，按同期银行贷款利率或同行业收益率计算该项目实际净现值，如果净现值为正数，该投资项目的现金流入量现值大于现金流出量现值，表明该项目投资实际报酬率大于同期银行贷款利率或同行业收益率。

内含报酬率：是指使投资项目的净现值为零的贴现率。根据已完项目投产后现金流入量现值与实际投资额现值，计算其实际报酬率，判断实际报酬率是否大于同期银行贷款利率和同行业投资收益率。

投资利润率：在不考虑现值的情况下计算投资利润率，即税后利润与实际投资额之比。

投资贷款偿还期：投资项目大部分的资金一般来源于银行融资，项目投产后，现金流量的大小直接影响项目的贷款偿还能力，通过现金流量表中的现金流量，在考虑贷款利息的情况下如实计算项目贷款实际偿还期。

2. 社会效益指标

社会效益评价指标：社会效益评价主要是评价项目对行业和地区经济发展、公共政策和社会稳定、生态环境等方面的作用和影响。主要包括社会满意度、群众上访率等指标。

综上所述，绩效审计评价指标具体见表 7 - 2。

表 7 - 2　　　　　　　　　　　　绩效审计评价指标总结

绩效审计分类	指标类型	具体内容
公共资源耗费审计评价指标	相对指标	政府公务员与社会适龄就业人员比、政府公务支出总额、政府支出占 GDP 的比重、政府部门固定资产占全社会固定资产的比重
	绝对指标	科教文卫事业上的财政支出，在环境治理、社会保障和其他公益事业投入以及在司法和国防建设上的投入
政府管理绩效审计评价指标	经济发展评价指标	宏观经济发展指标：经济发展速度（如工业总产值增长率、农业总产值增长率等）、人均 GDP、财政收入占国民经济比重、社会总投资增长率、国有资产保值增值率等指标；居民生活水平指标：居民平均可支配收入、物价上涨指数等指标
	社会发展评价指标	人口质量水平：人口自然增长率、平均受教育程度、城镇居民的收入状况、消费状况和家庭财产平均数等指标
	生态环境评价指标	环境治理状况：废水废气废物排放量、环境污染经济损失、水土流失面积等指标；可持续发展能力：农业人口比重、废水废气治理率、水土流失治理率、水资源利用率、矿产储量、森林覆盖率等，这些指标反映了社会可持续发展能力和政府对环境的治理成效
项目绩效审计评价指标	经济效益评价指标	净现值、内含报酬率、投资利润率和投资贷款偿还期等指标
	社会效益评价指标	社会满意度、群众上访率

第五节　我国绩效审计相关准则

一、政府审计机关的绩效审计准则

我国审计署并没有制定独立的绩效审计准则，但各个地方审计机关在审计署的领导下积极探索绩效审计，其中较为突出的是江苏省审计厅的《绩效审计指南》。《绩效审计指南》在参考最高审计机关颁布的《绩效审计实施指南》的基础上，加入中国特色，具有一定的借鉴价值。《绩效审计指南》主要包括绩效审计通用指南、部门预算支出绩效审计操作指南、专项资金绩效审计操作指南、国有企业绩效审计操作指南、政府投资项目绩效审计操作指南、资源绩效审计操作指南、区域环境绩效审计操作指南、政府外债项目绩效审计操作指南、常用绩效审计方法。

二、 内部审计机关的绩效审计准则

2003～2007年，我国绩效审计相关准则主要分为三个具体准则：《内部审计具体准则第25号——经济性审计》《内部审计具体准则第26号——效果性审计》和《内部审计具体准则第27号——效率性审计》。自2013年我国内部准则修订后，将以上三个具体准则合并成《第2202号内部审计具体准则——绩效审计》，具体内容见本书附录3。

第八章

审计法律案例研究

国家审计法律法规案例分析

一、 国家审计案例概况

根据审计对象的不同，国家审计可以分为多种类型，其中国有企业审计是国家审计重要的构成部分。2021 年《审计法》的修订令国有企业审计有了更加贴合时代需求的指导方针，为国有企业审计更好地实践创造了条件。本节针对 X 公司的审计进行分析，具体分析在《审计法》（2021）的指导下，对于 X 公司的审计可以从哪些方面进行改善，从而使得审计目标更好地达成。具体将以审计署公布的 X 公司的审计报告作为比照对象，通过对审计过程中关键环节的分析，探究《审计法》指导下国有企业审计的实际应用应该从哪些方面进行改善。

（一）X 公司概况

X 公司成立于 19×2 年 1 月，作为全民所有制企业，X 公司是全国性的经济实体，其全部的注册资本共 570 亿元，拥有全资和控股二级子公司 67 家，主要开展卷烟、烟叶、烟机、烟叶复烤加工及其他烟草制品制造等业务，在经营过程中，其需要根据国家法律和国务院的有关法规、法令、方针政策，按照国家计划，对所属企业的生产、供应、销售、进出口业务和对外经济技术合作实行集中统一经营管理。

（二）X公司财务收支审计概况

根据《中华人民共和国审计法》的规定，审计署于2012年对X公司年度财务收支进行了审计，重点审计了X公司总部及所属子公司等7个企业，并对有关事项进行了延伸审计。

据X公司合并财务报表反映，其年底资产总额为12 580.10亿元，负债总额为1 881.42亿元，所有者权益为10 698.68亿元；当年实现营业收入10 547.42亿元，净利润1 650.03亿元，资产负债率14.96%，净资产收益率16.49%。

审计署审计结果表明，X公司能够较好贯彻执行国家宏观经济政策，重大经济决策事项较为规范，年度财务报表总体上比较真实地反映了企业财务状况和经营成果。审计也发现，该公司存在会计核算不规范、对下属单位管控不到位等问题。

1. 审计发现的主要问题

（1）会计核算和财务管理存在的问题。

X公司编制报表不准确，所属Y省子公司等6家单位存在未按规定核算销售收入及成本、少计固定资产维修费用等问题，多计收入共4.53亿元，多计成本费用共0.17亿元，导致利润多计4.36亿元。

X公司编制合并报表不完整导致当年少计资产5 579.07万元，少计负债1 843.17万元，少计所有者权益3 735.9万元。

所属3家企业有6.32亿元投资收益长期未收回，也未收取资金占用利息895.70万元。

所属G省子公司在批发销售卷烟时累计漏缴消费税32.56万元。

（2）执行国家经济政策和企业重大经济决策中存在的问题。

所属Y省子公司2008～2010年投资6.81亿元建成的高尔夫球场仍未按规定清理处置，上述高尔夫球场共占地1 728.45亩。

所属X公司Y省公司等9家企业存在未经X公司审批即投资建设项目或调整建设规模、超概算投资等问题，涉及金额61.06亿元。

2012年至2013年4月，所属H省子公司等6家企业向有关政府部门和非公益单位捐赠2 300万元。

（3）内部管理存在的问题。

所属H省子公司等6家企业在工程建设、物资采购等方面，存在未按规定公开招标、对投标单位资质审查不严，或监管不严导致一些项目被转包、违规分包等问题，涉及金额3.81亿元。

所属H省子公司等38家企业存在超缴住房公积金和在工资总额之外列支工资性支出等问题，涉及金额2.56亿元。

所属H省子公司为职工团购房项目垫付的资金尚有1.02亿元未收回。

所属X公司S省子公司等9家单位存在会议费开支不规范、违规购置超标车辆以及部分干部违规投资关联企业且未按规定退缴分红所得等问题，涉及金额4 097万元。

所属2家子公司违反卷烟生产规定，无码段生产评吸烟5.76万条。

X公司行业核心业务信息系统存在对卷烟生产环节部分节点控制无效、系统时间可随意修改及系统数据不准确等问题。

2. 审计处理及整改情况

对审计发现的问题，审计署已依法出具了审计报告、下达了审计决定书。X公司具体整改情况由其向社会公告。审计发现的有关人员涉嫌经济违法违纪线索，移送有关部门进一步调查处理。

（三）《审计法》（2021）对国有企业审计的指导

第二十二条　审计机关对国有企业、国有金融机构和国有资本占控股地位或者主导地位的企业、金融机构的资产、负债、损益以及其他财务收支情况，进行审计监督。遇有涉及国家财政金融重大利益情形，为维护国家经济安全，经国务院批准，审计署可以对前款规定以外的金融机构进行专项审计调查或者审计。（第三章　审计机关职责）

第二十六条　根据经批准的审计项目计划安排，审计机关可以对被审计单位贯彻落实国家重大经济社会政策措施情况进行审计监督。（第三章　审计机关职责）

第三十条　审计机关履行审计监督职责，发现经济社会运行中存在风险隐患的，应当及时向本级人民政府报告或者向有关主管机关、单位通报。（第三章　审计机关职责）

第三十四条　审计机关有权要求被审计单位按照审计机关的规定提供财务、会计资料以及与财政收支、财务收支有关的业务、管理等资料，包括电子数据和有关文档。被审计单位不得拒绝、拖延、谎报。被审计单位负责人应当对本单位提供资料的及时性、真实性和完整性负责。审计机关对取得的电子数据等资料进行综合分析，需要向被审计单位核实有关情况的，被审计单位应当予以配合。（第四章　审计机关权限）

第四十一条　审计机关履行审计监督职责，可以提请公安、财政、自然资源、生态环境、海关、税务、市场监督管理等机关予以协助。有关机关应当依法予以配合。（第四章　审计机关权限）

第四十五条　审计机关按照审计署规定的程序对审计组的审计报告进行审议，并对被审计单位对审计组的审计报告提出的意见一并研究后，出具审计机关的审计报告。对违反国家规定的财政收支、财务收支行为，依法应当给予处理、处罚的，审计机关在法定职权范围内作出审计决定；需要移送有关主管机关、单位处理、处罚的，审计机关应当依法移送。

审计机关应当将审计机关的审计报告和审计决定送达被审计单位和有关主管机关、单位，并报上一级审计机关。审计决定自送达之日起生效。（第四章　审计机关权限）

第五十二条　被审计单位应当按照规定时间整改审计查出的问题，将整改情况报告审计机关，同时向本级人民政府或者有关主管机关、单位报告，并按照规定向社会公布。各级人民政府和有关主管机关、单位应当督促被审计单位整改审计查出的问题。审计机关应当对被审计单位整改情况进行跟踪检查。审计结果以及整改情况应当作为考核、任免、奖惩领导干部和制定政策、完善制度的重要参考；拒不整改或者整改时弄虚作假的，依法追究法律责任。（第六章　法律责任）

二、　国家审计案例分析

根据《审计法》（2021）的指导，国有企业审计在实际应用中将以更加符合现实需要的方式发挥作用，具体可以表现在审计发现以及审计结果应用方面的改善。结合本案例中对于 X 公司在会计核算和财务管理、执行国家经济政策和企业重大经济决策以及内部管理三个方面发现的问题，对修订后《审计法》的实际应用分析也将从这三个方面入手，同时本案例也将根据《审计法》的修订情况，对于后续审计结果的更好应用进行分析。

（一）会计核算以及财务管理审计应用

《审计法》（2021）中，关于国有企业会计核算以及财务管理审计相关的指导及改变主要体现在三点：第一，进一步体现了审计全覆盖原则，在第二十二条中将审计机关对于国有企业的审计范围进行了扩展，增加了对资产负债损益之外的"其他财务收支情况"进行审计监督这一项目；第二，进一步拓展了审计机关要求被审计单位提供资料的权限，第三十四条规定被审计单位负责人应当对本单位提供资料的及时性、真实性和完整性负责，并且审计机关对取得的电子数据等资料进行综合分析，需要向被审计单位核实有关情况的，被审计单位应当予以配合；第三，强化了审计成果应用方面的相关要求，新增的第五十二条要求审计机关应当对被审计单位整改情况进行跟踪检查，该条例有助于审计机关对被审计单位进行更为全面与持续的监督，对审计成果后续在被审计单位整改方面的应用效果形成一定保障。

在对 X 公司 2012 年的财务状况进行审计的过程中，国家审计机关发现其在会计核算以及财务管理方面共有 4 个问题：

第一，X 公司编制报表不准确，所属 Y 省子公司等 6 家单位存在未按规定核算销售收入及成本、少计固定资产维修费用等问题，多计收入共 4.53 亿元，多计成本费用共 0.17 亿元，导致利润多计 4.36 亿元。

第二，X 公司编制合并报表不完整导致当年少计资产 5 579.07 万元，少计负债 1 843.17 万元，少计所有者权益 3 735.9 万元。

第三，2012 年底，所属 G 省子公司等 3 家企业有 6.32 亿元投资收益长期未收回，也未收取资金占用利息 895.70 万元。

第四，所属 G 省子公司在批发销售卷烟时累计漏缴消费税 32.56 万元。

结合《审计法》（2021）的具体指导，在对国有企业审计的过程中，该审计结果的发现以及对结果的实际应用可以从以下几个方面进行改善：

第一，更及时地发现 X 公司报表编制不准确以及不完整的问题。由于《审计法》（2021）对审计机关要求被审计单位提供资料权限的扩张，在审计财务报表是否准确与完整的过程中，进行电子数据综合分析能够更加及时地获取企业所必须提供的各项证明，例如相关的对账单、发票等原始文件，从而提高审核的效率以及准确性，更加及时地发现在编制过程中可能存在的不准确和不完整的问题。具体来说，对于 Y 省子公司等 6 家单位存在未按规定核算销售收入及成本、少计固定资产维修费用等问题，就可以通过对企业序时账原始凭证的查验等措施更加及时地发现该问题；对于 X 公司编制合并报表不完整导致当年少计资产 5 579.07 万元，少计负债 1 843.17 万元，少计所有者权益 3 735.9 万元的问题，可以及时通过电子数据查验出编制合并报表是否完整，从而提高整体的会计核算审计效率。

第二，更全面地印证 X 公司在投资收益以及消费税处理方面的会计处理问题。由于《审计法》（2021）更加强调了审计全覆盖的原则，所以在具体的施行过程中，审计机关可以对被审计单位资产负债损益之外的"其他财务收支情况"进行审计监督，对于 G 省子公司的投资收益未收回、漏计消费税等问题的发现就不仅可以通过直接的原始凭证核对，还可以通过对其在其他范围内的投资情况的审计监督二次印证 X 公司在投资收益处理以及税收处理方面的问题。

第三，更有效地对 X 公司在会计核算方面问题的整改情况进行监督。在《审计法》（2021）的要求下，审计机关应当对被审计单位整改情况进行跟踪检查，由此 X 公司在报表编制不准确不完整方面的问题、投资收益以及消费税处理方面不妥当的问题的后续整改情况将得到审计机关更好的监督，从而更好地发挥出审计的监督作用，促进 X 公司对审计结果的更好应用，推动 X 公司自身经营目标的更好实现以及社会责任的更好承担。

（二）执行国家经济政策和企业重大经济决策审计应用

《审计法》（2021）中，关于国有企业执行国家经济政策和企业重大经济决策审计的指导及改变主要体现在以下几点：第一，对审计报告的内容进行拓展，对报告的侧重点也有所增加，在第四条中强调审计机关需要按照有关法律、行政法规的规定报告对国有资源、国有资产的审计情况，随后还要提出审计查出问题整改情况的报告；第二，进一步落实审计全覆盖的原则，在新增的第二十六条中明确规定"审计机关可以对被审计单位贯彻落实国家重大经济社会政策措施情况进行审计监督"；第三，强化了对于审计结果的应用，在新增的第五十二条中指出"审计结果以及整改情况应当作为考核、任免、奖惩领导干部和制定政策、完善制度的重要参考；拒不整改或者整改时弄虚作假的，依法追究法律责任"。这些指导及改变对于国有企业中相关任职人员对执行重大经济决策的整改与反思起到了更加有力的督促作用。

在对 X 公司 2012 年执行国家经济政策和企业重大经济决策进行审计的过程中，国家审计机关共发现了其存在的 4 个问题：

第一，所属子公司投资 6.81 亿元建成的高尔夫球场仍未按规定清理处置，上述高尔夫球场共占地 1 728.45 亩。

第二，所属 X 公司 Y 省子公司等 9 家企业存在未经 X 公司审批即投资建设项目或调整建设规模、超概算投资等问题，涉及金额 61.06 亿元。

第三，所属 H 省子公司等 6 家企业向有关政府部门和非公益单位捐赠 2 300 万元。

结合《审计法》（2021）的具体指导，在对国有企业审计的过程中，该审计结果的发现以及对结果的实际应用可以从以下几个方面进行改善：

第一，提高国有企业执行国家经济政策和企业重大经济决策的审计在审计报告中的重要性，从而提高在该项审计过程中的审计效率以及审计方法的科学性。由于《审计法》（2021）强调审计机关需要按照有关法律、行政法规的规定报告对国有资源、国有资产的审计情况，随后还要提出审计查出问题整改情况的报告，因此在对例如子公司有限公司高尔夫球场未按照规定进行处理的问题上，提高对早些年份审计中发现问题的重视程度有利于在审计过程中更快地发现该问题。

第二，提高对于国有企业在执行国家经济政策和企业重大经济决策方面的审计的规范性。由于《审计法》（2021）中明确将该项审计纳入国家审计的范围中，所以在对国有企业的审计过程中，对其政策执行状况的审计将更加规范。例如对于 X 公司 Y 省子公司等 9 家企业存在未经 X 公司审批即投资建设项目或调整建设规模、超概算投资等问题，在审计报告中可以得到进一步细致化且规范性的阐释。

第三，提高对国有企业在执行国家经济政策和企业重大经济决策方面问题整改的督促力度。《审计法》（2021）强调审计结果以及整改情况应当作为考核、任免、奖惩领导干部和制定政策、完善制度的重要参考；拒不整改或者整改时弄虚作假的，依法追究法律责任。在对 X 公司的审计过程中，其存在的 H 省子公司等 6 家企业向有关政府部门和非公益单位捐赠 2 300 万元的问题的整改情况将会得到相关责任人员的重视，从而促进 X 公司在执行国家经济决策方面的持续整改以及优化后续实施状况。

（三）内部管理审计应用

《审计法》（2021）中，关于国有企业内部管理审计的指导及改变主要体现在以下几点：第一，进一步落实审计全覆盖的原则，在新增的第二十八条中规定审计机关可以对其中的特定事项进行专项审计，有利于审计机关针对国有企业内部管理相关事项实行更有针对性的审计程序；第二，促进审计机关与其他机关之间的合作，提高对国有企业内部管理进行审计的效率，在第四十一条中指出"审计机关履行审计监督职责，可以提请公安、财政、自然资源、生态环境、海关、税务、市场监督管理等机关予以协助。有关机关应当依法予以配合"；第三，强化审计结果应用，从而促使国有企业内部管理审计的社会意义提高，在第三十条中规定"审计机关履行审计监督职责，发现经济社会运行中存在风险隐患的，应当及时向本级人民政府报告或者向有关主管机关、单位通报"，进一步将国有企业内部管理的风险与整体的经济社会发展影响相联系。

在对 X 公司 2012 年的财务状况进行审计的过程中，国家审计机关共发现其存在 6 个在内部管理方面的问题：

第一，所属 H 省子公司等 6 家企业在工程建设、物资采购等方面，存在未按规定公开招标、对投标单位资质审查不严，或监管不严导致一些项目被转包、违规分包等问题，涉及金额 3.81 亿元。

第二，所属 H 省子公司等 38 家企业存在超缴住房公积金和在工资总额之外列支工资性支出等问题，涉及金额 2.56 亿元。

第三，所属 H 省子公司 2008 年为职工团购房项目垫付的资金尚有 1.02 亿元未收回。

第四，所属 X 公司 S 省子公司等 9 家单位存在会议费开支不规范、违规购置超标车辆以及部分干部违规投资关联企业且未按规定退缴分红所得等问题，涉及金额 4 097 万元。

第五，所属 2 家子公司违反卷烟生产规定，无码段生产评吸烟 5.76 万条。

第六，X 公司行业核心业务信息系统存在对卷烟生产环节部分节点控制无效、系统时间可随意修改及系统数据不准确等问题。

结合《审计法》（2021）的具体指导，在对国有企业审计的过程中，该审计结果的发现以及对结果的实际应用可以从以下几个方面进行改善：

第一，加强对国有企业内部管理方面的重点项目审计。由于《审计法》（2021）中明确规定审计机关可以对其中的特定事项进行专项审计，那么对于"2 家子公司违反卷烟生产规定，无码段生产评吸烟"以及"X 公司行业核心业务信息系统存在对卷烟生产环节部分节点控制无效、系统时间可随意修改及系统数据不准确等问题"等事关生产规定、核心业务信息系统的审计结果的发现，审计机关可以在审计过程中就有针对性地对这些项目进行专项审计，从而提高对重点项目审计的效率，并且相应地得到更加细致化的审计结果。

第二，通过与其他机关的合作，提高对国有企业内部管理方面的审计效率。由于《审计法》（2021）指出审计机关可以提请公安、财政、自然资源、生态环境、海关、税务、市场监督管理等机关予以协助，所以在针对部分内部管理的审计时，也可以及时提请有关部门的配合。例如对于"所属 X 公司 S 省子公司等 9 家单位存在会议费开支不规范、违规购置超标车辆以及部分干部违规投资关联企业且未按规定退缴分红所得等问题"的发现，可以提请国家税务总局以及地方相关部门进行配合；对于"H 省子公司等 6 家企业在工程建设、物资采购等方面，存在未按规定公开招标、对投标单位资质审查不严，或监管不严导致一些项目被转包、违规分包等问题"的发现，可以提请国家质量技术监督局等进行配合，解释相关企业在质量监督方面存在不足的原因。在有关部门的协助下，对于企业内部管理方面问题的了解将更加全面，从而也能够帮助企业更有效地进行整改。

第三，加强有关部门对国有企业内部管理方面问题的监督，提高国有企业对相关问题的整改效率，从而降低影响经济社会运行的风险隐患。由于《审计法》（2021）中明确规定审计机关发现经济社会运行中存在风险隐患的，应当及时向本级人民政府报告或者向有关主管机关、单位通报，因此在对 X 公司的审计中，对于"所属 H 省子公司等 38 家企业存在超缴住房公积金和在工资总额之外列支工资性支出"等问题，审计机关可以向所属地方财政部门进行通报，从而促进财政部门对企业整改进行监督，以提高 X 公司对于公积金缴纳等影响社会经济发展运行的项目的整改效率。

三、 国家审计案例启示

在《审计法》（2021）的指导下，以对 X 公司的审计为分析对象，国家审计在国有企业审计的实际应用中可在审计程序、审计结果应用等方面得到改善，具体分析《审计法》（2021）的修订带来的对国有企业审计的启示，可以分为对于审计过程方面的启示以及审计结果应用方面的启示两个方面，在审计过程当中更加强调审计全覆盖原则，在审计结果应用方面也更加强调后续的实际应用以相应地进行整改完善。

（一）审计过程强调审计全覆盖原则

在 X 公司的审计过程中，国家审计机关发现其存在会计核算和财务管理、执行国家经济政策和企业重大经济决策以及内部管理三个方面的问题，而针对这三方面的具体问题，结合《审计法》（2021）的具体内容，可以得到在对国有企业的审计过程中应当更加遵照审计全覆盖原则的启示。

在对国有企业会计核算和财务管理方面的审计过程中，《审计法》（2021）强调审计全覆盖的原则，指出可以对资产负债损益之外的"其他财务收支情况"进行审计监督。在实际的应用中，对该案例而言，国家审计机关可以通过对"其他财务收支情况"的审计，更加全面地印证 X 公司在投资收益以及消费税处理方面的会计处理问题，例如 G 省子公司的投资收益未收回、漏计消费税等问题；对于整体的国有企业审计而言，对地产企业的在建工程项目的审计监督、对医药企业研发项目的审计监督等都可以通过更全面的财务收支审计来得出审计结果，印证审计结果的可靠性。

在对国有企业执行国家经济政策和企业重大经济决策方面的审计过程中，《审计法》（2021）强调审计全覆盖的原则，新增"审计机关可以对被审计单位贯彻落实国家重大经济社会政策措施情况进行审计监督"的规定。在实际应用中，对该案例而言，国家审计机关可以更加具有规范性地对 X 公司在投资建设项目审批等方面进行审计，对相关问题的阐释也能够更加详尽；对于整体的国有企业审计而言，对电力企业在新能源税项目上应用税收优惠的审计监督、对石油化工企业在西部项目上领取资金支持方面的审计监督等都可以通过更加规范性的审计，让审计结果更全面地对企业以及有关部门的工作进行反馈。

在对国有企业内部管理方面的审计过程中，《审计法》（2021）强调审计全覆盖的原则，新增规定审计机关可以对其中的特定事项进行专项审计。在实际应用中，对于该案例而言，国家审计机关可以对 X 公司在实际经营中的重点事项进行专项审计，对"X 公司行业核心业务信息系统存在对卷烟生产环节部分节点控制无效"等问题的发现与解释可以更加细致具体；对整体的国有企业审计而言，对医药企业是否遵照生产规定进行生产研发的审计监督、对食品企业是否遵照相关食品卫生规范进行生产的审计监督等也都可以通过专项审计的形式，更加专业化地对企业的生产经营合规性等方面进行审计监督，更好地满足大众对重要行业的重要事项的了解关注需求。

总体而言，在相关法律法规指导下，在对国有企业审计的过程中，应当更加具体地落实审计全覆盖的原则，从而完善对于会计核算和财务管理、执行国家经济政策和企业重大经济决策以及内部管理三个方面的审计，提高审计结果的得出效率以及审计结果的可靠性与可参考性。

（二）强化审计结果的后续应用

从对 X 公司的审计结果分析来看，结合《审计法》（2021）的具体内容，可以得出目前国家审计对于国有企业审计结果的后续应用应得到进一步强化的启示。

在对国有企业会计核算以及财务管理审计结果的应用中，《审计法》（2021）指出需强化对于审计结果的后续应用，新增规定审计机关应当对被审计单位整改情况进行跟踪检查。在实际应用中，对该案例而言，国家审计机关可以对 X 公司在报表编制不准确不完整方面的问题、投资收益以及消费税处理方面不妥当的问题进行跟踪审计，从而更好地监督其进行报表规范编制、会计核算处理方面的整改，实现审计结果的有效应用；对于整体国有企业审计而言，对企业合并、企业研发以及企业在建工程的跟踪审计也有助于企业有效解决在审计过程中被发现的会计核算以及财务管理方面的问题。

在对国有企业执行国家经济政策和企业重大经济决策审计结果的应用中，《审计法》（2021）新增规定审计结果以及整改情况应当作为考核、任免、奖惩领导干部和制定政策、完善制度的重要参考；拒不整改或者整改时弄虚作假的，依法追究法律责任。在实际应用中，对于该案例而言，国家审计机关发现的 H 省子公司等 6 家企业向有关政府部门和非公益单位捐赠 2 300 万元的问题的整改情况可以作为有关部门以及单位等的考核的重要参考，督促相关部门重视审计反映出的问题，促进企业在执行经济政策等方面的整改更加到位；对于整体的国有企业审计而言，让相关部门监督企业在税收、财政等经济政策相关方面的审计问题的整改，也有助于整体经济政策的顺利施行。

在对国有企业的内部管理审计结果的应用中，《审计法》（2021）新增规定审计机关发现经济社会运行中存在风险隐患的，应当及时向本级人民政府报告或者向有关主管机关、单位通报。在实际应用中，对于该案例而言，国家审计机关发现的 H 省子公司等 38 家企业存在超缴住房公积金和在工资总额之外列支工资性支出等问题可以向相关的财政部门进行报告，督促财政部门规范企业的操作，最终降低经济社会运行的风险隐患；对于整体的国有企业审计而言，对企业在税收、项目投资等内部管理方面存在的问题向税务部门、财政部门进行报告，一方面能够促进企业在自身内部管理方面得到改善，另一方面也能使得国家经济社会的运行更加科学有序。

总体而言，在相关法律法规的指导下，对于国有企业审计结果的应用应当进一步强化，具体可以通过跟踪审计、向有关部门进行报告、将整改情况纳入有关部门的考核指标等方式来促进审计问题的整改，使得国有企业审计在会计核算和财务管理、执行国家经济政策和企业重大经济决策以及内部管理三个方面的审计结果都得到最大化的应用，使得国家审计的效用得到良好展现。

第二节　内部审计法律法规案例分析

基于我国内部审计与政府审计的紧密联系，以及国有企业这一沟通政府与市场的"桥梁"，结合前述内部审计整改及考核评价的重要性，本节实地调研了位于 H 省的某国有企业 D 公司，了解 D 公司内部审计整改以及考核评价的相关信息，于此作为一项案例以更好地学习与了解内部审计。

一、　内部审计案例概况

（一）公司简介

D 公司位于 H 省，属能源产业，其主要业务与人民生活和工业生产息息相关。截至 2021 年底，拥有 36 家直属单位，客户达近 3 000 万户，其中 89% 为一般居民，其余 11% 为工商业和其他客户，是一家规模庞大的国有企业。作为大型国有企业，为贯彻落实国务院关于建立健全审计查出问题整改长效机制的要求，实现审计整改工作的规范化与制度化，发挥审计监督"治已病、防未病"的作用，D 公司积极响应，加强对内部审计的整改以及对考核评价体系的建设，从加强工作领导、明确责任主体、健全工作机制以及强化考核评价等几个方面入手，并积极引入数字化、智能化技术，为提升内部审计整改工作效率和效果添砖加瓦。

（二）公司现行制度

D 公司现行的审计查出问题整改工作流程，共包括后续审计、整改督办、问题销号和考核问责四个部分。

（1）后续审计。

在审计工作结束、下达正式的审计意见后，审计意见与相关的审计台账将由审计处录入公司的数字化审计平台，并将后续审计的内容纳入公司年度审计计划当中。而后公司内各被审计单位依据审计意见以及问题清单，在规定时间限制内编制查出问题及整改情况表并提交，对审计查出问题的整改情况进行汇总说明，并附相关的证明材料与整改报告，同时完成数字化审计平台的信息录入工作。相关文件提交后，审计部门根据被审计单位提交的内容开展后续审计工作，确认审计查出问题的整改情况。确认出未整改或整改未完成的问题后对其进行挂牌督办并进行记录，形成后续审计报告与问题明细表。之后进入整改督办环节。

（2）整改督办。

后续审计中识别出的未整改或整改未完成的问题将进入整改督办环节。整改督办中，被审计单位需编制并在规定时间内提交后续整改方案，整改方案一般包括整改计划、责任部门、责任人以及整改时限等内容，方案需由相关部门的主要负责人签字。随后有关信息将在数字化审计平台中进行更新维护，审计部门则会通过远程跟踪、现场督办等方式持续关注被审计单位直至完成问题的整改。

（3）问题销号。

待整改时限结束后，公司对相关的整改情况进行评价，对已完成整改、符合整改要求的问题，审计部门和责任部门会对其进行盖章确认，并将相关问题予以销号，若不符合整改要求，则予以退回，回到整改督办环节。此外，审计部门后续会对已整改问题进行抽查，若发现虚假或再犯等情况，将重新进行挂牌督办。

（4）考核问责。

对于查出问题的整改情况，若在后续审计中发现存在有诸如未按照审计意见完成整改、同一问题连续两次及以上汇报整改完成但实际未整改到位等情况，所涉及的被审计单位将纳入相关的考核当中。若存在整改态度不端正、前改后犯等情况，将纳入相关负责人业绩考核中，并追究相应的责任。除此之外，若存在因有关政策或不可抗力等其他因素导致无法完成整改的情况，经相关各部门确认后，不会纳入考核范围。

（三）案例公司现行整改后评估标准

D公司现行审计查出问题整改评价标准主要依据三个方面，分别是整改工作长效机制、整改日常管理和整改结果认定，其中整改工作长效机制和整改日常管理主要针对规范性进行评价，整改结果认定则针对整改效果进行评价。

（1）整改工作长效机制。

工作长效机制包括领导机制、运作机制、报告机制以及评级机制四部分。

领导机制维度对明确整改责任人以及相关领导小组对整改问题的落实进行定期研究提出了要求，被审计单位提供相关文件、细则等材料证明领导机制存在且符合要求可以获得相应的评价分数。

运作机制维度主要注重相关责任是否得到明确，例如审计部门的监督责任、专业部门的主管责任以及被审计单位的主体责任等，除此之外还关注组织、安监、巡视等工作的配合机制。同样是由被审计单位提供相关文件材料对评价的内容进行佐证，证明其存在且符合要求。

报告机制维度主要评价被审计单位对问题整改情况的报告流程是否规范，是否在月度、季度等重要会议中进行汇报讨论。主要涉及报告周期、是否得到有关签批等内容，未按要求报告则根据情况予以扣分，佐证材料包括会议纪要、相关汇报材料等。

评价机制维度关注是否制定和建立相关的评价制度办法、问责问效等工作机制，佐证材料主要为相关制度、评价结果等。

（2）整改日常管理。

日常管理方面主要包括台账管理和上报管理。

台账管理维度主要评价被审计单位是否按照要求规范使用数字化审计平台管理台账，若存在不规范操作，如少录或漏录问题，依据情况扣除该项相应分数。佐证材料主要为数字化审计平台中的各项信息记录。

上报管理维度具体分为严肃性、及时性和准确性。严肃性评价整改报告的形式是否规范，强调整改报告要运用规范的文件形式，并且需要由相关单位主要负责人进行签发。同时严肃销号处理，若存在多次上报已整改申请销号，但实际未完成整改的情况，将根据具体情况扣除该项分数。及时性主要分为两个方面，一是被审单位启动整改问题的研究，以及整改报告上报时间是否及时；二是整改措施的落实是否及时，如整改预计完成的时间。准确性主要考查各项表述、数据或内容是否与对应的佐证材料相吻合，出现错误数据或虚假内容则根据情况扣除相应分数。

（3）整改结果认定。

结果认定方面主要根据问题整改计划执行情况、当年问题整改完成情况、以前年度问题整改完成情况以及问题整改真实性四个维度进行评价。

问题整改执行情况维度主要评价被审计单位整改计划的规范程度，以及是否按照整改方案中的计划按时完成整改任务。整改计划粗糙或未按时落实整改计划的依据具体情况进行扣分，评价依据的材料包括整改计划、整改台账和整改成效汇报等文件。

当年问题整改完成情况维度评价的内容为特定问题的整改率，在规定整改时限内，特定问题整改率需达到100%，对于分阶段整改的问题，则需要在关键的节点完成计划的目标。该项基于整改完成率进行评分，依据的资料包括整改台账、整改报告和数字化审计平台中的信息数据等。

以前年度问题整改完成情况维度主要针对需要长期整改的问题进行评价，主要考查被审计单位是否按照计划推进整改工作，若在规定时限内未取得相应进展，除确实存在政策或不可抗力因素导致暂时无法整改，但制定了具体且可操作的整改计划并实施了必要努力的问题之外，根据具体情况扣除相应分数，依据的资料同样为相应的整改台账、整改报告和数字化审计平台中的信息。

问题整改真实性维度为后续检查性评价，主要针对已上报显示整改完成的问题，如发现实际未整改或虚假整改等不真实的情况，扣除相应分数，引起不良影响的情况将加大扣分力度，依据的材料为后续相关审计、巡视或检查等提供的资料或文件。

二、 内部审计案例分析

从D公司现行机制来看，其整改工作流程和评价标准非常清晰与明确，但仍存在些许不足。在整个整改评价标准中，针对整改效果评价的整改结果认定在分值上占据了一半以上，为重点关注内容，但其评价内容与标准则略显主观并且单一。如"问题整改计划执行情况"这一维度，所依据的材料主要为被审计单位提交的问题整改计划与整改成效汇报等，其标准则是以问题整改是否按照计划的节点推进或完成来进行评价。在一些不涉及具体数字或者一些流程类、机制类等难以量化的待整改问题中，该标准无法很好地运用，缺乏一定的说服力。

除此之外，在"当年问题整改完成情况"中，评价标准则是以完成情况的百分比为依据，同样存在主观化的问题。同时，该评价标准过于单一，除百分比外没有其他维度作为依据，不能很好地区分不同待整改问题的轻重缓急，从而可能导致被审计单位为提升评价分数而避重就轻，优先整改一些不重要但易于完成的问题。"以前年度问题整改完成情况"评价标准则简单地分为"已整改"或"未整改"两类，同样无法体现出不同问题的重要程度。

在整改长效机制中，D公司现行标准未赋予其太多笔墨，其所占分值的比例也为最低，考核的内容也多针对是否建立相关制度、是否明确责任人等规范性要求，并未就制度是否合理进行评价，同时也没有对问题涉及的部门及问题的性质进行要求，这使得被审计单位在进行问题整改时，难以有针对性地对相关部门的薄弱环节展开工作，并预防类似的问题再次发生。容易产生"就事论事"的现象，难以做到"举一反三"，不利于整改长效机制的建设。

内部审计整改评价是对内部审计质量进行检验的最终考核，若其评价标准不够完善或缺少依据，自然会影响公司的内部审计质量，进而给整个公司的经营管理带来阻碍。

三、 内部审计案例启示

当前，我国内部审计仅有中国内部审计协会制定的《内部审计准则》为规范，以 D 公司为例，我们可以看到其现行的制度并不能很好地满足内部审计工作的要求，这也在一定程度上表明内部审计法律法规建设仍面对一定的困难。因各个组织性质、结构、环境和形式各不相同，所面对的问题也多种多样，很难建立起一个通用的规范来覆盖所有的内部审计。但通过研究 D 公司的情况，仍可以从中看出未来相关法律法规建设的发展方向。

针对 D 公司现行制度的不足之处，提出以下建议供学习参考：首先，可以通过引入更多评价维度来弥补评价标准的单一问题。例如在整改结果认定当中，以待整改问题的性质、所涉及的金额、整改完成所耗费的时间等对其进行区分，并据此赋以不同的权重，从而在评分当中可以体现出不同问题的区别。在整改长效机制中，亦明确出各类问题的各项属性，以便被审计单位能够将力量集中在重要的待整改问题当中，从而提升整改效率。

针对内部审计法律建设，应着力强化内部审计结果运用效果，不仅要运用审计结果，还要注重结果运用情况。同时，要强调整改后评价的规范性，良好的整改后评价体系可以有效发挥内部审计作用，也有助于内部审计整改长效机制的建设。

第三节　注册会计师审计法律法规案例分析

一、 注册会计师审计案例概况

（一）K 企业背景介绍

K 企业是一家以中药饮片的生产、销售为核心，集中药材贸易、药品生产销售、保健品及保健食品、中药材市场经营、医药电商和医疗服务为一体的现代化大型医药企业。K 企业秉持"心怀苍生，大爱无疆"的核心价值观，在我国统筹推进中医药事业振兴发展的背景下，深耕中医药全产业链布局，以中药饮片及其制品为核心，以智慧药房为抓手，通过有机整合公司资源优势，全面打造"大健康＋大平台＋大数据＋大服务"体系，成为中医药全产业链精准服务型"智慧＋"大健康产业上市企业。

（二）K 企业审计失败案例简介

20×8 年 10 月 16 日，有媒体发表文章，该文就 K 企业货币现金高、存贷双高、大股东股票质押比例高和中药材贸易毛利率高等情况提出质疑，认为其披露的财务报告存在财务造假，该文章引发资本市场密切关注。当日，K 企业盘中一度跌停，收盘跌幅 5.97%，此后 K 企业连续三日跌停，市值一落千丈。20×8 年 12 月 29 日，K 企业发布公告称收到中国证监会《调查通知书》："因你公司涉嫌信息披露违法违规，根据《中华人民共和国证券法》的有关规定，我会决定对你公司立案调查，请予以配合。"①

20×9 年 4 月 30 日，K 企业发布《关于前期会计差错更正的公告》，该公告称在被证监会立案调查后，公司进行自查，并对 2017 年财务报表进行重述，具体内容为：应收账款少计 6.41 亿元，存货少计 195.46 亿元，在建工程少计 6.31 亿元，货币资金多计 299.44 亿元，营业收入多计 88.98 亿元，营业成本多计 76.62 亿元，销售费用少计 4.97 亿元，财务费用少计 2.28 亿元。② Z 会计师事务所（以下简称"Z 事务所"）对此出具了专项审核报告并且对 K 企业"差错更正"后的 2018 年年报发表保留意见。

20×9 年 5 月 5 日，上海证券交易所（以下简称"上交所"）发出第二道问询函，要求 K 企业解释为何货币资金核算出现重大错误，是否存在违规使用资金和不实的会计记录等 12 项问题，务求 K 企业期限披露回复。

20×9 年 5 月 13 日，Z 事务所立案调查通知，K 企业再次收到上交所问询函。

20×9 年 5 月 17 日，证监会报告进展说明 K 企业涉嫌违反《证券法》的相关规定，并说明已对 Z 事务所立案调查。

20×9 年 5 月 29 日，K 企业回复自己在过去年份存在财务造假和内部控制缺失的问题。

20×9 年 8 月 16 日，K 企业收到中国证监会《行政处罚及市场禁入告知书》，说明 K 企业存在虚增资产、收入、利润等违规行为。

20×1 年 11 月 21 日，K 企业证券虚假陈述特别代表人诉讼案件，Z 事务所及直接责任人员承担全部连带赔偿责任，13 名相关责任人员按过错程度承担部分连带赔偿责任。

二、 注册会计师审计案例分析

（一）K 企业财务舞弊的方式

K 企业 20×7 年年报调整前后财务数据由表 8-1 所示。

---

① 资料来源于 K 企业：《关于收到中国证券监督管理委员会立案调查通知的公告》。
② 资料来源于 K 企业：《关于前期会计差错更正的公告》。

表 8-1 　　　　　　　　　　K 企业 20×7 年年报调整前后财务数据 　　　　　　　单位：亿元

会计科目	调整前	调整后	调整变化幅度
营业收入	264.77	175.79	-88.98
营业成本	184.50	184.50	-76.62
净利润	41.01	21.50	-19.51
货币资金	341.51	42.07	-299.44
应收账款	43.51	49.94	6.43
存货	157.00	352.47	195.47
在建工程	10.85	17.16	6.31

资料来源：K 企业《关于前期会计差错更正的公告》。

1. 虚增货币资金

K 企业在未调整前有 341.51 亿元的货币资金，但是在 2017 年年报中，显示 K 企业的有息负债高达 247 亿元，一般情况下，企业在自身资金充足的情况下不会大规模举债，但是 K 企业却在自身拥有大量资金的情况下大规模举债，这是一种典型的"存贷双高"现象，显示了 K 企业有着较高的财务造假风险。

20×6～20×8 年，K 企业虚增巨额营业收入，通过伪造、变造大额定期存单等方式虚增货币资金。观察表 8-1 和表 8-2 发现，K 企业在 20×6～20×8 年间虚增了近 900 亿元的货币资金。

表 8-2 　　　　　　　K 企业 20×6～20×8 年货币资金调整前后财务数据 　　　　　单位：亿元

项目	20×6 年	20×7 年	20×8 年
调整前金额	273.25	341.51	398.85
调整后金额	47.77	42.07	36.97

资料来源：K 企业 20×6～20×8 年年度报告。

2. 虚增收入

K 企业在 20×6～20×8 年间通过伪造业务凭证进行收入造假，虚增营业收入近 200 亿元。《20×6 年年度报告》虚增营业收入 89.99 亿元，多计利息收入 1.51 亿元，虚增营业利润 6.56 亿元，占合并利润表当期披露利润总额的 16.44%。《20×7 年年度报告》虚增营业收入 100.32 亿元，多计利息收入 2.28 亿元，虚增营业利润 12.51 亿元，占合并利润表当期披露利润总额的 25.91%。《20×8 年半年度报告》虚增营业收入 84.84 亿元，多计利息收入 1.31 亿元，虚增营业利润 20.29 亿元，占合并利润表当期披露利润总额的 65.52%。《20×8 年年度报告》虚增营业收入 16.13 亿元，虚增营业利润 1.65 亿元，占合并利润表当期披露利润总额的 12.11% 。①

3. 虚增固定资产、在建工程、投资性房地产

K 企业在《20×8 年年度报告》中将前期未纳入报表的 6 个工程项目纳入表内，分别调增固定资产 11.89 亿元，调增在建工程 4.01 亿元，调增投资性房地产 20.15 亿元，合计调增资产总额 36.05 亿元。经查，《20×8 年年度报告》调整纳入表内的 6 个工程项目不满足会计确认和计量条件，虚增固定资产 11.89 亿元，虚增在建工程 4.01 亿元，虚增投资性房地产 20.15 亿元。

4. 报表披露不合理

20×6 年 1 月 1 日至 20×8 年 12 月 31 日，K 企业在未经过决策审批或授权程序的情况下，累计向控股股东及其关联方提供非经营性资金 11 619 130 802.74 元用于购买股票、替控股股东及其关联方偿还融资本息、垫付解质押款或支付收购溢价款等。

（二）K 企业审计失败原因分析

K 企业作为市值曾经高达 1 283.36 亿元的 A 股医药类白马企业，在审计"暴雷"后市值猛然跌至 150 亿元，这无疑是资本市场的"黑天鹅"，② 事后我国监管部门对其审计机构做出了严厉的处罚：没收业务收入 1 425 万元，并处以 4 275 万元罚款，这使得 Z 事务所遭遇严重的债务处罚和声誉损失。因此，为了避免此类事件的再次发生，我们需要分析相关原因、总结经验。

1. 审计独立性缺失

K 企业的审计机构 Z 事务所从 20×0 年就为 K 企业提供审计，进行了连续 19 年的年度报表审计业务，Z 事务所理应对 K 企业的财务状况、业务状况等非常清楚，但是 Z 事务所除 20×0~20×7 年外一直都对 K 企业出具无保留意见，在 20×8 年 K 企业被证监会立案调查后才出具了保留意见。连续长时间的审计，一方面使得审计师可能会放松对被审计单位的警惕，可能会出现对审计证据缺少应有的质疑态度，过于相信被审计单位提供的财务数据，同时长期审计可能会因为对被审计单位的认识程度不断加深，造成某些审计程序流于表面，审计思路被固化，没有识别到应有的风险，最终影响了审计结果和审计的质量。

另一方面，在 Z 事务所为 K 企业提供的 19 年连续审计业务中，注册会计师 Y 一共参加了 14 次 K 企业的审计业务，审计师长期与被审计单位接触，容易出现因关系亲密而带来的过度信赖风险，从而造成审计师的独立性缺失，影响审计质量。

此外，由于审计单位的审计费用是由被审计单位提供的，审计单位可能会出于盈利的目的，默许被审计单位的一些行为，造成审计独立性的缺失。根据 K 企业的年报显示，K 企业自上市以来为 Z 事务所支付了近 4 000 万元的报酬，且从 20×1 年到 20×8 年 Z 事务所的审计报酬不断上涨，从 180 万元增至 640 万元，增幅超过了 200%，这样不断上涨的

---

① 相关数据来自《中国证监会行政处罚决定书》。
② 黑天鹅指非常难以预测，且不寻常的事件，通常会引起市场连锁负面反应甚至是颠覆。

审计费用也可能使得事务所向上市公司倾斜，影响审计质量（见表8-3）。

表8-3 K企业20×1~20×7年审计费用及审计意见类型 单位：万元

年份	20×1	20×2	20×3	20×4	20×5	20×6	20×7	20×8
审计意见类型	无保留意见	无保留意见	无保留意见	无保留意见	无保留意见	无保留意见	无保留意见	无保留意见
审计费用	180	230	370	440	500	550	635	640

资料来源：K企业20×1~20×8年年度报告。

2. 审计程序执行不严格

（1）风险识别与评估存在缺陷。

风险评估程序是指注册会计师为了了解被审计单位及其环境以识别和评估重大错报风险而实施的审计程序。风险的识别和评估为审计计划提供基础，风险的识别将会影响审计质量。

在本案例中，Z事务所对K企业的风险评估出现错误：Z事务所认定K企业公司整体层面的风险等级为中等。Z事务所部分审计底稿中，对货币资金、营业收入的风险评估结果错误，审计工作存在缺陷：一是汇总的重大风险领域不包括货币资金和营业收入；二是在对重要账户和交易制定进一步审计程序计划时，认定货币资金和营业收入不存在重大错报风险，不属于特别风险；三是汇总的特别风险领域仅包括货币资金，未包括营业收入。[①]

（2）银行存款审计程序不合理。

银行存款函证作为证实资产负债表中所列货币资金项目中银行存款是否存在的一项重要审计程序，注册会计师对于函证的发出和回复都应该直接控制，确保审计证据的真实性。

在本案例中，Z事务所出具的《〈关于对K企业股份有限公司20×8年年度报告的事后审核问询函〉的专项说明》（以下简称《专项说明》）中说明，其在20×7年年报、20×8年年报中对银行存款事项向银行进行了邮寄或现场函证，在20×7年对占资较大的母公司（20×7年底银行存款余额为306亿元）采取了邮寄发函的方式，并没有采取更加直接、更加具有保障性的现场函证，导致函证程序流于表面。

此外对银行存款的分析程序也应当是检查货币资金真实性、准确性的一个重要手段。根据K企业的年报显示，货币资金共计341.51亿元，占据总资产的49.7%，但是与此同时，K企业在账上还有113.7亿元的短期借款，如此明显的"存贷双高"的财务舞弊信号，Z事务所的审计人员并没有识别出来，使得K企业的财务舞弊有了巨大的操作空间。

（3）应收账款审计程序不合理。

对应收账款的审计程序中，注册会计师要根据被审计单位行业及市场地位，采用顺查

---

① 来自《中国证监会行政处罚决定书》。

法从客户和供应商名单、记账凭证中查到应收账款明细账，确保其一一对应，同时要对于其中的重要项目进行函证，确保函证的有效性，如果函证无效，要考虑必要的代替性审计程序，比如通过检查日后银行收款记录等手段，以此获取充分适当的审计证据，确保审计质量。但是在本案例中，K企业20×7年应收账款少记了6.41亿元，这证明了注册会计师对20×7年应收账款的审计中没有执行严格的审计程序，没有确保应收账款记录的完整性。

（4）存货审计程序不合理。

对于存货的审计程序，审计师除了要对存货的账簿记录进行检查分析外，还要对存货实行监盘程序，对被审计单位的存货进行随机的监盘，确保存货的存在性和准确性。因为存货往往具有种类多、计价烦琐等特点，存货监盘的难度很大，这需要注册会计师对其保持高度的警惕性和具有专业胜任能力。但是在该案例中，20×8年K企业披露说明其在20×7年存货少计194.46亿元，其中包括库存商品（中药材）少计183.43亿元，库存商品（药品）多计6亿元，在建房地产项目少计18.04亿元，这说明注册会计师在对存货的存在性和完整性认定中存在缺陷。对于K企业存货的监盘涉及大量的野人参，野人参的监盘难度巨大，Z事务所披露说明是聘请外部专家进行审计，但未披露相关专家资助，对其可信度存疑，同时在面对K企业如此数目的存货时，注册会计师只选择了少部分和个别种类进行存货监盘，而且并没有披露抽盘比例，如此看来，K企业的监盘过程中很可能出现了重大的遗漏造成存货记录的失真。同时K企业作为Z事务所连续19年审计的老客户，很可能对存货监盘的套路熟知，导致存货监盘程序失效。

3. 缺乏良好的审计执业环境

一方面，随着我国经济的发展，我国资本市场蓬勃发展，公司对于审计的需要不断增加，相应注册会计师事务所也越来越多，这使得整个审计市场供过于求，这就可能使得注册会计师事务所一旦出具被审计单位不满意的审计报告，很可能造成被审计单位更换会计师事务所，导致会计事务所的收入降低。另一方面，由于是被审计单位支付审计费用这一特殊性，因此很容易使得会计师事务所为了留住客户或者获得更多的收益，违背自己的职业道德，向被审计单位一方倾斜，出具被审计单位喜欢的审计报告，这在一定程度上会对审计质量造成影响，导致审计失败。

同时，市场上缺少及时、有效的监管，很容易使得会计师事务所和被审计单位产生侥幸心理，使得其愿意承担风险进行违规审计和财务造假。在本案例中，K企业的财务舞弊早在2016年就已经发生，但是K企业仍然在资本市场继续活跃了近两年的时间，其股价一路突飞猛进，对整个资本市场造成了恶劣的影响，直到2018年证监会才发现其财务问题并提出质疑，从财务造假发生到处罚时间间隔两年，这样较长时间的执法间隔很容易造成监督效用的不足。

三、 注册会计师审计案例启示

(一) 注册会计师要保持专业胜任能力和应有的关注

虽然 Z 事务所在长达 19 年的连续审计过程中，进行了审计人员的轮换，但是其主要还是由 4 名注册会计师长期担任审计项目的注册会计师，这样一方面造成了注册会计师对被审计单位放松警惕，不能及时调整审计程序；另一方面容易与被审计单位的管理层勾结，丧失独立性。因此，为了保持专业胜任能力和应有的关注，会计师事务所可以对注册会计师实施定期的专业能力培训，使得其能够顺应时代的发展，及时了解相关的行业背景，保持应有的专业能力；同时会计师事务所应当对审计项目的注册会计师实施轮岗制度，及时调换被审计单位的负责人，并且对注册会计师连续审计期满后的间隔期做出限制，这样既避免了因为熟悉性带来的风险识别错误，又一定程度避免了注册会计师与管理层勾结的问题。

(二) 设计完善、有效的审计程序，获取充分恰当的审计证据

Z 事务所对 K 企业的很多审计程度都流于表面，例如上述说明的银行函证程序、存货监盘程序、应收账款函证程序等，这样就使得 Z 事务所执行了一定审计程序，却没有获得充分恰当的审计证据，导致了审计的失败。因此，为了避免这种类似情况的发生，注册会计师在执行审计时要设计完善、有效的审计程序以获取充分恰当的审计证据。

这要求注册会计师严格按照审计准则的要求实施审计程序，例如，在银行存款函证程序中，对所有银行账户均执行函证程序，大额资金用现场函证来代替邮寄函证，并且注册会计师要保证能够直接控制函证程序，同时对货币资金执行必要的分析程序；对存货的监盘程序中，应根据不同存货的特点选择不同的审计方式，实施突击性的存货盘点，提高审计流程的不可预知性，从而提高审计证据的真实性。

(三) 健全会计师事务所的质量控制体系

会计师事务所的质量控制体系，对于提高会计师事务所的审计质量和预防审计风险发挥重要的作用。会计师事务所要定期评估承接业务的风险状况，检查其是否有足够的能力承接该项业务、检查被审计单位的背景和自身风险等情况，以此减少对风险项目的承接，减少审计失败的风险。在本案例中，K 企业被媒体先后 5 次曝光存在行贿问题和内部管理缺陷的问题，但 Z 事务所一直为其提供服务并出具无保留意见，这为后来的审计失败埋下了伏笔。

会计师事务所也应该对审计业务实施及时、有效的质量复核程序，提高质量复核标准，检查审计项目做出的重大判断及结论是否正确、失败的特别风险和应对措施是否恰当，复核审计程序执行情况，降低审计失败的风险。在本案例中，如果审计复核团队对 K 企业的审计执行了行之有效的质量复核程序，检查出审计程序执行的问题，很可能就会尽

早发现其中的财务舞弊问题，从而避免审计的失败。

（四）规范市场竞争，建立健全市场监督机制

建议监管部门制定政策规范审计业务的市场竞争，比如制定和完善一整套会计师事务所和注册会计师评级机制，将不同会计师事务所进行质量评估与分类，对不同等级的会计师事务所的业务范围进行划分，减少因供大于求而带来的低价竞争。

同时要求监管部门加大日常监督的效力，对于受到大众质疑的企业或存在异常经营状况的企业要加大处罚力度，缩短处罚周期，提高处罚的震慑效果，杜绝注册会计师存在侥幸心理，减少公司财务舞弊和审计失败的发生。

附录

附录1：内部审计准则具体内容

第1101号——内部审计基本准则

第一章 总 则

第一条 为了规范内部审计工作，保证内部审计质量，明确内部审计机构和内部审计人员的责任，根据《审计法》及其实施条例，以及其他有关法律、法规和规章，制定本准则。

第二条 本准则所称内部审计，是一种独立、客观的确认和咨询活动，它通过运用系统、规范的方法，审查和评价组织的业务活动、内部控制和风险管理的适当性和有效性，以促进组织完善治理、增加价值和实现目标。

第三条 本准则适用于各类组织的内部审计机构、内部审计人员及其从事的内部审计活动。其他组织或者人员接受委托、聘用，承办或者参与内部审计业务，也应当遵守本准则。

第二章 一般准则

第四条 组织应当设置与其目标、性质、规模、治理结构等相适应的内部审计机构，并配备具有相应资格的内部审计人员。

第五条 内部审计的目标、职责和权限等内容应当在组织的内部审计章程中明确规定。

第六条 内部审计机构和内部审计人员应当保持独立性和客观性，不得负责被审计单位的业务活动、内部控制和风险管理的决策与执行。

第七条 内部审计人员应当遵守职业道德，在实施内部审计业务时保持应有的职业谨慎。

第八条 内部审计人员应当具备相应的专业胜任能力，并通过后续教育加以保持和提高。

第九条 内部审计人员应当履行保密义务，对于实施内部审计业务中所获取的信息保密。

第三章 作 业 准 则

第十条 内部审计机构和内部审计人员应当全面关注组织风险，以风险为基础组织实施内部审计业务。

第十一条　内部审计人员应当充分运用重要性原则，考虑差异或者缺陷的性质、数量等因素，合理确定重要性水平。

第十二条　内部审计机构应当根据组织的风险状况、管理需要及审计资源的配置情况，编制年度审计计划。

第十三条　内部审计人员根据年度审计计划确定的审计项目，编制项目审计方案。

第十四条　内部审计机构应当在实施审计三日前，向被审计单位或者被审计人员送达审计通知书，做好审计准备工作。

第十五条　内部审计人员应当深入了解被审计单位的情况，审查和评价业务活动、内部控制和风险管理的适当性和有效性，关注信息系统对业务活动、内部控制和风险管理的影响。

第十六条　内部审计人员应当关注被审计单位业务活动、内部控制和风险管理中的舞弊风险，对舞弊行为进行检查和报告。

第十七条　内部审计人员可以运用审核、观察、监盘、访谈、调查、函证、计算和分析程序等方法，获取相关、可靠和充分的审计证据，以支持审计结论、意见和建议。

第十八条　内部审计人员应当在审计工作底稿中记录审计程序的执行过程，获取的审计证据，以及作出的审计结论。

第十九条　内部审计人员应当以适当方式提供咨询服务，改善组织的业务活动、内部控制和风险管理。

第四章　报 告 准 则

第二十条　内部审计机构应当在实施必要的审计程序后，及时出具审计报告。

第二十一条　审计报告应当客观、完整、清晰，具有建设性并体现重要性原则。

第二十二条　审计报告应当包括审计概况、审计依据、审计发现、审计结论、审计意见和审计建议。

第二十三条　审计报告应当包含是否遵循内部审计准则的声明。如存在未遵循内部审计准则的情形，应当在审计报告中作出解释和说明。

第五章　内部管理准则

第二十四条　内部审计机构应当接受组织董事会或者最高管理层的领导和监督，并保持与董事会或者最高管理层及时、高效的沟通。

第二十五条　内部审计机构应当建立合理、有效的组织结构，多层级组织的内部审计机构可以实行集中管理或者分级管理。

第二十六条　内部审计机构应当根据内部审计准则及相关规定，结合本组织的实际情况制定内部审计工作手册，指导内部审计人员的工作。

第二十七条　内部审计机构应当对内部审计质量实施有效控制，建立指导、监督、分级复核和内部审计质量评估制度，并接受内部审计质量外部评估。

第二十八条 内部审计机构应当编制中长期审计规划、年度审计计划、本机构人力资源计划和财务预算。

第二十九条 内部审计机构应当建立激励约束机制，对内部审计人员的工作进行考核、评价和奖惩。

第三十条 内部审计机构应当在董事会或者最高管理层的支持和监督下，做好与外部审计的协调工作。

第三十一条 内部审计机构负责人应当对内部审计机构管理的适当性和有效性负主要责任。

第六章 附 则

第三十二条 本准则由中国内部审计协会发布并负责解释。

第三十三条 本准则自 2014 年 1 月 1 日起施行。

第 1201 号——内部审计人员职业道德规范

第一章 总 则

第一条 为了规范内部审计人员的职业行为，维护内部审计职业声誉，根据《审计法》及其实施条例，以及其他有关法律、法规和规章，制定本规范。

第二条 内部审计人员职业道德是内部审计人员在开展内部审计工作中应当具有的职业品德、应当遵守的职业纪律和应当承担的职业责任的总称。

第三条 内部审计人员从事内部审计活动时，应当遵守本规范，认真履行职责，不得损害国家利益、组织利益和内部审计职业声誉。

第二章 一 般 原 则

第四条 内部审计人员在从事内部审计活动时，应当保持诚信正直。

第五条 内部审计人员应当遵循客观性原则，公正、不偏不倚地作出审计职业判断。

第六条 内部审计人员应当保持并提高专业胜任能力，按照规定参加后续教育。

第七条 内部审计人员应当遵循保密原则，按照规定使用其在履行职责时所获取的信息。

第八条 内部审计人员违反本规范要求的，组织应当批评教育，也可以视情节给予一定的处分。

第三章 诚 信 正 直

第九条 内部审计人员在实施内部审计业务时，应当诚实、守信，不应有下列行为：

（一）歪曲事实；

（二）隐瞒审计发现的问题；

（三）进行缺少证据支持的判断；

（四）做误导性的或者含糊的陈述。

第十条　内部审计人员在实施内部审计业务时，应当廉洁、正直，不应有下列行为：

（一）利用职权谋取私利；

（二）屈从于外部压力，违反原则。

第四章　客　观　性

第十一条　内部审计人员实施内部审计业务时，应当实事求是，不得由于偏见、利益冲突而影响职业判断。

第十二条　内部审计人员实施内部审计业务前，应当采取下列步骤对客观性进行评估：

（一）识别可能影响客观性的因素；

（二）评估可能影响客观性因素的严重程度；

（三）向审计项目负责人或者内部审计机构负责人报告客观性受损可能造成的影响。

第十三条　内部审计人员应当识别下列可能影响客观性的因素：

（一）审计本人曾经参与过的业务活动；

（二）与被审计单位存在直接利益关系；

（三）与被审计单位存在长期合作关系；

（四）与被审计单位管理层有密切的私人关系；

（五）遭受来自组织内部和外部的压力；

（六）内部审计范围受到限制；

（七）其他。

第十四条　内部审计机构负责人应当采取下列措施保障内部审计的客观性：

（一）提高内部审计人员的职业道德水准；

（二）选派适当的内部审计人员参加审计项目，并进行适当分工；

（三）采用工作轮换的方式安排审计项目及审计组；

（四）建立适当、有效的激励机制；

（五）制定并实施系统、有效的内部审计质量控制制度、程序和方法；

（六）当内部审计人员的客观性受到严重影响，且无法采取适当措施降低影响时，停止实施有关业务，并及时向董事会或者最高管理层报告。

第五章　专业胜任能力

第十五条　内部审计人员应当具备下列履行职责所需的专业知识、职业技能和实践经验：

（一）审计、会计、财务、税务、经济、金融、统计、管理、内部控制、风险管理、法律和信息技术等专业知识，以及与组织业务活动相关的专业知识；

（二）语言文字表达、问题分析、审计技术应用、人际沟通、组织管理等职业技能；

（三）必要的实践经验及相关职业经历。

第十六条　内部审计人员应当通过后续教育和职业实践等途径，了解、学习和掌握相关法律法规、专业知识、技术方法和审计实务的发展变化，保持和提升专业胜任能力。

第十七条　内部审计人员实施内部审计业务时，应当保持职业谨慎，合理运用职业判断。

第六章　保　　密

第十八条　内部审计人员应当对实施内部审计业务所获取的信息保密，非因有效授权、法律规定或其他合法事由不得披露。

第十九条　内部审计人员在社会交往中，应当履行保密义务，警惕非故意泄密的可能性。

内部审计人员不得利用其在实施内部审计业务时获取的信息牟取不正当利益，或者以有悖于法律法规、组织规定及职业道德的方式使用信息。

第七章　附　　则

第二十条　本规范由中国内部审计协会发布并负责解释。

第二十一条　本规范自 2014 年 1 月 1 日起施行。

第 2101 号内部审计具体准则——审计计划

第一章　总　　则

第一条　为了规范审计计划的编制与执行，保证有计划、有重点地开展审计业务，提高审计质量和效率，根据《内部审计基本准则》，制定本准则。

第二条　本准则所称审计计划，是指内部审计机构和内部审计人员为完成审计业务，达到预期的审计目的，对审计工作或者具体审计项目作出的安排。

第三条　本准则适用于各类组织的内部审计机构、内部审计人员及其从事的内部审计活动。其他组织或者人员接受委托、聘用，承办或者参与内部审计业务，也应当遵守本准则。

第二章　一般原则

第四条　审计计划一般包括年度审计计划和项目审计方案。

年度审计计划是对年度预期要完成的审计任务所作的工作安排，是组织年度工作计划的重要组成部分。

项目审计方案是对实施具体审计项目所需要的审计内容、审计程序、人员分工、审计时间等作出的安排。

第五条　内部审计机构应当在本年度编制下年度审计计划，并报经组织董事会或者最高管理层批准；审计项目负责人应当在审计项目实施前编制项目审计方案，并报经内部审计机构负责人批准。

第六条 内部审计机构应当根据批准后的审计计划组织开展内部审计活动。在审计计划执行过程中，如有必要，应当按照规定的程序对审计计划进行调整。

第七条 内部审计机构负责人应当定期检查审计计划的执行情况。

第三章　年度审计计划

第八条 内部审计机构负责人负责年度审计计划的编制工作。

第九条 编制年度审计计划应当结合内部审计中长期规划，在对组织风险进行评估的基础上，根据组织的风险状况、管理需要和审计资源的配置情况，确定具体审计项目及时间安排。

第十条 年度审计计划应当包括下列基本内容：

（一）年度审计工作目标；

（二）具体审计项目及实施时间；

（三）各审计项目需要的审计资源；

（四）后续审计安排。

第十一条 内部审计机构在编制年度审计计划前，应当重点调查了解下列情况，以评价具体审计项目的风险：

（一）组织的战略目标、年度目标及业务活动重点；

（二）对相关业务活动有重大影响的法律、法规、政策、计划和合同；

（三）相关内部控制的有效性和风险管理水平；

（四）相关业务活动的复杂性及其近期变化；

（五）相关人员的能力及其岗位的近期变动；

（六）其他与项目有关的重要情况。

第十二条 内部审计机构负责人应当根据具体审计项目的性质、复杂程度及时间要求，合理安排审计资源。

第四章　项目审计方案

第十三条 内部审计机构应当根据年度审计计划确定的审计项目和时间安排，选派内部审计人员开展审计工作。

第十四条 审计项目负责人应当根据被审计单位的下列情况，编制项目审计方案：

（一）业务活动概况；

（二）内部控制、风险管理体系的设计及运行情况；

（三）财务、会计资料；

（四）重要的合同、协议及会议记录；

（五）上次审计结论、建议及后续审计情况；

（六）上次外部审计的审计意见；

（七）其他与项目审计方案有关的重要情况。

第十五条 项目审计方案应当包括下列基本内容：

（一）被审计单位、项目的名称；

（二）审计目标和范围；

（三）审计内容和重点；

（四）审计程序和方法；

（五）审计组成员的组成及分工；

（六）审计起止日期；

（七）对专家和外部审计工作结果的利用；

（八）其他有关内容。

第五章 附 则

第十六条 本准则由中国内部审计协会发布并负责解释。

第十七条 本准则自 2014 年 1 月 1 日起施行。

第 3101 号内部审计实务指南——审计报告①

第一章 总 则

第一条 为了规范审计报告的编制、复核和报送，提高审计报告的质量，根据《内部审计基本准则》及内部审计具体准则，制定本指南。

第二条 本指南所称审计报告，是指内部审计人员根据审计计划对审计事项实施审计后，作出审计结论，提出审计意见和审计建议的书面文件。

第三条 本指南适用于各类组织的内部审计机构、内部审计人员及其从事的内部审计活动。其他组织或者人员接受委托、聘用，承办或者参与内部审计业务，也应当参照本指南。

第二章 一般原则

第四条 内部审计人员在实施必要的审计程序，获取相关、可靠和充分的审计证据后，依据适用的法律法规、组织的有关规定或其他相关标准，作出审计结论，提出审计意见和审计建议，出具审计报告。

第五条 审计项目终结后应当编制审计报告，如果存在下列情形之一，内部审计人员可以在审计过程中提交中期审计报告，以便及时采取有效措施改善业务活动、内部控制和风险管理：

（一）审计周期过长；

---

① 该准则于 2019 年 12 月 26 日发布，自 2020 年 1 月 1 日起正式实施。

（二）审计项目内容复杂；

（三）突发事件导致对审计的特殊要求；

（四）组织适当管理层需要掌握审计项目进展信息；

（五）其他需要提供中期审计报告的情形。

中期审计报告不能取代项目终结后的审计报告，但可以作为其编制依据。中期审计报告可以根据具体情况适当简化审计报告的要素或内容。

第六条　审计报告的编制应当符合下列要求：

（一）实事求是地反映被审计事项，不歪曲事实真相，不遗漏、不隐瞒审计发现的问题；不偏不倚地评价被审计事项，客观公正地发表审计意见。

（二）要素齐全，行文格式规范，完整反映审计中发现的所有重要问题。

（三）逻辑清晰、脉络贯通，主次分明、重点突出，用词准确、简洁明了、易于理解。也可以适当运用图表描述事实、归类问题、分析原因，更直观地传递审计信息。

（四）根据所确定的审计重要性水平，对于重要事项和重大风险作重点说明。

（五）针对被审计单位业务活动、内部控制和风险管理中存在的主要问题，深入分析原因，提出可行的改进意见和建议；或者针对审计发现问题之外的其他情形提出完善提高的建议，以促进组织实现目标。

第七条　内部审计机构应当建立健全审计报告的分级复核制度，明确规定审计报告的复核层级、复核重点、复核要求和复核责任，并与审计工作底稿的分级复核制度相结合。

第八条　审计报告经审核无误后，应当以内部审计机构的名义送达被审计单位，并报送组织适当管理层，必要时可以抄送其他相关单位。

第三章　审计报告的要素和内容

第九条　审计报告主要包括下列要素：

（一）标题；

（二）收件人；

（三）正文；

（四）附件；

（五）签章；

（六）报告日期；

（七）其他。

第十条　审计报告标题应当说明审计工作的内容，力求言简意赅并有利于归档和索引。一般包括以下内容：

（一）被审计单位（或项目）；

（二）审计事项（含事项涉及的时间范围）；

（三）其他。

第十一条　审计报告发文字号由发文组织代字、发文年份和文件顺序号三个部分组成。

第十二条　内部审计机构可以根据《中华人民共和国保守国家秘密法》、国家工商行政管理局发布的《关于禁止侵犯商业秘密行为的若干规定》等有关法律法规和组织的保密制度要求，评估被审计项目的重要程度和保密性，设置审计报告密级和保密期限，并报相关部门审核、备案。

第十三条　审计报告收件人可以根据组织的治理结构、内部审计领导体制、审计类型与审计方式确定。一般包括：

（一）组织的权力机构或主要负责人；

（二）被审计单位；

（三）委托审计的单位（部门）；

（四）其他相关单位（部门）或人员。

第十四条　审计报告正文主要包括下列内容：

（一）审计概况；

（二）审计依据；

（三）审计结论；

（四）审计发现；

（五）审计意见；

（六）审计建议。

第十五条　审计概况是对审计项目总体情况的介绍和说明。一般包括下列内容：

（一）立项依据。审计报告应当根据实际情况说明审计项目的来源，包括：审计计划安排的项目；有关单位（部门）委托的项目；根据工作需要临时安排的项目；其他项目。如有必要，可进一步说明选择审计项目的目的和理由。

（二）背景介绍。审计报告应当简要介绍有助于理解审计项目立项的审计对象的基本情况，包括：被审计单位（或项目）的规模、性质、职责范围或经营范围、业务活动及其目标，组织结构、管理方式、员工数量、管理人员等情况；与审计项目相关的环境情况，如相关财政财务管理体制和业务管理体制、内部控制及信息系统情况；以往接受内外部审计及其他监督检查情况；其他情况。

（三）整改情况。审计报告中应当说明上次审计后的整改情况。

（四）审计目标与范围。审计报告应当明确说明本次审计目标与审计范围（审计项目涉及的单位、时间和事项范围）。如果存在未审计过的领域，要在审计报告中指出，特别是某些受到限制无法进行审计的事项，应当说明原因。

（五）审计内容和重点。审计报告应当对审计的主要内容、重点、难点作出必要的说明，并适当说明针对这些方面采取了何种措施（主要审计方法、审计程序等）及其产生的效果。

第十六条　审计依据是实施审计所依据的相关法律法规、内部审计准则、组织内部规章制度等规定。如存在未遵循内部审计准则的情形，应当在审计报告中作出解释和说明。

第十七条　审计结论是根据已查明的事实，对被审计单位业务活动、内部控制和风险管理的适当性和有效性作出的评价。应当围绕审计事项作总体及有重点的评价，既包括正面评价，概述取得的主要业绩和经验做法等；也包括对审计发现的主要问题的简要概括。

（一）业务活动评价。是内部审计人员根据已审计的业务查明的事实，运用恰当的标准，对其适当性和有效性进行评价。主要包括对财政财务收支和有关经济活动进行的评价。

（二）内部控制评价。是对内部控制设计的合理性和运行的有效性进行评价。既包括对组织层面的内部环境、风险评估、控制活动、信息与沟通、内部监督五个要素进行的评价；也包括根据管理需求和业务活动的特点，对某项业务活动内部控制进行的评价。

（三）风险管理评价。是对风险管理的适当性和有效性进行评价。主要包括：对风险管理机制进行评价；对风险识别过程是否遵循了重要性原则进行评价；对风险评估方法的适当性进行评价；对风险应对措施的适当性及有效性进行评价等。

第十八条　审计发现是对被审计单位的业务活动、内部控制和风险管理实施审计过程中所发现的主要问题的事实、定性、原因、后果或影响等。一般包括：

（一）审计发现问题的事实。主要是指业务活动、内部控制和风险管理在适当性和有效性等方面存在的违规、缺陷或损害的主要问题和具体情节。如经济活动存在违反法律法规和内部管理制度、造假和舞弊等行为；财政财务收支及其会计记录、财务报告存在不合规、不真实或不完整的情形；内部控制、风险管理或信息系统存在的缺陷、漏洞；以及绩效方面存在的问题等。

（二）审计发现问题的定性。主要是指审计发现问题的定性依据、定性标准、定性结论。必要时可包括责任认定。

（三）审计发现问题的原因。即针对审计发现的事实真相，分析研究导致其产生的内部原因和外部原因。

（四）审计发现问题的后果或影响。即从定量和定性两方面评估审计发现问题已经或可能造成的后果或影响。

第十九条　审计意见是针对审计发现的被审计单位在业务活动、内部控制和风险管理等方面存在的违反国家或组织规定的行为，在组织授权的范围内，提出审计处理意见；或者建议组织适当管理层和相关部门作出的处理意见。

审计意见一般包括：纠正、处理违法违规行为的意见；对违法违规和造成损失浪费的被审计单位和相关人员，给予通报批评或者追究责任的意见和建议。

第二十条　审计建议是针对审计中发现的被审计单位业务活动、内部控制和风险管理等方面存在的主要问题，以及其他需要进一步完善提高的事项，在分析原因和影响的基础上，提出有价值的建议。

第二十一条　附件是对审计报告正文进行补充说明的文字和数据等支撑性材料。一般包括：

（一）相关问题的计算及分析过程；

（二）审计发现问题的详细说明；

（三）被审计单位的反馈意见；

（四）记录审计人员修改意见、明确审计责任、体现审计报告版本的审计清单；

（五）需要提供解释和说明的其他内容。

第二十二条 审计报告征求意见稿应当由审计组组长签字，最终出具的审计报告应当有内部审计机构负责人的签名或内部审计机构的公章。

第二十三条 审计报告日期，一般以内部审计机构负责人签发日作为报告日期。

第四章 审计报告的格式

第二十四条 审计报告的一般格式包括：

（一）标题。在版头分一行或多行居中排布，回行时，要词意完整、排列对称、长短适宜、间距恰当，标题排列可以使用梯形或菱形。有文头的审计报告，标题编排在红色分隔线下空二行位置；没有文头的审计报告，标题编排在分隔线上空二行位置。

（二）发文字号。由发文组织代字、发文年份和文件顺序号三个部分组成。年份、发文顺序号用阿拉伯数字标注；年份应当标全称，用六角括号"〔〕"括入；发文顺序号不加"第"字，不编虚位（即1不编为01），在阿拉伯数字后加"号"字。例如，×审〔20××〕×号。有文头的审计报告，发文字号在文头标志下空二行、红色分隔线上居中排布；没有文头的审计报告，发文字号在分隔线下右角排布。

（三）密级和保密期限。如需标注密级和保密期限，顶格编排在版心左上角第二行；保密期限中的数字用阿拉伯数字标注，自标明的制发日算起。密级一般分为绝密、机密、秘密三级。保密期限在一年以上的，以年计，如秘密5年；在一年以内的，以月计，如秘密6个月。

（四）收件人。有文头的审计报告，收件人编排于标题下空一行位置；没有文头的审计报告，收件人编排于发文字号下空一行位置。收件人居左顶格，回行时仍顶格，最后一个收件人名称后标全角冒号。

（五）正文。编排于收件人名称下一行，每个自然段左空二字，回行顶格。文中结构层次序数依次可以用"一、""（一）""1.""（1）"标注；一般第一层用黑体字、第二层用楷体字、第三层和第四层用仿宋体字标注。

（六）附件。如有附件，在正文下空一行，左空二字编排"附件"二字，后标全角冒号和附件名称。如有多个附件，使用阿拉伯数字标注附件顺序号，如"附件：1.××××"；附件名称后不加标点符号。附件名称较长需回行时，应当与上一行附件名称的首字对齐。

（七）内部审计机构署名或盖章。一般在报告日期之上，以报告日期为准居中编排内部审计机构署名，如使用机构印章，加盖印章应当端正、居中下压内部审计机构署名和报告日期，使内部审计机构署名和报告日期居印章中心偏下位置，印章顶端应当上距正文或附件一行之内。如不使用机构印章，一般在正文之下空一行编排内部审计机构署名及其负责人签名（主要用于征求意见阶段的审计报告），并以报告日期为准居中编排。

（八）报告日期。使用阿拉伯数字将年、月、日标全，年份应当标全称，月、日不编虚位（即1不编为01）。报告日期一般右空四个字编排。

第五章 审计报告的编制

第二十五条 审计组在实施必要的审计程序后，应当及时编制审计报告。特殊情况需要延长的，应当报请内部审计机构负责人批准。

第二十六条　审计组应当按照以下程序编制审计报告：

（一）做好相关准备工作；

（二）编制审计报告初稿；

（三）征求被审计单位的意见；

（四）复核、修订审计报告并定稿。

第二十七条　审计组在进行审计报告的准备工作时，需要讨论确定下列事项：

（一）审计目标的实现情况；

（二）审计事项完成情况；

（三）审计证据的相关性、可靠性和充分性；

（四）审计结论的适当性；

（五）审计发现问题的重要性；

（六）审计意见的合理性与合规性；

（七）审计建议的针对性、建设性和可操作性；

（八）其他有关事项。

第二十八条　审计组应当根据不同的审计目标，以审计认定的事实为基础，合理运用重要性原则并评估审计风险，对审计事项作出审计结论。作出审计结论时，需要注意下列事项：

（一）围绕审计目标，依照相关法律法规、政策、程序及其他标准，对审计事项进行评价，评价应当客观公正，并与审计发现问题有密切的相关性。

（二）审计评价应当坚持全面性和重要性相结合，定性与定量相结合的原则。

（三）只对已审计的事项发表审计评价意见，对未经审计的事项、审计证据不充分、评价依据或者标准不明确以及超越审计职责范围的事项，不发表审计评价意见。

第二十九条　审计组应当根据审计发现的问题及其发生的原因和审计报告的使用对象，从性质和金额两个方面评估审计发现问题的重要性，合理归类并按照重要性原则排序，如实在审计报告中予以反映。

第三十条　审计组对审计发现的主要问题提出处理意见时，需要关注下列因素：

（一）适用的法律法规以及组织内部的规章制度；

（二）审计的职权范围（在组织授权处理范围内的，内部审计机构直接提出审计处理意见；超出组织授权范围的，可以建议组织适当管理层或相关部门作出处理）；

（三）审计发现问题的性质、金额、情节、原因和后果；

（四）对同类问题处理处罚的一致性；

（五）需要关注的其他因素。

第三十一条　审计组应当针对审计发现的被审计单位业务活动、内部控制和风险管理中存在的主要问题、缺陷和漏洞，以及需要进一步完善提高的事项等，分别提出纠正和改善建议。

第三十二条　审计组应当就审计报告的主要内容与被审计单位及其相关人员进行及

时、充分的沟通。

审计组应当根据沟通内容的要求，选择会议形式或面谈形式与被审计单位及其相关人员进行沟通，应当注意沟通技巧，进行平等、诚恳、恰当、充分的交流。

第三十三条 审计报告初稿由审计项目负责人或者其授权的审计组其他成员起草。如其他人员起草时，应当由审计项目负责人进行复核。审计报告初稿应当在审计组内部进行讨论，并根据讨论结果进行适当的修改。

第三十四条 审计组提出的审计报告在按照规定程序审批后，应当以内部审计机构的名义征求被审计单位的意见。也可以经内部审计机构授权，以审计组的名义征求意见。被审计单位应在规定时间内以书面形式对审计报告提出意见，否则，视同无异议。

审计报告中涉及重大案件调查等特殊事项，经过规定程序批准，可不征求被审计单位的意见。

第三十五条 被审计单位对征求意见的审计报告有异议的，审计组应当进一步核实，并根据核实情况对审计报告作出必要的修改。

审计组应当对采纳被审计单位意见的情况和原因，或者被审计单位未在规定时间内提出书面意见的情况作出书面说明。

第六章　审计报告的复核、报送和归档

第三十六条 内部审计机构应当建立审计报告的分级复核制度，加强审计报告的质量控制。重点对下列事项进行复核：

（一）是否按照项目审计方案确定的审计范围和审计目标实施审计；

（二）与审计事项有关的事实是否清楚、数据是否准确；

（三）审计结论、审计发现问题的定性、处理意见是否适当，适用的法律法规和标准是否准确，所依据的审计证据是否相关、可靠和充分；

（四）审计发现的重要问题是否在审计报告中反映；

（五）审计建议是否具有针对性、建设性和可操作性；

（六）被审计单位反馈的合理意见是否被采纳；

（七）其他需要复核的事项。

内部审计机构负责人复核审计报告时，应当审核被审计单位对审计报告的书面意见及审计组采纳情况的书面说明，以及其他有关材料。

第三十七条 内部审计机构负责人对审计组报送的材料复核后，可根据情况采取下列措施：

（一）要求审计组补充重要审计证据；

（二）对审计报告进行修改。

复核过程中遇有复杂问题的，可以邀请有关专家进行论证。邀请的专家可以从组织外部聘请，也可以在组织内部指派。

第三十八条 审计报告经复核和修改后，由总审计师或内部审计机构负责人按照规定程序审定、签发。

第三十九条　审计报告的报送一般限于组织内部，通常根据组织要求、审计类型和形式确定报送对象。需要将审计报告的全部或部分内容发送给组织外部单位或人员的，应当按照规定程序批准。

第四十条　审计报告按照规定程序批准后，可以在组织内部适当范围公开。

第四十一条　已经出具的审计报告如果存在重要错误或者遗漏，内部审计机构应当及时更正，并将更正后的审计报告提交给原审计报告接收者。

第四十二条　内部审计机构应当按照中国内部审计协会发布的《第2308号内部审计具体准则——审计档案工作》，以及组织的档案管理制度要求，将审计报告及其他业务文档及时归入审计档案，妥善保存。

第七章　附　　则

第四十三条　本指南由中国内部审计协会发布并负责解释。

第四十四条　本指南自2020年1月1日起施行。2009年1月1日起施行的《内部审计实务指南第3号——审计报告》同时废止。

第四十五条　本指南主要规范通用审计报告，有关经济责任审计报告的内容可参照中共中央办公厅、国务院办公厅印发的《党政主要领导干部和国有企事业单位主要领导人员经济责任审计规定》和释义执行。

附录 2：绩效审计通用指南

第一章 总 则

第一条 为促进转变经济发展方式，提高财政资金和公共资源配置、使用的经济性、效率性和效果性，促进建设资源节约型和环境友好型社会，推动建立、健全政府绩效管理制度，促进提高政府绩效管理水平和建立健全政府部门责任追究制，根据《中华人民共和国审计法》及其实施条例、《中华人民共和国国家审计基本准则》和其他通用审计准则及专业审计准则、《青岛市审计监督条例》等，制定本指南。

第二条 绩效审计是审计机关对依法属于审计监督对象的财政财务收支及其经济活动的真实性、合法性进行审计的基础上，审查其管理和使用财政资金及其他公共资源所达到的经济性、效率性和效果性，并进行分析、评价和提出改进建议的审计行为。（一）经济性指在保证质量的前提下，以最低的投入达到目标，简单地说就是投入是否节约。（二）效率性是指产出与投入之间的关系。（三）效果性是指目标的实现程度，以及一项活动的实际效果与预期效果的关系。经济性、效率性和效果性三要素是一个有机的整体。经济性主要侧重于投入方面，注意节约支出；而效率性主要指投入与产出的关系，即是否以最小的投入取得一定的产出，或者以一定的投入取得最大的产出；效果性是对经济活动的产出结果与预期目标的比较。经济性是前提，效率性是过程，效果性是目的，经济性、效率性都应与效果性相一致。

第三条 必要时，审计机关可以在实施绩效审计时对公平性、环境性等事项进行检查和评价。据审计项目的具体情况，审查、评价的重点应有所侧重。公平性指审查财政财务收支活动是否符合社会公平的要求。社会公平主要是指合理地分配社会资源，贯彻社会保障措施，减少不平等和绝对贫困，维护社会公正。环境性指对生态环境的保护，主要是指生产经营活动是否形成了对生态环境的破坏，是否符合环保的要求，环保资金的使用是否合规有效等。

第四条 绩效审计的基本程序包括审计计划立项、审前准备、审计实施、审计报告、后续跟踪检查等五个部分。绩效审计过程中，及时召开审计业务会以及与被审计对象就相关事项进行沟通应贯穿绩效审计的全过程。

第五条 在绩效审计过程中，应加强审计质量控制，把握五个质量环节，只有在上一环节得到执行后，才能开展下一阶段工作。（一）审计准备工作是否就绪；（二）审计人员获取的信息是否全面、清晰、可信并得到证据支持；（三）是否可以提交审计报告；（四）是否可以公布审计信息；（五）是否已总结经验教训。

第六条 绩效审计人员应将职业谨慎贯穿绩效审计始终，并具备以下条件：（一）具备绩效审计的专业知识并能运用与实践；（二）清楚、有效的书面和口头的沟通能力；

（三）其他绩效审计必需的能力。

第七条　具备计算机审计条件的绩效审计项目应充分运用计算机审计的技术和方法，在遵循《青岛市审计局计算机审计操作规程》的基础上，在数据采集、证据收集、建立绩效审计评价标准、提出审计建议等方面应积极探索运用计算机技术和方法开展绩效审计。

第八条　本指南由总则、审计计划、审前准备、审计评价标准、审计实施、审计报告、后续跟踪检查、附则八部分构成。

第九条　本指南适用于青岛市审计机关开展的绩效审计。

第二章　审 计 计 划

第十条　审计机关应制定绩效审计战略规划，确定绩效审计工作目标，制定本年度绩效审计计划。

第十一条　绩效审计既可以选择某个单位也可以就某项专题跨单位进行审计。绩效审计项目选项应遵循重要性、实效性、可行性等原则：（一）重要性原则，即选定的项目要在政府管理、资源运用或社会需求等方面较为重要。通常可以从政府、人大、群众对该项目的关注程度高低、项目在绩效方面的问题是否突出、问题是否亟待解决等角度，项目的建设是否对地方经济、环境产生长远的影响，确定项目是否重要。此外，财政投入的资金量、与环境保护等民生问题的相关程度亦是重要性的判断依据。（二）实效性原则，即选项应有前瞻性和洞察力，选项前或者审前调查阶段要看到被审计对象具有可改进的空间，审计成果可利用程度高。（三）可行性原则，主要从以下角度考虑项目是否可行：结合现有的审计资源，包括时间、人力、物力、财力等角度；被审计对象、人员的配合程度；对绩效审计可能需要评价的领域，相关的评价指标及数据取得的难易程度；审计可能遇到的各种风险；能否在审计计划规定的时间内完成任务。

第十二条　绩效审计选项应重点关注如下方面：（一）部门预算执行绩效情况；（二）政府性专项资金（基金）绩效情况；（三）政府部门履行职责绩效情况；（四）公共投资项目绩效情况；（五）重点企业的绩效情况；（六）政策实施情况及其效果；（七）公共资源配置使用情况；（八）人大议案、人民政协提案、人民来信来访反映的重大管理或绩效问题。

第十三条　为使绩效审计项目顺利实施并成果最大化，审计选项环节应在如下方面对其进行评估：（一）总体的预期审计影响；（二）审计人员的专业胜任能力；（三）审计项目带来的审计成效；（四）被审计对象对审计建议接受的可能性；（五）审计外部环境的影响等；（六）其他。

第十四条　在对选定的审计项目初步评估后，初步确定绩效审计目标。

第十五条　绩效审计项目按照开展方式分为独立型和结合型。独立型绩效审计项目是指以审查评价被审计对象的绩效情况为主要目标，单独立项并单独出具审计报告的绩效审计项目。可选择那些被审计对象管理风险较高、存在绩效问题比较严重、真实性和合法性问题并不突出的项目。结合型绩效审计项目是指审计目标兼顾真实、合法与效益，与传统财政财务收支、经济责任、工程竣工决算等审计项目结合的绩效审计项目。除独立型绩效审计项目外，其他审计项目原则上都应为结合型绩效审计，在时间和人员等其他条件允许的情况下，在对被审计对象财政财务收支及其经济活动的真实性、合法性进行审计的基础上，审查其效益性。

第三章　审前准备

第十六条　审前准备是指审计机关按照《青岛市审计局审计项目质量控制暂行办法》的相关规定，进行审前调查，学习和收集相关资料，明确审计的目标、范围和重点，初步确定审计评价标准，设计审计方法，编制审计方案，下达审计通知书。

第十七条　绩效审计应通过查阅被审计对象工作报告、媒体报道、近期接受检查情况、同行业的管理经验和做法等途径，就如下方面进行审前调查：（一）隶属关系、机构和人员设置，业务范围、业务特点；（二）管理方式及内部控制情况。被审计对象内部对于资源的使用和管理是如何进行授权和分工的，主要业务活动的程序，如何进行信息交流和沟通，是否建立了内部审计制度，是否建立了保护资产安全完整、保证资源有效管理和使用的控制措施等；（三）资源情况。包括有形资源（如存货等）、财务资源、信息资源、人力资源等的来源、性质、使用等情况；（四）职责或绩效目标。包括财务目标（如预算）和非财务目标（如预期的产出和效果），还应关注各项目标是否相互冲突；（五）外部环境。包括被审计对象所在行业的竞争性，宏观经济环境，政治敏感性，公众的关注程度；（六）其他。

第十八条　审计组根据初步确定的审计总体目标确定审计具体目标，确定审计范围，在审计范围内确定审计重点。审计重点具体内容应根据如下因素来确定：（一）重要性。主要是指金额和性质两个方面的含义。性质方面的重要性主要是指该事项对于政府和公众的影响和重要意义。（二）管理风险。即管理不善的可能性越大，越应该进行审计。（三）审计作用（审计的潜在影响）。审计能够发挥的重要作用可以从经济性、效率性、效果性方面进行估计。（四）可操作性。审计人员可以借助预算、合同或协议、评估报告、计划、手册、媒体的报道、现场观察、访谈等渠道，获取有关信息，并对各因素进行通盘考虑的基础上，确定重点审计事项的优先次序。

第十九条　审计人员应将审计目标层层分解，直至可以直接收集信息和证据为止，分解的具体目标必须覆盖整个审计内容并且不互相交叉重复。

第二十条　审计组应初步设定绩效审计评价体系，并根据被审计对象目标实现的关键因素进行指标设计。

第二十一条　在审计准备阶段，审计组应对每个具体审计事项确定拟采用的审计方法。

第二十二条　审计组应召开审前业务会就如下方面进行讨论，为编制绩效审计方案做准备：（一）对审前调查内容进行总结；（二）确定审计目标并分解为可收集证据的子目标，明确审计范围和重点；（三）初步确定审计评价标准；（四）选择恰当的审计方法；（五）预测绩效审计可能发现的问题；（六）其他事项。

第二十三条　绩效审计方案包括审计工作方案和审计实施方案。重要的和大型的绩效审计项目应编制审计工作方案，审计工作方案应当具有指导性。绩效审计实施方案应明确绩效审计的目标、范围、重点、评价标准、具体实施程序与方法，审计实施方案应具有较强的针对性、实用性和可操作性。

第二十四条 绩效审计实施方案的主要内容包括：（一）编制的依据；（二）被审计对象的名称和基本情况；（三）审计的目标。必须界定清楚，避免含糊或不确定的定义；（四）审计的范围、内容、重点及审计评价标准指标确定；（五）审计项目风险评估、重要性水平；（六）实施审计的方法、具体步骤；（七）预定的审计工作起讫日期；（八）审计组长、审计组成员及其分工；（九）编制人员和日期；（十）其他有关内容。

第二十五条 审计组拟定独立型绩效审计项目应在审计通知书标题中明确指出绩效审计（调查）项目；结合型绩效审计项目中应在通知书中明确绩效审计的内容。

第四章 绩效审计评价

第二十六条 绩效审计标准是用来评价被审计对象（事项）经济性、效率性和效果性等内容的合理的、可实现的绩效标准。绩效审计标准代表了最佳或良好的实务。

第二十七条 绩效审计可从经济性、效率性、效果性、公平性和环境性等层面设立指标进行评价，并对评价结果进行分析。

第二十八条 绩效审计人员应根据项目情况确定评价内容、设定评价标准。评价标准应具备如下特征：（一）可靠性。指在相同的环境和条件下，不同的评价人应用同样标准能够得出同样的结论。（二）客观性。指评价标准本身应该是客观的、现实的，而不是凭空想象的或假设的，评价标准的确定不受任何单位和个人的偏见或分歧的影响。（三）相关性。指评价标准应该能够反映信息使用者的需要，评价结论与使用者的需求密切相关。（四）代表性。指评价标准能够涵盖被审计对象或项目的整体特征、目的和宗旨，尤其是在特定的环境和条件下绩效的所有重要事项和方面。（五）明确性。指评价标准应该具体明确。审计评价标准的表述必须明确，不能引起歧义，甚至模棱两可和抽象。（六）可比性。指类似的被评价事项之间和不同的审计年度之间应用的标准应该是一致的。（七）可接受性。指评价标准应该是具体权威性，能够被审计对象及其他有关各方广为接受。（八）可获得性。指评价标准是以可接受的成本获得。（九）可持续性。指审计标准应经得起历史的、社会发展的检验。

第二十九条 绩效审计评价标准的来源分为强制性标准和非强制性标准。（一）强制性的标准是指有关法律法规和方针政策，国家、行业或地区性的正式标准。（二）非强制性的标准是指专业机构研究和制定的专业标准和公认的或良好的实践标准（如行业或地区平均水平和先进水平）；其他国家的标准和经验；历史的评价指标；被审计对象自行制定的标准（如可行性报告、预算、目标、计划、定额、技术指标、产出能力等）；有关利益关系方的评价标准。运用被审计对象自行制定的标准作为审计评价标准时，审计人员应评价其合理性和完整性。

第三十条 绩效审计评价标准的确定，应与被审计对象进行充分沟通。

第三十一条 根据审计结果和确定的绩效评价标准，对被审计事项的绩效情况进行定量或定性评价（优先使用定量评价）。在分项评价基础上可按照好、较好、一般、差等4个等次进行总体评价。

第三十二条 绩效审计评价应坚持客观公正、实事求是、及时沟通的原则，对于超越审计职责范围的事项、证据不足、评价依据或标准不明确的事项、审计过程中未涉及的事项不作评价。

第三十三条 绩效审计评价应注意下列问题：（一）关注绩效审计中的违法违规问题；（二）考虑被审计对象所在地区的经济环境、经济发展状况等客观因素对所评价各项绩效指标的完成所产生的影响；（三）国家政策调整带来的影响；（四）关注被审计对象一定时期内发生的经济活动对可持续发展产生的影响。

第五章 审 计 实 施

第三十四条 审计组依据审计实施方案，按照《青岛市审计局审计项目质量控制暂行办法》的要求，召开进点会、取得审计证据、编制审计底稿及审计日记。

第三十五条 审计人员可以对专项资金（基金）、政府投资项目、外资项目、政府公益性项目、企业、政府部门等进行绩效审计，具体审计目标、内容、审计程序与方法见具体指南。

第三十六条 审计组在进点会时应将绩效审计的依据和目的告知被审计对象，取得被审计对象的支持与配合，以便更为顺畅地收集审计证据，开展审计工作。

第三十七条 绩效审计证据分为实物证据、文件证据、询证证据、分析证据、专家鉴定证据、电子数据和影像资料证据等，是审计机关和审计人员获取的用以支持审计意见和结论的证明材料。

第三十八条 审计人员可以从下列途径获取绩效审计证据：（一）审计人员直接采集、编制和分析的资料。包括：调查记录；问卷分析的结果，与被审计对象和被审计事项有关的录音、照片、录像带、光盘等资料；审计人员通过观察取得的对相关的内部控制状况的估计；审计人员在审计过程中通过计算和分析形成的证据资料等。（二）从被审计对象取得的资料。包括：被审计对象提供的有关会计凭证、账簿、报表形成的相关数据；被审计对象提供的与审计项目有关的计划、报告、决议、措施、办法、制度、规定、批复等文件，以及会议记录、工作总结、内部审计资料等；被审计对象信息管理系统采集与生成的数据信息等。（三）从第三方收集的资料。包括：与审计项目相关的法规、政策性文件、实施细则、可操作手册、上级的指令和授权；被媒体公开的被审计对象的预算表、财务收支数据，以及经营目标、经济效益数据等；来自公共文献、图书、调查研究报告和信息等。从第三方收集的资料未经审计人员证实，一般不能直接用来支持审计结果和结论。

第三十九条 在遇有审计力量不足、相关专业知识受到限制等情形时，审计组可以按照青岛市审计局《外聘外部人员参与审计工作管理办法（试行）》的要求聘用外部专家。在利用外部专家工作时，审计人员应确认其具有审计项目所要求的能力，告知绩效审计遵循的职业道德，并对其形成的审计结论负责。

第四十条 在绩效审计实施过程中，应根据审计目标和内容的不同，灵活采用各种审计技术和方法。既合理使用传统审计中的核对、盘点、查询、分析性复核等方法，又要运用绩效审计中常用的文件查阅、访谈、问卷调查、统计分析、利用外部专家等方法，还要积极运用内控测评、抽样审计、计算机审计等技术和手段。在运用各种审计技术和方法收集审计证据时，要注意绩效审计证据同样要具备客观性、相关性、充分性、可靠性和合法性的要求。

第四十一条　审计人员可以根据审计实施情况修订绩效评价体系。审计评价体系应具有可操作性，并经过被审计对象的认可。

第四十二条　绩效审计发现问题分为金额类和非金额类两部分。（一）金额类问题。主要有被审计对象损失浪费金额，违规改变资金用途、账外资产、虚报冒领、资金滞留闲置、高风险对外投资（担保）等造成潜在损失金额，国有或公共资产流失金额等问题。（二）非金额类问题。主要有被审计对象内部控制有重大缺陷，总体可行性研究有重大缺陷，虚假、违规立项问题，严重履行职责不到位问题而造成损失或影响恶劣的，效率严重低下、投入产出未达预期要求，严重未达预期目标或效果问题而造成损失或影响恶劣的，严重影响经济效益、社会效益或环境效益的其他问题。

第四十三条　审计人员应对审计证明材料进行定量和定性分析，并形成绩效审计工作底稿。

第四十四条　审计人员应从被审计对象内部、外部、主观、客观等方面进行深入分析对比，找出产生问题的原因。

第四十五条　审计人员应当对取得的审计证据进行分析、判断和归纳，剔除与审计事项无关、无效、重复、冗余的证据，初步形成审计结果。审计结果包括评价标准、被审计对象实际情况，存在的问题及原因分析，拟提出的审计建议。审计结果的表达要明确、完整、客观、逻辑清晰和有说服力，并在审计底稿中进行记录。

第四十六条　审计组应将初步审计结果与被审计对象进行沟通，以确保审计结论审计质量。

第四十七条　审计实施过程中，审计组应定期召开业务会议，特别是现场审计实施即将结束时必须召开业务会议，对如下方面进行讨论：（一）审计实施的范围、内容、方法是否与审计目标相结合；（二）审计评价标准是否科学和恰当，来源是否真实、全面、客观，是否得到被审计对象的认可；（三）外部专家提供信息的可用性；（四）未达到审计方案效果的原因分析及可采取的补救措施；（五）被审对象对项目的配合情况与对审计结果的接受情况；（六）审计人员对项目分工及职责运行的自我评价与分析；（七）绩效审计建议的可行性；（八）下一步的工作安排。

第六章　审 计 报 告

第四十八条　审计实施结束之后，按照《青岛市审计局审计项目质量控制暂行办法》的要求，撰写审计报告、召开业务会议、征求被审计对象意见、出具正式审计报告。

第四十九条　绩效审计报告分为独立型与结合型审计报告。独立型的绩效审计报告应单独出具审计报告，结合型的绩效审计原则上应出具一个审计报告，审计报告封面上的被审计对象和审计项目以所结合的审计项目为主，只是在审计报告中增加绩效审计的内容。

第五十条 绩效审计报告的撰写应注意：（一）应在初步审计结论基础上通过分析，形成完整全面的审计结果；（二）在充分证据基础上形成能够引起关注的审计建议；（三）撰写及时，确保审计建议的时效性；（四）报告语言应当做到行文简练，突出重点，结构逻辑性强，通俗易懂，尽量避免使用专业术语，并适当运用表格和分析图表、照片；（五）审计报告的评价意见应坚持客观公正、实事求是、定性分析与定量分析相结合、及时沟通的原则。

第五十一条 绩效审计报告的撰写内容：（一）独立型的绩效审计报告一般包括如下内容：1. 前言。简练写明审计依据、审计时间、审计目标、审计实施情况、审计机关和被审计对象的责任等。审计实施情况如内容较多可单独作为一部分，审计范围所受限制及原因也应予以说明。2. 被审计对象（事项）基本情况，包括在管理体制、财政财务隶属关系或国有资产监督管理关系、财政财务收支状况、项目资金来源和使用情况、目前的状况等。3. 审计评价结果及评价意见。针对审计目标，以审计发现的情况为基础，依据评价标准，先对审计事项进行总体评价，然后根据分目标的审计结果分别进行评价。在实施审计评价时应该保持谨慎态度，注意规避审计风险。4. 审计发现的主要问题和处理处罚意见。在绩效审计中发现的违反国家规定的财政、财务收支行为，以及单位或个人违法违纪问题，要依照有关法律、法规和规章的规定进行处理处罚。对审计发现的绩效问题要从绩效的角度给问题定性，一般按对绩效影响程度大小的顺序排列。在此部分，如有必要可增加对问题形成的原因分析，包括审计发现的事实、导致审计结果的原因和产生的影响。5. 审计建议。根据审计结论和审计发现的主要问题，分析产生问题的原因提出审计建议，审计建议的内容应与报告中的其他内容相呼应。为保证审计的独立性和规避审计风险，审计建议一般采用"应当"式的语句，建议被审计对象"应该做什么"。对审计发现的虽不违法违规但不经济、低效率、无效果等绩效问题，应向被审计对象提出审计建议，促进其改善管理。对审计发现的属体制机制的问题，要从宏观的角度，采取恰当的方式向有关部门提出改进建议，发挥绩效审计建设性作用。（二）结合型的绩效审计报告应遵循传统审计报告的格式，把发现的绩效问题归类反映在审计报告中，并提出审计建议。审计组向审计机关汇报的绩效审计报告在框架上应与对外报告基本一致，在内容上可适当详细一些，其他参照《青岛市审计局审计项目质量控制暂行办法》相关规定。

第五十二条 绩效审计报告应广泛征求意见，以提高审计报告的客观性和准确性，提高审计报告的价值。

第五十三条 绩效审计成果的形式可采取审计通用报告、独立型绩效审计报告、绩效审计分析或研究报告、审计信息专报、绩效审计建议函等方式。

第五十四条 绩效审计结果应当按照《青岛市审计局公布审计结果暂行办法》等规定及时对外公告，扩大绩效审计的影响力，促进被审计对象整改提高。

第五十五条 绩效审计项目完成后，审计组应填写《绩效审计（调查）情况统计表》，并按照审计档案管理的相关规定及时收集整理，做到审结卷成。

第七章　后续跟踪检查

第五十六条　后续跟踪检查是指审计组在完成了绩效审计结果报告之后，对审计项目的效果和质量进行的跟踪检查，促进审计建议落实。

第五十七条　对审计效果进行后续跟踪检查主要是通过对审计决定和建议的落实、采纳情况进行检查来实现。

第五十八条　审计效果的后续跟踪检查通过下列方式进行：（一）随时了解被审计对象的活动。通过与被审计对象保持联系，及时了解被审计对象有关情况，取得被审计对象对审计报告理解和采纳情况的反馈，以实现后续跟踪的目标。（二）桌面复核。审计人员对被审计对象不做广泛的现场检查，只进行一些简单的复核，必要时与被审计对象人员进行访谈。（三）对被审计对象进行后续跟踪审计。后续跟踪审计是针对被审计对象根据审计建议进行整改的情况进行的专门审计。后续跟踪审计项目要经过选项和论证，应纳入年初制定的审计计划。后续跟踪审计一般适用于重大的绩效审计项目，或者实施审计建议时间长的项目。

第五十九条　对绩效审计项目的如下方面进行后评估：（一）审计后增收节支金额；（二）审计后挽回（避免）损失金额；（三）绩效审计建议的落实情况；（四）绩效审计的成效；（五）本次审计需要改进的地方；（六）对本次审计的成功之处进行总结，形成系统的审计经验。

第八章　附　　则

第六十条　本操作指南就绩效审计的程序、方法、标准、审计内容、审计报告等提供指导，本指南尚未涉及的特殊情况审计人员应当运用其专业判断。

第六十一条　审计证据、审计工作底稿、审计抽样、内部控制测评等，审计人员应参照审计署公布的各专业审计准则及《青岛市审计局审计项目质量控制暂行办法》执行。

第六十二条　本指南由青岛市审计局负责解释。

第六十三条　本指南自发布之日起施行。

附录3：《第2202号内部审计 具体准则——绩效审计》

第一章 总 则

第一条 为了规范绩效审计工作，提高绩效审计质量和效率，根据《内部审计基本准则》，制定本准则。

第二条 本准则所称绩效审计，是指内部审计机构和内部审计人员对本组织经营管理活动的经济性、效率性和效果性进行的审查和评价。

经济性，是指组织经营管理过程中获得一定数量和质量的产品或者服务及其他成果时所耗费的资源最少；效率性，是指组织经营管理过程中投入资源与产出成果之间的对比关系；效果性，是指组织经营管理目标的实现程度。

第三条 本准则适用于各类组织的内部审计机构、内部审计人员及其从事的绩效审计活动。其他组织或者人员接受委托、聘用，承办或者参与内部审计业务，也应当遵守本准则。

第二章 一般原则

第四条 内部审计机构应当充分考虑实施绩效审计项目对内部审计人员专业胜任能力的需求，合理配置审计资源。

第五条 组织各管理层根据授权承担相应的经营管理责任，对经营管理活动的经济性、效率性和效果性负责。内部审计机构开展绩效审计不能减轻或者替代管理层的责任。

第六条 内部审计机构和内部审计人员根据实际需要选择和确定绩效审计对象，既可以针对组织的全部或者部分经营管理活动，也可以针对特定项目和业务。

第三章 绩效审计的内容

第七条 根据实际情况和需要，绩效审计可以同时对组织经营管理活动的经济性、效率性和效果性进行审查和评价，也可以只侧重某一方面进行审查和评价。

第八条 绩效审计主要审查和评价下列内容：

（一）有关经营管理活动经济性、效率性和效果性的信息是否真实、可靠；

（二）相关经营管理活动的人、财、物、信息、技术等资源取得、配置和使用的合法性、合理性、恰当性和节约性；

（三）经营管理活动既定目标的适当性、相关性、可行性和实现程度，以及未能实现既定目标的情况及其原因；

（四）研发、财务、采购、生产、销售等主要业务活动的效率；

（五）计划、决策、指挥、控制及协调等主要管理活动的效率；

（六）经营管理活动预期的经济效益和社会效益等的实现情况；

（七）组织为评价、报告和监督特定业务或者项目的经济性、效率性和效果性所建立的内部控制及风险管理体系的健全性及其运行的有效性；

（八）其他有关事项。

第四章　绩效审计的方法

第九条　内部审计机构和内部审计人员应当依据重要性、审计风险和审计成本，选择与审计对象、审计目标及审计评价标准相适应的绩效审计方法，以获取相关、可靠和充分的审计证据。

第十条　选择绩效审计方法时，除运用常规审计方法以外，还可以运用下列方法：

（一）数量分析法，即对经营管理活动相关数据进行计算分析，并运用抽样技术对抽样结果进行评价的方法；

（二）比较分析法，即通过分析、比较数据间的关系、趋势或者比率获取审计证据的方法；

（三）因素分析法，即查找产生影响的因素，并分析各个因素的影响方向和影响程度的方法；

（四）量本利分析法，即分析一定期间内的业务量、成本和利润三者之间变量关系的方法；

（五）专题讨论会，即通过召集组织相关管理人员就经营管理活动特定项目或者业务的具体问题进行讨论的方法；

（六）标杆法，即对经营管理活动状况进行观察和检查，通过与组织内外部相同或者相似经营管理活动的最佳实务进行比较的方法；

（七）调查法，即凭借一定的手段和方式（如访谈、问卷），对某种或者某几种现象、事实进行考察，通过对搜集到的各种资料进行分析处理，进而得出结论的方法；

（八）成本效益（效果）分析法，即通过分析成本和效益（效果）之间的关系，以每单位效益（效果）所消耗的成本来评价项目效益（效果）的方法；

（九）数据包络分析法，即以相对效率概念为基础，以凸分析和线性规划为工具，应用数学规划模型计算比较决策单元之间的相对效率，对评价对象做出评价的方法；

（十）目标成果法，即根据实际产出成果评价被审计单位或者项目的目标是否实现，将产出成果与事先确定的目标和需求进行对比，确定目标实现程度的方法；

（十一）公众评价法，即通过专家评估、公众问卷及抽样调查等方式，获取具有重要参考价值的证据信息，评价目标实现程度的方法。

第五章　绩效审计的评价标准

第十一条　内部审计机构和内部审计人员应当选择适当的绩效审计评价标准。

绩效审计评价标准应当具有可靠性、客观性和可比性。

第十二条　绩效审计评价标准的来源主要包括：

（一）有关法律法规、方针、政策、规章制度等的规定；

（二）国家部门、行业组织公布的行业指标；

（三）组织制定的目标、计划、预算、定额等；

（四）同类指标的历史数据和国际数据；

（五）同行业的实践标准、经验和做法。

第十三条　内部审计机构和内部审计人员在确定绩效审计评价标准时，应当与组织管理层进行沟通，在双方认可的基础上确定绩效审计评价标准。

第六章　绩效审计报告

第十四条　绩效审计报告应当反映绩效审计评价标准的选择、确定及沟通过程等重要信息，包括必要的局限性分析。

第十五条　绩效审计报告中的绩效评价应当根据审计目标和审计证据作出，可以分为总体评价和分项评价。当审计风险较大，难以做出总体评价时，可以只做分项评价。

第十六条　绩效审计报告中反映的合法、合规性问题，除进行相应的审计处理外，还应当侧重从绩效的角度对问题进行定性，描述问题对绩效造成的影响、后果及严重程度。

第十七条　绩效审计报告应当注重从体制、机制、制度上分析问题产生的根源，兼顾短期目标和长期目标、个体利益和组织整体利益，提出切实可行的建议。

第七章　附　则

第十八条　本准则由中国内部审计协会发布并负责解释。

第十九条　本准则自 2014 年 1 月 1 日起施行。

参 考 文 献

[1] 董大胜:《财政审计大格局思考》,载于《审计研究》2010 年第 5 期。

[2] 高雅丽:《审计机关如何有效运用内部审计结果》,载于《中国内部审计》2021 年第 4 期。

[3] 廖洪、王素梅:《中美政府绩效审计比较》,载于《审计与经济研究》2007 年第 6 期。

[4] 戚啸艳、王昊、易仁萍:《中外绩效审计制度变迁及我国现行制度体系完善的思考》,载于《审计研究》2005 年第 6 期。

[5] 戚振东、吴清华:《政府绩效审计:国际演进及启示》,载于《会计研究》2008 年第 2 期。

[6] 宋常:《中国特色绩效审计制度体系探索》,载于《审计与经济研究》2010 年第 6 期。

[7] 徐荧、严巍:《国有企业审计整改多维质量评价模型构建研究》,载于《中国内部审计》2022 年第 3 期。

[8] 张继勋:《国外政府绩效审计及其启示》,载于《审计研究》2000 年第 1 期。

[9] 周亚荣、廖洪:《政府部门绩效审计评价:基于预算的视角》,载于《经济管理》2007 年第 22 期。